不忘初心 不辍耕耘

中国传媒大学理工学部教学改革文集

黄祥林 林卫国 ◎ 主编　　路英 ◎ 副主编

中国传媒大学出版社
·北京·

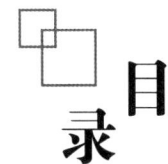

教学内容改革研究

"电磁场与电磁波"课程教学改革的探索 …………陈新桥　肖怀宝　曾冬冬　李彦霏 /003
面向艺术类专业的数理逻辑课程改革 ……………………………………………曹建香 /008
关于素质教育下概率论与数理统计教学改革的几点思考……………………………韩　然 /013
关于我校"线性代数"课程教学现状的思考及该课程教改的
　　几点建议 …………………………………………………………………………冯　熙 /017
"概率论与数理统计"多元化教学模式的探讨 ………………………………………曹　珊 /022
关于 SQL Server 教学改革探索与若干思考 …………………………………………张　博 /027
高校统计学专业计量经济学课程教学改革探析………………………………………胡小莉 /029
多屏互动环境下电路分析课程的教学设计研究………………………………………孙象然 /033
"剧场工程概论"课程教学改革实践 ……蒋玉暕　张晶晶　苏志斌　蒋　伟　任慧 /038
"多媒体系统设计"课程教学改革的实践与思考 …………………………蓝善祯　徐品 /044
"嵌入式技术与应用"课程改革探索 ………………………………………庞　龙　杜怀昌 /050
"数字电路"与"电子设计自动化"课程内容
　　整合研究…………………………………李彦霏　刘昌银　何　晶　逯贵祯 /055
浅谈"数字电路"课程教学中的改革与实践………王　玲　李　彬　杨曙辉　朱亚平 /059
基于综合设计的 DSP 课程教学改革 …………………………………………………杨　刚 /063

关于"高等数学"教学的若干思考……………………………………………陈见柯 /068
"电路分析基础"课程理论与实验仿真课堂的教学改革研究和实践 …………杨领军 /071
非理科专业"数理逻辑应用"课程教学初探…………………………………付佳媛 /076
论"数字电路"课程的"教"与
　　"学"………………………… 李　彬　王　玲　杨曙辉　李彦霏　朱亚平　沈萦华 /081
研究生课程"非线性光学与光纤光学"教学改进探讨
　　——我们能否把复杂的数学问题讲得浅显而深刻…李　彬　陈新桥　刘开贤　马博琴 /087
关于"数据结构"课程教学改革的一点思考……………………………………周　菁 /092

课程建设

关于"广播电视技术概论"课程中"频域"的启发型教学的探讨……………王彩虹 /099
高校理工类课程全英语教学的探索与实践……………………………………刘　杉 /104
关于"计算机导论"双语教学的体会与建议…………………………………宋明丽 /108
大数据背景下的高校教学模式研究……………………………………………王　鑫 /111
从大数据教育论坛看大数据教育的发展现状………………………李春芳　石民勇 /117
移动互联网对现代高校教学方式的影响与作用………………………王　也　李　芳 /124
浅析大学生课堂教学中成就感和责任感的协同培养…………………………苏志斌 /129
"育人为本"理念在"电路分析基础"课程教学中的融入 ……………………周德扬 /133
高等数学与线性代数教学的关联性探讨………………………………………梁瑞梅 /138
程序设计类课程翻转课堂教学模式研究………………………………………郭晓梅 /142
"计算机网络协议基础"课程的特点以及思维导图的应用 …………………杨　成 /145

实践教学

媒体融合形势下高校节目制作技术类课程设置与实践教学方法探索…杨　宇　王鸿涛 /155
"光纤传输技术"实验教学改革研究 ………………………………李树锋　杜怀昌 /160
关于宽带网络实验课程改革的探讨…………………………张乃谦　苗方　金立标 /164
高校工科本科毕业设计的改革与探索…………………………………………杜建和 /168

"数字电视演播室技术"实验教学改革初探 …………………… 杨 宇 王鸿涛 /172

完善本科生境外暑期项目的思考与建议
　　——来自大同大学暑期项目的经验与启示 ………………………… 钟丹丹 /177

面向大学生就业能力培养的实习基地建设与管理模式探析……………… 钟丹丹 /181

明确思路提高大学物理实验的教学质量……………………………………… 阙 强 /185

"能力、实践、创新"的实验教学模式研究 ………………………………… 靳 聪 /189

理工学部学科竞赛建设模式探讨……………… 赵 薇 章文辉 杨丽芳 迟绍翠 /196

课程体系改革

广播电视网络技术方向课程体系的改革与探索………………… 胡 峰 杜怀昌 /203

浅议宽带网络技术在相关课程体系中的定位与内容设置…… 苗 方 张乃谦 金立标 /208

谈谈网络工程专业培养方案修订的指导思想………………………………… 杜怀昌 /212

物联网学科建设思考…………………………………………………………… 杨 刚 /217

电子信息工程专业教学改革浅谈……………………………………………… 刘昌银 /222

教学管理及质量保障

北京市属高校和部属高校优势专业的发展现状及比较……………………… 李树锋 /229

理工学部MOOC网络平台的建设与教学实践……………………………… 林卫国 /239

高校教学质量的文化塑造研究………………………………… 何 震 任 丹 /243

高校教学质量管理的实践模式探索
　　——基于《信息简报》与教学管理的互动 ………………… 何 震 任 丹 /248

新时代下，如何做一个与时俱进的好老师…………………… 曹建香 林卫国 /255

论高校教学和科研的平衡关系………………………………………………… 殷复莲 /259

不忘初心　　不辍耕耘
教学内容改革研究

"电磁场与电磁波"课程教学改革的探索

陈新桥　肖怀宝　曾冬冬　李彦霏

摘　要：电磁场与电磁波课程是我校电子类专业的核心专业基础课程，是一门公认的难学难教的课程。本文从物理、数学和教学内容等方面分析了这门课程难学难教的主要原因。为了克服难学难教的问题，文章从本课程与大学物理的衔接、教学内容的选择、教学方法的改进等方面提出了一些教改措施。

关键词：电磁场理论；矢量分析；教学内容；教改措施

一、绪论

"电磁场与电磁波"课程是一门电子信息类专业本科生必修的重要专业核心基础课，它所涉及的内容既是电子信息类专业的学生所应具备知识的必要组成部分，又是众多相关交叉学科的生长点和新兴边缘学科发展的基础，同时也是电子信息类专业后续专业课的重要理论基础。

本课程的主要教学内容是"电磁场与电磁波"，由于具有数学工具多、概念抽象、公式繁多、逻辑性强等特点，本课程被公认为一门难教难学的课程。本课程教学效果的好坏将直接影响学生对后续专业课程的学习，因此，对"电磁场与电磁波"课程教学改革进行探索具有重要的现实意义。

本文将从课程难点分析、教学内容选择、教学方法改进等几个方面论述我校"电磁场与电磁波"课程教研组的一些探索。

二、难点分析

造成本课程难教难学的问题存在着多方面的原因，有教学内容本身的原因，也有课程设置的原因，主要有如下几个方面：

（一）数学方面

在多年的教学过程中我们发现，本课程的主要学习困难在于对数学工具的掌握不扎实。在学生学习本课程的过程中，如推导公式、演算习题等，基本都卡在数学上，如果学生对数学掌握娴熟了，本课程的学习难度会大大降低，甚至有很多内容基本可以自学。

电磁场是一种被称为"场"的特殊形态物质，对"场"进行理论研究的最主要的数学工具是矢量分析。同时，大学阶段所学的数学知识几乎都需要用上，如复变函数、高等数学、线性代数等。在这些数学工具中，应用最多的有梯度、散度、旋度、曲线积分、曲面积分等，大多数同学对这些数学知识的掌握普遍欠缺。造成这种状况的主要原因在于，这些内容在高等数学课程教学中属于比较难的内容，一般不作为重点，同学们忽视了对这些内容的学习。

（二）物理方面

电磁场是人类无法直观感知的特殊形态物质，描述其概念和运动规律本身就很抽象。

电磁场的相关知识在初中物理、高中物理和大学物理中都是最重要的内容之一，同学们对物理现象都不陌生。初中、高中时同学们所学的电磁理论是对电磁场基本现象和定律的描述，遇到求解的问题基本上属于特殊情况，学习中所采用的数学工具是初等数学。大学物理中的电磁学部分，讨论的问题则更为普遍，学习中所采用的数学工具是微积分，它属于普通物理的范畴。"电磁场与电磁波"课程属于理论物理的范畴，理论物理相对于普通物理有质的飞跃，理论物理需要对物质的运动规律进行高度整合，它所需要的数学工具更多，概念更抽象，逻辑性更强，推导更复杂。

（三）课程设置方面

目前，本课程的课时被大幅压缩。以前本课程为 64 学时，现在课时压缩为 48 学时，这样教师在教学过程中的自由度受到限制。为了保证教学内容的完成，学校取消了习题课，这导致学生做习题时遇到困难，多数同学参考习题答案才能完成作业；教学中删减了很多工程应用实例，这导致教学过程偏重理论，学生缺乏学习该门课程的兴趣。

三、教学内容的确定

由于本课程学时大幅度压缩，同时我校修读本课程的专业不同，对课程要求也不同，这就需要研究如何选择教学内容，同时也需要对教学内容进行适当调整。

（一）与大学物理的衔接

大学物理电磁学部分与本课程有一定的重叠，这主要集中在谢处方所编写的教材的第二章，即关于电磁场基本规律的内容，重叠部分主要集中在对电磁规律的积分表示，如果要简化这部分内容，应该重点讲授电磁场定律的微分形式，以及如何从积分形式得到微分形式，再进一步讨论这两种形式的区别与联系。

（二）静态场内容

本课程教学内容主要分为静态场与时变场，对静态场的分析难度和对时变场的分析相比并不低，而这部分内容对我校各专业学生后续专业课的学习以及今后工作中的应用用处不大，所以我们建议选择后面必须的内容进行学习，删除静态场分析的大部分内容。

（三）电磁波内容

电磁波的传播、反射和折射是本课程的学习重点，也是我校通信、电信和光电等后续专业课及今后工作中能用到的最多的知识，建议加强对这部分内容的学习，可以通过列举一定与本专业相关的工程应用实例、增设习题课等方法，提高同学们分析解决实际问题的能力。

（四）波导与电磁辐射

对波导与电磁辐射的内容选择应该根据不同专业区别对待。对通信专业的学生学说，后续将开设微波技术、光纤通信、天线等专业课程，这些课程中关于对波导与电磁辐射有专门系统的讲解，因此建议略讲这部分内容。对电信、光电子专业的学生来说，后续没有专门的专业课程学习，应该适当加强这部分的学习。

四、提高教学质量的措施

在有限的课时内，如何提高本课程的教学质量呢？我们进行了多种尝试，得到如下几种能够提高教学质量的具体措施。

（一）提高兴趣

兴趣是最好的老师。当今，学生普遍对理论学习热情不大，认为该课程的学习在今后的工作中用处不大，普遍存在敷衍过关的想法，真正对本课程感兴趣的同学不是很多。我们进行了如下两个方面的教学改革尝试。

第一，让学生充分认识到学习本课程的重要性。目前，全国各高校凡是与电相关的专业，都开设了电磁场课程。这是因为，电磁场理论可总结为麦克斯韦方程组，凡与电相关的专业，所学的专业课很大一部分是麦克斯韦方程组在各种领域中的应用，它是学习各专业课的理论基础。本课程还是本科阶段培养学生抽象思维、综合分析能力的一门重要课程，这种能力是学生今后从事各种职业的基础。

第二，在各章内容的教学中都应适时介绍理论的工程应用。我校电磁场与微波技术学科是北京市重点学科，学校拥有一支实力雄厚的教师队伍，科研成果丰硕。建议在教学中，除了适时介绍本校在电磁场领域的研究成果之外，还可针对本科生开展相关课题的学术报告。

有很多关于电磁场理论的外国著作，国内很多教程资料的来源都可追述到这些外国著作上。在外国著作对物理概念的描述中，工程应用举例十分丰富，教材中的画图十分精细，建议教师适当参考外国著作中的内容，给有兴趣、有能力的学生推荐比较适合的著作。

（二）哈密顿算符的讲解方法

矢量分析是本课程学习过程中最重要的数学工具，是学好本课程的关键。矢量分析最重要的概念是哈密顿算符（或称算子）。与一般算符相比，该算符最主要的特征是它具有矢量和微分双重特性。

梯度、散度和旋度是研究"场"的最基本概念。根据"场论"，在边界条件和初始条件确定的条件下，标量场由其梯度唯一确定，矢量场由其散度和旋度唯一确定。梯度、散度与旋度均可由哈密顿算符表示。哈密顿算符对场的运算可衍生出大量公式，在电磁场公式推导和习题演算中经常会用到。

对这些公式的记忆是个难点，我们提出一种简洁的记忆方法。矢量代数中 $\vec{A}\cdot(\vec{B}\times\vec{C})$ 和 $\vec{A}\times(\vec{B}\times\vec{C})$ 恒等式应用最为广泛。对 $\vec{A}\cdot(\vec{B}\times\vec{C})$ 的记忆采用轮换法，公式中三个矢量顺序轮换，即 $\vec{A}\cdot(\vec{B}\times\vec{C})=\vec{B}\cdot(\vec{C}\times\vec{A})=\vec{C}\cdot(\vec{A}\times\vec{B})$。对 $\vec{A}\times(\vec{B}\times\vec{C})$ 的记忆采用形象的 back cab（后面马车）式，即 $\vec{A}\times(\vec{B}\times\vec{C})=\vec{B}(\vec{A}\cdot\vec{C})-\vec{C}(\vec{A}\cdot\vec{B})$。应用这两个公式，注意哈密顿算符的微分特性，可推导出用哈密顿算符表示的很多公式。

梯度与旋度可通过对比进行讲解，梯度是方向导数引进，旋度是环流面密度引进，曲面有方向，且总存在一个取值最大的方向，这个方向就是梯度和旋度的方向，取值就是梯度和旋度的大小。那么，指定方向的方向导数和环流面密度分别是梯度和旋度在指定方向的分量。

对散度与旋度也可对比讲解，它们的引入都是从体（面）密度开始的，当体（面）趋于零取极限，即（体、面）→点，散度是通量体密度的极限，旋度是环量面密度的极限，也就是它们的微分。只是体积没有方向，而面有方向，故散度是标量，旋度是矢量。

（三）板书与课件

课程的主要公式定律是学习的核心，培养学生的分析、归纳、推理能力是本课程的一个重要目标。因此，对关键的公式定律一定要进行板书，只有老师一步一步边推导边讲解，学生才能跟上老师的思路，才能更容易理解和掌握该课程知识。PPT 不适合公式定律推导的学习。PPT 讲解适合图表及讲解内容的展示，它既可以节约讲授时间，又可增加信息量。在讲述抽象性强的概念定律时可采用多媒体课件及动画，让学生更好地理解抽象的概念、定律。

（四）归纳总结

本课程涉及的物理概念、公式和定律都很多，每章结束后应及时进行总结，建议画出知识导图，建立各个概念及各个公式之间的联系，这样能够有效地增强学生对这些知识的理解和记忆。图 1 为我们给出的媒质在电磁场作用下极化和磁化的知识方框图，如下所示。

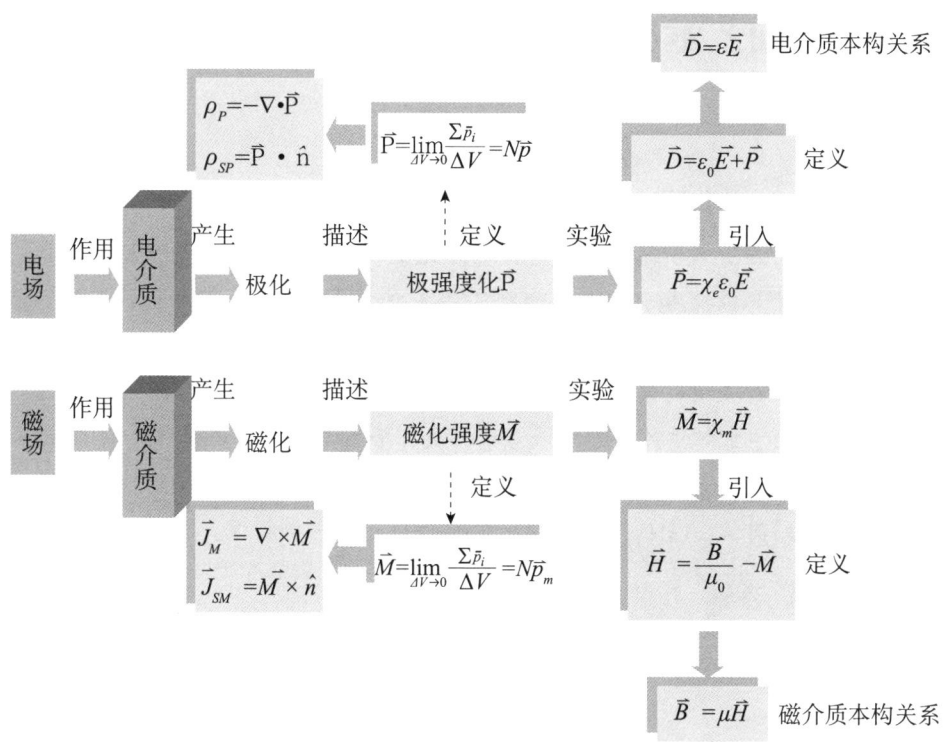

图 1　媒质在电磁场作用下极化磁化的知识结构方框图

五、总结

"电磁场与电磁波"课程的教学面临诸多困难,本文分析了一些主要困难,并对这些困难给出了一些教学改革上的建议,本课程还有很多方面值得我们进一步探索。

参考文献

[1]张平娟,丁西明."电磁场与电磁波"课程教学内容优化与教学方法分析[J].中国电力教育,2012(3):48.

[2]黄辉,张小青."电磁场"课程的散度和旋度研究型教学例析[J].电气电子教学学报,2011(3):99-102.

[3]潘长宁,何军,周昕."电磁场与电磁波"与"大学物理·电磁学"教学衔接问题的探讨[J].教育教学论坛,2015(3):159-160.

[4]王楠,苏涛,党晓杰,梁昌洪.电磁场理论课程中的教学方法探讨[J].电气电子教学学报,2016(4):100-101.

[5]唐军杰,王爱军,赵昆、吴冲.Matlab在电磁场可视化教学中的应用[J].物理与工程,2013(1):42-45.

[作者单位:理工学部信息工程学院]

面向艺术类专业的数理逻辑课程改革*

曹建香

摘　要：逻辑学是研究人的思维形式与规律的科学。其中，数理逻辑是研究推理的数学分支，它是使用数学的方法来研究推理中前提和结论之间形式关系的科学，随着计算机技术的发展，它不但在计算机技术中发挥着越来越重要的作用，并且使艺术与科学相融合，许多艺术家和设计师从数理逻辑中汲取了大量养料，从而设计出许多举世瞩目的作品。因此，艺术类学生学习数理逻辑的思维方式，对将来从事艺术设计工作具有有重要的启发意义。针对一些艺术类学生对于数学的恐惧心理，我在给艺术生讲授该课程时做了一些调整，比如尽量提供生动有趣的艺术案例，穿插一些数学中美的东西，这样不但能消除艺术生对该课程的恐惧感，同时使学生在学习过程中逻辑思维能力得到提升，从而达到本课程的教学目的。

关键词：数理逻辑；艺术类；逻辑思维

一、介绍数理逻辑与艺术的相关性，激发学生学习兴趣

大部分学生一看到"数理逻辑"四个字，心中自然就联想到了微积分等深奥的数学学科，容易对该课程产生排斥心理，因此，排除学生对该课程的恐惧感成了该门课程的首要任务。教师一方面要强调数理逻辑与其他一些深奥的数学学科的不同之处，比如该门课不需要太多数学知识作基础，所有艺术类学生都能学好，要把这样的思想灌输到学生心中；另一方面要强调学习数理逻辑对于艺术设计的重要性，介绍一些与数理逻辑有关的数学知识，比如黄金分割、比例、模度等，以及数理逻辑在生产生活中的应用。

（一）数理逻辑思维方法在艺术中的应用

数理逻辑思维是在逻辑思维的基础上运用一定的规律、法则、方法，通过概念、判断、推理而得出结论的思维活动。数理逻辑思维的研究历史悠久，在艺术设计中应用广泛，并且在自然界里处处可见。早在公元前6世纪至公元前5世纪，毕达哥拉斯就提出了"数是万物之源"的观点，他不仅用数的和谐解释音乐，同时还解释宇宙，并认为宇宙是数的秩序，和谐是数理关系最高的审美原则。比如，艺术家运用数学中著名的黄金分割比例关系设计出了很多艺术作品。古希腊的著名雕像断臂维纳斯及雕像太阳神阿波罗都通过

---

* 本文属于"数理逻辑应用教改项目"研究成果。

特意延长双腿，使之与身高的比值为0.618。建筑师们对数字0.618特别偏爱，无论是古埃及的金字塔，还是巴黎圣母院，或者埃菲尔铁塔、希腊雅典的巴特农神庙，都有黄金分割的足迹。再如，在平面艺术设计中，利用数列分割把平面分成若干相等的部分，或者把平面分成具有递减关系的若干部分来进行画面处理和艺术造型。

一些著名的艺术家，如蒙德里安、罗歇、格斯唐纳等，常在构形中采取具有鲜明节奏感的数列分割来表达设计主题。其中，蒙德里安的油画作品《构图》在分割构成中，既考虑到比例关系，又赋予分割之后的空间大小对比，在这样的对比中形成一种理智美。因此，运用数列原理的规律性，能够实现在艺术设计中避免盲目性、增加科学性的目的。同时，数理逻辑思维中的模度理论的应用更广泛，比如，其在建筑、室内、家具、汽车、轮船、飞机等军事及民用工业产品设计领域中都有着广泛的运用。随着计算机技术的发展，利用计算机辅助设计艺术作品已必不可少。但值得注意的是，在艺术设计中利用数理逻辑思维不能绝对化，必须同时结合形象思维和创造性思维，只有这样，艺术设计思维才不会僵化，设计者才能设计出更好的艺术作品。

（二）数理逻辑在生活中的应用

数理逻辑不仅在艺术设计中拓展了设计者的思维模式，并且在日常生活中也被广泛应用。例如，数理逻辑在排队论中的应用就体现了这一点。排队论，又称随机服务系统理论，它是研究服务系统中排队现象随机规律的学科，广泛应用于计算机网络、生产、运输、库存等随机服务系统。我们可以将数理逻辑的理论应用在排队论中，进而解决生产实践中的很多相关问题。排队论主要应用了数理逻辑中的范式理论，范式包括合取范式和析取范式，范式理论是数理逻辑中比较重要的一个知识点，可以通过判断范式的真值情况，来判断排队的情况。

此外，利用数理逻辑的思维方式来推理和判断生活中的一些问题，如以下几个例子：
"只有天气热，我才去游泳。我正在游泳，所以天气很热。"
"所有的人都是要死的，苏格拉底是人，所以苏格拉底是要死的。"

此类例子还有很多，其中的推理过程都用到了数理逻辑的知识，通过这些推理不但能够提高自己的思维、判断能力，进而能够更好地进行推理和判断。因此，数理逻辑知识既广泛应用于人们的生活，又丰富和深化了人们的生活。人们可以通过生活中的常识来发现数理逻辑更广泛的应用，并在应用中锻炼和提高自己的思维和判断水平，更好地解决实际问题是学习数理逻辑的重要目的。

二、改革教学方法，合理安排教学内容

（一）列举与学生密切相关的实例来解释逻辑中的知识点

数理逻辑中与生活相关的案例比比皆是，再加上艺术生思维偏感性化，因此，教师可

以在课堂中通过列举与学生密切相关的例子,来加深学生对知识点的掌握。比如,讲"合取"的时候,有同学一边听课一边记笔记,于是合取的含义可以举例成"张三认真听课并且认真记笔记",通过列举与学生密切相关的实例来加深学生对该连接词的印象。

(二)课内外内容相结合

数理逻辑的主要分支包括:模型论、证明论、递归论和公理化集合论。数理逻辑和计算机科学有许多重合之处,这是因为许多计算机科学的先驱者既是数学家,又是逻辑学家,如阿兰·图灵、邱奇等。教师除了课后适当布置巩固课堂内容的作业之外,还可以推荐学生看一些与逻辑数学有关的电影来增加学生对数理逻辑的兴趣。例如,电影《阿兰·图灵》,阿兰·图灵无论是在计算机领域、数学领域、人工智能领域,还是哲学、逻辑学等领域,都可谓"掷地有声"。图灵是计算机逻辑的奠基者,许多关于人工智能的重要理论也源自这位伟大的科学家。学生可以通过看电影了解有关逻辑知识。再比如电影《牛津杀手》,它讲述了与牛津大学数理逻辑学泰斗阿瑟·塞尔登教授有关的故事,凶手通过杀人向塞尔登教授发起数理逻辑的挑战,该影片也是一部与数理逻辑有关的好电影。其他数学电影如《笛卡尔》《费马最后定理》等,学生可以在课后观看,以便增强他们对数学和数理逻辑的兴趣。

三、利用多种教学手段增加学生的学习积极性

(一)增加课堂模拟游戏环节,使学生学会利用数理逻辑的知识进行推理

数理逻辑的很多例子步步紧扣,需要严密的逻辑推理能力才能理解。在列举这样的例子时,教师可以让学生扮演例子中的角色,这种扮演能够加深学生的学习印象,做到真正的寓教于乐!

比如下面这个例子。

在一起集团作案中,侦查人员了解到如下一些情况:

(1)甲和乙不同时作案;

(2)如果丙作案,那么乙也作案;

(3)如果丁作案,那么甲也作案;

(4)或者戊和己不同时作案,或者丙作案。

据此,侦查人员做出推断,如果丁和己一同作案,那么戊不会作案。

问:这一推断正确吗?

解:简单命题用符号表示如下:

p:甲作案;q:乙作案;r:丙作案;s:丁作案;t:戊作案;u:己作案。

推理如下:

$\neg(p \wedge q), r \rightarrow q, s \rightarrow p, \neg(t \wedge u) \vee r \Rightarrow (s \wedge u) \rightarrow \neg t$

证明

(1) s ∧ u;
(2) s;
(3) s → p;
(4) p;
(5) ¬(p ∧ q);
(6) ¬p ∨ ¬q;
(7) ¬q;
(8) r → q;
(9) ¬r;
(10) ¬(t ∧ u) ∨ r;
(11) ¬(t ∧ u);
(12) ¬t ∨ ¬u;
(13) u;(14) ¬t;
(15) (s ∧ u) → ¬t。

所以，侦查人员的推断正确。

在上面这个例子中，可用班级学生来扮演甲乙丙丁戊己各人，并进行推理，通过这样的模拟游戏，即用真人演示的方式再现这一情景，不仅活跃了课堂气氛，而且可以很直观地得出结论。这种教学方法能提高学生学习的积极性，使学生对该推理过程加深理解，达到良好的教学效果。

（二）拓宽学生知识面，增强学生自学能力

教师除了在课堂上利用多媒体与板书相结合的方式讲解一些定理定义，以及通过模拟游戏的方式讲解一些例题之外，培养学生的自学能力也是极其重要的。如讲解数理逻辑的发展过程时，可以引入一些与数理逻辑有关的数学家、哲学家的故事，以及各种类似罗素悖论的逻辑常识。除了课堂提到的知识外，教师还可以推荐一些相关读物供大家课后阅读，鼓励学生在课堂上分享各自的阅读资料，这不但可以增强学生的知识面，同时也可以提升学生的表达能力，做到课堂讲授理论为主，课后辅助材料为辅，二者相辅相成，使学生对数理逻辑有更全面的了解，从而提高学生的思维能力与自学能力。

四、总结

人类数千年的科学发展史表明，逻辑是求知、认识真理、论证原理的有效工具之一，逻辑教学的终极目的，就是要通过科学、系统的训练，来提高学生的逻辑思维能力，培养学生的科学精神，并把逻辑思维能力运用到自己的专业领域当中，进一步提高自己的专业

水平。逻辑学帮助我们在面对复杂问题时，准确地确定问题之所在，利用逻辑学知识把遇到的复杂问题分解为多个相对简单的问题，进而分析这些简单问题的程序、模式、方法和准则，并找出解决这些问题的方法。同时，逻辑学是联合国教科文组织明确规定的当代七大基础学科之一（数学、物理、化学、天文、地理、生命科学、逻辑，这里的逻辑指的是现代逻辑），因而逻辑学应该得到重视。

总之，从对学生个人素质和能力方面的培养上来讲，逻辑学应着眼于对学生理性精神的培养和训练。因此，教师要从教学内容、教学方式、教学手段等方面不断探索、不断提高，使学生能够更好地掌握逻辑学的知识体系，进而提高其思维能力。

参考文献

[1]范滢.数理逻辑思维方法及在艺术设计中的运用[J].浙江纺织服装职业技术学院学报，2004（2）：31-33.

[作者单位：理工学部理学院]

关于素质教育下概率论与数理统计教学改革的几点思考

韩 然

摘 要： 概率论与数理统计是我国高等院校本科教育中的三大基础数学课程之一，具有覆盖范围大、应用性强的特点，其研究方法独特，研究领域广泛。本文主要阐述了在素质教育的前提下，对概率论与数理统计教学方法的研究和实践。

关键词： 素质教育；概率论与数理统计；教学改革

进入 21 世纪之后，世界经济得到了快速发展，高新技术的发展也推动了数学学科的不断完善。这就使数学思想、数学知识的应用领域不断扩大，并深入到社会发展的各个层面。众所周知，数学是一门严谨的基础学科，是所有学科的基础与分析工具。基于数学方法，能够对抽象事物进行精确的分析与描述，数学在现代社会的地位越来越重要，数学技能与素养逐步成为现代社会对人类的基本要求。提高学生的数学素质，培养他们创造性的应用能力尤为重要。在教学过程中，教师的职责应当是突出教学过程而不只是教书。在教学中要教学生学习方法，培养学生的思维习惯，提高学生的思维能力，思维能力才是人的能力当中的最高层次。素质教育应以素质培养为本，而素质培养又当以思维能力的培养为要旨。教育学认为，学生无所谓"好"与"坏"，其差别只是在学习态度和思维能力等方面有所不同。因此，对学生思维能力的培养，能极大提高学生的素质和知识水平，同时也是培养高水平创造型人才的途径之一。从人类的心理发展规律来看，青年时期是智力发展的重要阶段，特别是创造性思维能力发展的高峰期。高度的思维能力水平依赖于个体渊博的知识、丰富的生活经验、坚定的目的性等条件，大学生已初步具备这些条件。大学期间，正是提高他们思维能力和创造能力的关键时期。大学教育首先要使学生达到对知识的记忆，但记忆只是手段，而不是目的。学生在教师的指导下，将所学的知识经过思维的加工，予以改进、扩充，并与原有知识进行重构，即实现知识的迁移，方能为其所用，以解决新的问题。否则，单纯依靠记忆只能使所学得的知识变得僵化，于应用毫无帮助。因此，培养学生的自学能力乃至科研能力应是当前教学所追求的更高目标。现阶段，高校在开展教学的过程中极为重视学生数学学习能力的提升，强调数学知识、数学思维、数学理论在社会发展中的应用。

概率论与数理统计是一门从数量上研究随机现象统计规律性的数学学科，具有覆盖范围大、应用性强的特点，其研究方法独特，研究领域广泛，是我国高等院校本科教育中的三大基础数学课程之一。那么，在素质教育下的今天，要根据该课程的特点，搞好这门课程的教学，达到预期的教学目的，在教学过程中我们进行了多方面的努力，归结起来主要体现在以下几个方面。

一、引导作用

作为教师，在讲授课程的过程中，应该在指点学生把握全局、了解整体构架、掌握基本思路等方面做足文章，引导学生学会学习。引导作用的另一个方面表现为主动思考，学习一门数学课程，需要主动思考问题，包括概念之间的关联、定理之间的关联、方法之间的关联；思考不同方法之间的异同、优劣；思考所讨论的课题中遗留的未解决问题，低年级大学生对于这种思考往往感到比较陌生，这就要求教师在课堂教学中有意识地引导、提出问题、组织讨论。教师需要通过正确的引导方式，使学生学会知识，更重要的是学会运用知识，提高学生分析问题的能力，培养学生的创新精神和实践能力。

随着社会经济的不断发展，可供分析的各种经济问题可谓层出不穷，我们要善于从身边的生产、生活问题入手，机智、巧妙地将其编拟成学生喜闻乐见的题目。通过对实际问题的引入，一方面可加深学生对概念的理解，另一方面可提高学生对"数学来源于生活"的认识。例如，讲授 Poisson 分布时，增加一次实验——Poisson 模拟近似，使学生尽可能"回归"到实际生活中去。可以找出并统计某书上的错别字，并判断是否符合 Poisson 分布。教师可以增加或改换书上的一些例题和习题，尤其是可以补充现在社会经济生活中的热点问题，比如进货论模型、有奖促销模型、股票收益率、系统风险问题等。

在教学过程中，要提高学生的综合思维能力，应注重：从具体思维到抽象思维，培养学生的抽象思维能力；从抽象思维到具体思维，培养学生思维的创造性；联系实际、学以致用是概率论与数理统计课程教学的重点内容。通过联系生产生活，可以认识到学习该门课程在实际生产和生活中的重要性，同时培养学生的情感价值观，增强学生的忧患意识。

二、示范作用

教师进行课堂教学时，学生将以听、看、讲、写四种方式学习，跟随教师教学手段的变化而交替使用，教师在课堂教学中以这四种方式向学生展示教学内容，这就是所谓的示范作用。第一，教师的讲述，目的是让学生通过听而接受相应的信息。第二，教师的写，即板书，学生由阅读书本转为阅读黑板上的板书内容，因而教师的板书既不应该成为"书本搬家"，又要体现教材的核心部分，突出重点和难点。第三，教师的课堂提问，可促使学生在课堂上通过回答教师的提问而解读信息，对信息进行加工，进而加深对信息的理解，这是学生看书自学时所缺乏的过程。教师的提问应该是精心准备的，紧扣讲授内容的重点及学生最容易混淆、模糊的环节，提问的质量与效果取决于所提问题的水平与清晰度。对于大学生，教师的提问应该有一定的深度，能够引导学生深入思考；同时，问题的表述应该结构简单、内容明确。第四，要重视学生的课堂练习。数学基础课的教学必须强调学生的课堂练习，学生在教师指导下，在课堂上独立完成指定的练习，是掌握相关概念、定理、法则，以及培养演算基本功的重要环节。在一般情况下，教师讲授某个求解方法或运算法则后，都应该让学生及时在课堂上做相应的基本练习，初步体会该法则的用法。练习应该经过挑选且具有代表性，并体现基本要求，不宜过难。这样，学生通过自己动手做练习，可以经历运用法则解题的全过程，并且有了成功或失误的经验，才能对所学的内容有真切的理解。

在实际教学中，我们除了上述的听、看、讲、写方法以外，还可以采用多媒体辅助手段，通过计算机图形显示、动画模拟、数值计算和文字说明等，形成一个全新的图文并茂、声像结合、数形结合的生动直观的教学环境，从而大大增加教学信息量，提高学习效率，有效刺激学生形象思维的形成。例如，我们可以通过利用多媒体对随机试验的动态过程进行演示和模拟；再者，浦丰投针试验、正态分布、随机变量函数的分布、数学期望的统计意义、二维正态分布等的直观演示，可以再现抽象理论的研究过程，加深学生对理论的理解及方法的运用，充分调动学生思维的积极性，进而充分利用信息资源，提高教学与学习效率。教师还可以为学生提供一些信息，让学生利用网络优势，通过计算机网络查询相关资料，从而获得更多知识，扩大自己的知识面，目的是在为学生奠定坚实的理论基础的同时，培养学生获取知识与运用知识的能力，使学生由被动的接受者转变为学习的主体。这就要求教师对本学科的前沿理论与本专业相关交叉学科的最新理论有强烈的求知欲望，并善于将最新科研成果引入教学中，这既扩大了教师自己的知识面，又培养了学生的探索精神与创新意识，逐渐把学生培养成高素质的技能型人才。教师应根据教学内容的实际需要，不拘泥于传统，将传统教学模式与现代化教学手段相结合，取长补短，因地制宜，使教学方法的改革更有成效。

三、课外辅导作用

培养学生的综合素质和创新能力，仅靠课内教学是不可能完全实现的。在教学中，我们要紧紧围绕教学目标，把课内教学和课外活动作为一个整体来考虑，进行优化设计，形成合力。为此，由教师引导，学生自主组建概率论与数理统计课外兴趣小组。小组活动的宗旨，是利用课余时间，通过定期组织活动，激发大家的学习兴趣，探讨热点、难点问题，加深对理论知识的学习和理解，锻炼思考问题和研究问题的能力。小组每1~2周活动一次，活动内容包括课外自学、小组讨论、社会调查、学术交流等形式，提倡争论、辩论和协作研讨，在竞争中学习、创新和提高。近几年来，我们已在多期本科生教学中组织了课外兴趣小组。实践证明，这种方法对于提高学习效果，提高学员综合素质和创新能力有显著成效。

在概率论与数理统计的教学研究中，我们力求做到使教学内容结合素质教育的主题，具有生命力，富有时代性，能跟上现代科学技术发展的步伐，能更好地培养学生综合运用数学知识的能力，更好地满足现代科学技术对数学的要求。但是，教学本身是随着时代的进步和要求而变化的，随着技术的进步与研究的深入，在不久的将来，我们会逐渐形成科学、规范的课程教学体系，并使该体系体现出更为重要的价值。

参考文献

[1] 联合国教科文组织总部中文科.教育——财富蕴藏其中[M].北京：教育科学出版社，1996.

[2] 李晓文，王莹.教学策略[M].北京：高等教育出版社，2002.

[3] 陈小虎，刘化君，曲华昌.应用型人才培养模式及其定位研究[J].中国大学教学，2004（5）：58-60.

[4] 盛骤，等.概率论与数理统计[M].北京：高等教育出版社，2008.

[作者单位：理工学部理学院]

关于我校"线性代数"课程教学现状的思考及该课程教改的几点建议

冯 熙

摘 要： 本文首先对"线性代数"的课程特点和教学要求作了简单介绍。然后，结合多年的教学实践经验，就课程内容与要求、学生来源与层次、学生素质与基本技能、学生学习习惯与态度、课程建设与师生沟通几个方面进行探讨，总结了我校"线性代数"课程的教学现状及存在的问题。基于以上分析，针对该课程教学过程中现存的不足之处，从课程设置、教学方法、课外辅导、课程建设几个方面给出对策，并就"线性代数"课程的教学改革提出几点建议。

关键词： 线性代数；教学现状；教学改革；建议

近年来，我校一直在积极推进各门课程的教学改革。"线性代数"作为理工、经管类学生重要的一门数学类公共基础课程，如何有效地开展教学改革？怎样摆脱传统数学课程课堂满堂灌的旧有模式？怎样提高学生学习的积极性、主动性、有效性？这些问题是改革的重点。本文结合笔者多年的教学实践经验，谈一谈目前在我校"线性代数"课程教学中存在的几点问题，并结合该课程教学过程中现存的不足之处，为该课程教学改革的开展提几点建议。

一、课程教学现状及存在问题

（一）课程简介

"线性代数"是理工科以及部分文科专业一门重要的基础理论课，主要以向量空间与线性映射为研究对象，并使用矩阵和行列式等重要代数工具。它体现了几何与代数之间的固有联系，课程从具体概念抽象出来的公理化方法，以及严谨的逻辑推理、巧妙的数学计算等，对于强化人的抽象思维、提高逻辑推理能力和计算能力都大有裨益。随着计算机技术的飞速发展和广泛应用，线性代数在理论和应用层面上越来越显示出其重要作用。

"线性代数"是学习力学、运筹学、计算数学、离散数学等后续课程的基础，同时，计算机图形学、计算机辅助设计、密码学、虚拟现实等技术都以它为理论和算法基础，因而该课程为分析、解决实际问题提供了强有力的数学工具。学生对该门课程掌握程度的好坏，关乎其学习后续专业课时的数学基础是否牢固，因此，该课程在数学类基础课中的地位尤为重要。

作为一门重要的数学类基础理论课,"线性代数"课程已在我校开设多年,面向工科、经管、部分艺术及社科类学生开设,并于大一第一学期进行讲授。一直以来,课程采用高等教育出版社出版、同济大学数学系编写的《工程数学线性代数》作为教材,主要介绍线性代数的基本知识、理论技能,内容涉及行列式、矩阵、向量空间、线性相关性、矩阵的秩、线性方程组、特征值、特征向量、二次型等知识。课程讲授的内容为各专业学生后期的学习提供必备的数学知识,旨在培养学生的逻辑推理和抽象思维能力。

(二)课程教学要求

依照教学大纲要求,依托教材,本课程讲授五大章节内容,分别为行列式、矩阵及其运算、矩阵的初等变换与线性方程组、向量组的线性相关性、相似矩阵及二次型。

根据课程的教学要求,在基本概念方面,需要学生正确理解行列式、矩阵、伴随矩阵、逆阵、线性变换、初等变换、矩阵的秩、线性方程组的解、基础解系、向量组的线性相关与线性无关、向量组的秩、向量空间、向量的内积、特征值、特征向量、相似矩阵、正交矩阵、二次型、正定二次型及标准型等概念;从理论、定理和公式角度,要求学生熟记行列式的性质、行列式按行(列)展开、克拉默法则、线性方程组的解的结构定理、矩阵秩的性质、线性相关性的判别定理、矩阵可对角化的充要条件、正定二次型的判定定理等;在计算方法和技巧方面,要求学生熟练掌握行列式的计算、矩阵的计算及初等变换、线性方程组的求解、向量组线性相关性的判断、方阵的特征值与特征向量的计算、用正交变换化实对称阵为对角阵的方法、化二次型为标准形的方法等。

(三)教学现状及问题

(1)课程内容与要求方面:从"线性代数"课程的教学内容和要求来看,课程内包含的概念多、术语多、定理多、结论多、运算多,并且各个章节内容之间相互关联,相关的概念、结论、定理相互交叉渗透,对理论知识的理解和计算能力要求较高。而对于大一新生来说,课程所涉及的内容,与以往所学的数学知识完全不同,课程要求掌握的理论知识和计算方法是学生所完全陌生的,这对学生的学习能力、接受能力提出了更高的要求。

(2)学生来源与层次方面:我校"线性代数"课程作为公共基础课,面向不同专业的学生开设,工科、计算类的学生基本都是理科生,而经管、录音等偏文科类的学生数学基础知识相对薄弱。就现有课程的教学大纲来看,虽然针对不同专业的学生,课程分为两类,分别叫《线性代数A》和《线性代数B》,相应的课程代号也不同,但从所选教材、课程设置、教学内容、教学章节、教学要求、课程难度等方面来看都基本一致,并没有针对授课学生文理性质不同而作明显区分。

(3)学生基本技能与素质方面:近几年课程的任课教师们普遍感觉到学生的理论基础知识和基本技能呈现下滑的趋势,解题计算能力、理解接受能力均处于一个与课程要求不匹配的状态。课堂上讲授理论知识时，学生的反应迟缓，理解程度跟不上课堂节奏，往往使教师感觉讲不动，教学进度的推进跟不上课前计划。课程的课时数固定，一学期16周每周3课时共48课时，除去军训或长假期所占用的时间，实际的授课学时数一般在45课时左右，其中既包含对新知识的讲授，还涵盖对已学习内容的复习与总结。在课时数不变的情况下，任课教师必须完成教学内容，因此，虽然有时学生听不明白、跟不上，为了赶进度，课堂内容不得不继续推进，而实际上的教学效果并不理想。

（4）学生的学习习惯和态度方面：刚进入大学，大部分学生的学习习惯仍然沿袭高中的特点：学习不够主动，期待通过课堂上的不断重复、老师布置并讲解大量的习题来掌握所学知识。但"线性代数"课程的教学特点是每周仅上一次新课，课堂授课的主要精力基本集中在讲解新概念、新理论、新方法上，对于已经讲授过的内容的复习巩固，需要学生课后通过自主学习的方式来完成。显然，大部分学生还不太适应大学的这种以自学为主的学习方式，因此，如果课后复习做得不到位，那么对于已学习过的知识的理解就会不透彻、掌握不到位。该课程内容前后知识的关联性很强，前面的基础没打好，在后续的学习中就会感到吃力。

（5）在课程建设和师生沟通方面：目前，"线性代数"课程无法提供一个完善的供学生课后学习使用的网络资源，同时，课程也缺乏相配套的题库资源。学生在学习过程中，不知应该选择哪种适合自己学习程度的教辅材料，也无法快速找到一些不同难度层次的习题当作课后练习，在临近考试时，总在为难以获取一套完整的模拟考试题而发愁。在师生沟通方面，学生与任课教师的接触基本是在课堂和课间。课堂上以教师讲解授课为主，因此，课时内学生能够和老师单独交流的时间有限。当课后自学出现问题时，因无法在第一时间和教师交流，大多数学生便会对出现的问题置之不理，或者一知半解地照搬参考答案。这样就会导致任课教师无法了解学生学习的真实情况与问题所在，教与学的沟通不畅，乃至直接影响课堂教学效果。

二、就教学现状与教学改革的几点建议

在学校大力推崇课堂教学改革的背景下，结合课程的教学现状和多年的课堂教学总结，针对以上问题，笔者就我校"线性代数"教学改革的开展提出几点建议。

（1）从课程设置角度，应当针对不同专业的学生制定不同的教学大纲，结合各专业方向的专业课需要，制定出突出专业特点的且具有不同侧重点的教学内容和教学要求，真正做到因人而异、因材施教。当然，在制定这样的教学大纲和教学设计时，需要专业老师的参与和配合。

制定教学内容应注意理论联系实际，加强对应用实例的介绍，特别是一些关于实际问题解决方法的介绍。还应对传统内容的应用性问题进行更新和充实，增加相应专业方向的数学应用题（比如经济管理、人口理论等），以培养学生的应用能力，并激发学生的学习兴趣。

（2）在教学方法上，结合"线性代数"的课程特点，教师在课堂教学的过程中，应注重前后知识的连贯性、渐进性。在对新知识进行讲解的同时，还应注重对旧内容的巩固和复习，让学生意识到课程的前后紧密联系，并将所学知识融会贯通。

课堂教学应当注重从问题出发，根据解决问题的实际需要引入概念、引出定理，以问题启发式的方法展开教学内容，从而加深学生对抽象概念、定理的理解，真正做到学以致用。同时，教师应当引导学生主动探索和发现问题，寻找解决问题的正确方法，有意识地培养学生的自学能力。

"线性代数"与"空间解析几何"密切相关，教师在授课中可以适当增加相关知识点的几何背景和解释，从而解决课程中学生较难理解的概念、定理等难点问题。例如，向量的线性相关性是一个重要概念，也一直是学生掌握不好的一个教学难点。通过几何呈现，让学生认识到此概念不过是空间向量共线、共面在高维向量情况下的推广，这将为学生接触更为抽象的线性空间知识打下坚实的基础。在授课过程中，教师应该注意抽象概念与具体实例的结合，在介绍代数的抽象概念后，及时以几何实例说明其背景、问题来源等，并从不同角度说明、分析有关内容和概念的实质。

（3）在课外辅导方面，教师应采取灵活多样的方式对学生进行答疑和辅导，加强师生间的交流，同时帮助学生巩固课堂所学。在课时紧张的情况下，可将部分教学内容放入课外的答疑时间，加强课堂内外的结合。并可在课堂上解答思考题、拟定数学专题或布置课外阅读材料。时间允许的情况下，可以进行课堂讨论。通过适当增加自学和开放性的讨论内容，对学生的课外学习加以引导，从而培养学生分析和解决问题的能力，充分发挥学生的主动性，提高其学习兴趣。

（4）在课程建设方面，首先，教师应结合教材和已有的教学经验以及学科特点，完成课程的教案编写，突出重点与难点，并完成课件的制作。

其次，结合课外参考资料，完善习题库。在习题配置和考试中突出基本题与概念题，不但要注重对基础知识的理解和掌握，满足大多数学生的要求，还要考虑对学习有更高要求的学生的需求，补充一定量的可以拓宽知识面的习题，使小部分学有余力的学生得到提高。此外，还要进行课程网络平台建设，将以上教学资源上传至网络以方便学生自学。同时，要逐步完善课程的网站建设，为学生提供一个方便与教师交流、同学之间交互学习的场所。

最后，使教学内容在与计算机应用的结合上有所突破，为教学手段的现代化构筑必要的平台。这样不但可以将部分课程内容在计算软件上展示给学生，提高学生的学习兴趣，还可以借助计算机，在题库中随机抽取测试题，通过对学生进行测试考核，跟踪监测教学情况，督促学生主动自学。同时，测试成绩还可以作为总评成绩的参考。

总之，课程教学改革的实施，需要任课教师团队在思想上足够重视，在教学上认真落实，在业务上不断提高，最终通过各方的努力和配合，我们可以将本课程的教学提升到更高的层次。

参考文献

[1] 同济大学数学系. 工程数学线性代数 [M]. 北京：高等教育出版社，2014.
[2] 李小平. 关于《线性代数》教学改革的一些思考 [J]. 大学数学，2011（3）：22-25.
[3] 李尚志. 线性代数教学改革漫谈 [J]. 研究生教育研究，2004（1）：30-33.

[作者单位：理工学部理学院]

"概率论与数理统计"多元化教学模式的探讨

曹 珊

摘 要："概率论与数理统计"作为高等院校的一门重要基础课程，主要教学目标是培养学生运用概率统计方法分析问题和解决问题的能力，使学生掌握概率论的基本概念与处理随机现象的方法，在许多的学科中都有着重要的应用价值。它不仅为学生学习专业课程和解决实际问题提供了必不可少的数学知识和数学技能，而且也培养了学生的思维能力、分析解决实际问题的能力和自学能力。因此，"概率论与数理统计"教学质量的好坏将影响到后续一些课程的教学质量。随着互联网和移动通讯技术的发展，大学数学类课程的教学改革迫在眉睫。本文从"概率论与数理统计"课堂教学改革入手，提出分层教学、翻转课堂、案例教学相结合的多元化教学模式。

关键词：概率论与数理统计；翻转课堂；分层教学；数学模型

一、引言

"概率论与数理统计"课程本身具有很强的抽象性和广泛的应用性，尽管进行了多次教学改革，但传统授课方式一直没有根本改变。老师的教学方式在教育信息化的大背景下，显然有些过时。如何让"概率论与数理统计"课程适应这种大形势，让学生能更好更轻松地学到知识一直是个难题。究其原因，与"概率论与数理统计"本身的特点有很大关系，"概率论与数理统计"是一门比较抽象的课程，需要学生具有良好的逻辑思维能力、空间想象能力、计算能力和理论证明能力。然而，学生需要在短短一学期内，学习全部的概率和统计的内容，确实很难真正掌握。很多学生的数学基础不好，学习时又不太用功，在课堂节奏较快的"概率论与数理统计"课堂上，不能很好地跟着老师的节奏进行学习，最终导致学习效果很糟糕。另外，不少成绩相对较好的学生，平时的学习习惯也有问题，他们习惯于在老师的指导下进行学习，老师讲到哪里，他们就看哪里，老师不提的他们就不看，课前预习不充分，课后复习也不到位，所以他们的学习很被动，没有足够的主观能动性。老师在平时的教学中，也习惯于用传统的教学方法进行教学，上课时非常注重知识的连贯性和理论性的证明，但是比较忽视跟学生进行互动，学生上课时的课堂参与仅仅局限在回答老师提问的层面上，这造成教师很辛苦，学生很被动，而且效果还很不好。怎样实现因材施教？怎样兼顾每个学生的个性发展？怎样合理配置教学资源，使"概率论与数理统计"的教学达到应用型人才的培养目标？这些问题是高校转型发展时期数学教学改革所面临的重要课题。笔者认为，应该开发多元化的教学模式，以适应新形势的需要。

二、构建"概率论与数理统计"分层教学模式

近些年，随着教育体制的改革，我国各高校的招生都在不断扩大，这造成学生素质的高低化分级。随着社会的进步和发展，社会对人才的需求量大大增加了，但对人才质量的要求也提高了。所以，在大学教育中，提升学生的整体素质，是学生进入社会参加工作的重要保证。作为大学教育中重要的基础课程，"概率论与数理统计"对学生提高思维反应能力、思维扩展能力都有重要的作用。但是，传统教学中统一的教学模式，对当下学生能力和素质不同的现实状况来说，无法做到让每个学生都能高效地学习。所以，分层教学的模式在教学改革中势在必行。

（一）教学内容分层

分层教学是教师根据学生现有的认知水平，为不同层次的学生定制相应的教学目标和教学内容，采取有区别的教学方法、教学环节和教学评价，促使不同层级的学生在原有基础上得到全面提高。不同学生的认知水平存在差异性，分层教学就是为了适应学生认知水平差异性所进行的教学，分层次教学可以调动学生的学习积极性和自主性，使每个学生在学生过程中发挥出他们的潜能和特长。按照学生所学的专业方向，根据"概率论与数理统计"内容，我们把教学知识模块化，将知识的框架划分成多个模块，利用知识模块合理配置教育资源，教师可以根据专业特长集中攻关某一模块，每一模块可以根据学生的需求划分为几个等级，以满足不同专业的需求。

（二）构建新的课堂体系

我们应在学生的课堂制度上进行新的探索，注重学生学习层次和所学专业的要求，打破学生上课的院系限制，把被动接受教育转变成根据能力层次的要求自由选择模块层次。但是，这种选择不是没有约束的，各专业要制定本专业发展的基本层次要求，达到所学专业对"概率论与数理统计"的基本要求后，可以继续分层次逐级提升数学知识水平和满足学生的知识结构需求。在整个改革中，投学生所好，为专业服务，从学生的角度出发，针对不同专业，让学生有选择的权力，让学生也加入课程改革中，完善"概率论与数理统计"乃至整个高等数学的课程体系建设。构建新的教学体系，打破传统班级管理模式，让学生自己选择授课教师。在互联网＋的数字化校园时代，这种选课方式在技术层面上已经不是问题，问题的关键在于思维方式的转变，构建新的教学体系是创新教学体制背景下的教学新常态，这种选择对教师来说也起着间接的督促作用，教师的教学水平也会被等级化。

（三）创建新的教学评价体系

逐步改革现有的主要以闭卷考试为主的教学评价体系，这种考核方法造成目前大学生"突击式"学习的习惯，使学生感到学习过程前松后紧、期末考试压力大，知识掌握得肤浅，没有学习积极性。从学生的长远发展来看，由于学生的根基不牢，没有将知识转变成能力，这会影响后继专业课的学习乃至以后的进一步深造，导致学生缺乏发展后劲。这种传统的"一刀切"的教学评价体系和我们所构建的分层分类教学的内涵是相违背的。随着考核体系的改革，相应的学生综合评价评系也应当随之变化，学生的能力不应仅用一次考试成绩去评价，可以结合学生的作业、出勤、课堂互动、小测验等方面加强对学生的过程性考核。在这种发展性评价体系的项目形成中，也可以实施类似职业技能认证的考试办法，把学生学习的分级模块与不同试题库对应，形成"在线考试系统"，采用根据学生层级逐级过关的考察办法。随着考核人才质量标准体系的变化，引导学生向理论联系实际的方向努力，这样才能培养出高质量的应用型人才。

（四）分层次教学的意义

在"概率论与数理统计"教学中对分层教学的正确使用，不但可以提高学生的学习能力，而且还可以提高学生对"概率论与数理统计"的学习信心，让学生明确学习目的。分层教学在培养学生的创新能力及提高教学质量方面发挥了重要作用，同时使"概率论与数理统计"的教学更加适应社会发展的需要。

三、翻转课堂模式的引入

翻转课堂将传统课堂中知识的传授转移至课前完成，知识的内化则由原先的课后作业转移至课堂中的学习活动。在"概率论与数理统计"课程的翻转课堂教学模式中，学生课前预习时需要借助网络平台，按照老师发布的学习指导方案（简称导学案）观看教学微视频，并完成基础习题。在课堂上，教师与学生进行互动教学，通过小组学生汇报、小组协作、师生讨论疑难问题、教学效果反馈、学生独立探索并得到学习成果等模块来完成翻转课堂的互动学习。在进行翻转课堂教学设计之前，教师首先应该根据以往的教学重点来设计学习指导方案，该方案需要与教学进度保持一致，分章节来区分知识点的难易程度，具体包括基础知识点、中等难度知识点和提高性知识点。同时，教师还需要准备电子课件与教案，还有制作多媒体教学课件与教学微视频。

第一阶段：在上课前一周，教师发布"概率论与数理统计"的学习指导方案、教学微视频、基础习题等。学生进行自学并完成简单的习题作业。学习指导方案要把"概率论与数理统计"课程的知识点分为基础性知识点和提高性知识点，便于学生安排自己的学习任务。根据每小节课的教学目的与要求的不同，需制作2至4个微视频，每个微视频只讲授一个知识点或一个经典例题。学生在充分了解自己的学习任务之后，可以灵活安排自己的学习时间，实现个性化学习。

第二阶段：在授课的第一小节，学生在小组内部进行协作讨论，提出自己对各个知识点的理解并完成基础习题作业，教师对疑难问题进行解答。在第二小节的课堂上，学生分小组进行汇报，汇报内容包括基本知识点和提高型学习资源，并进行小组之间的互动交流与探讨。期间，教师补充讲解一些重点和疑难问题，并对各个小组给予及时的点评和辅导。

第三阶段：在课后，学生完成并提交一些以提高性为目的的作业，教师批阅作业之后反馈给学生。在翻转课堂的授课过程中，教师应该充分发挥学生学习小组的团队合作意识，使学生尽自己最大的可能获取相关重点知识，让学生形成主动学习的习惯，并获得学习的成就感和乐趣。

微课与翻转课堂"联合在一起"形成一个课程系统即为慕课（MOOC）。随着国家提出互联网发展的战略，"互联网+"得到深化发展，其内涵进一步丰富，对于教育来说，不再是简单地把课堂从线下转到线上，而是更多关注学生个性化的教育需求，提供个性化的教育服务，为教育改革的思维方式指明方向。我们要形成受学生欢迎的远程教育、视频在线教育，突破距离和空间的约束，将教学拓展到更广的实现平台。

四、数学建模思想的培养

"概率论与数理统计"的理论与方法的实际应用几乎遍及社会生活、科学实践、工程应用等各个方面，比如购买福利彩票、抓阄、环境污染控制、社会保险、投资策略选择等问题，都需要首先将问题数量化，然后对研究对象抽样、检验，进而作出判断，并依此解决问题。因此，在"概率论与数理统计"的教学中逐步渗透和融入数学建模思想是切实可行的。此外，将数学建模思想与建模意识融入到"概率论与数理统计"的教学中，不仅可以使学生了解到"概率论与数理统计"中理论知识的背景和实际意义，而且还能帮助学生将"概率论与数理统计"知识和统计软件相结合，提升学生的数学建模能力。如前所述，从近几年的全国大学生数学建模竞赛题目中可以看到，竞赛题目涉及"概率论与数理统计"的知识越来越多，因此，在"概率论与数理统计"中融入数学建模的内容是完全可行且必要的。

为将数学建模思想融入"概率论与数理统计"的教学中，培养和提高学生以解决实际问题为核心的实践能力，在讲解"概率论与数理统计"的概念与理论时，应注重从现实生活中的实际问题出发，选取易引起学生兴趣的事件进行启发式教学。这样由直观到抽象，由简单到复杂，进而运用归纳类比，使学生主动掌握"概率论与数理统计"概念公式的背景与实际意义，以问题为主线，通过发现、分析、解决问题的全过程加强学生对基本概念、方法的理解，激发学生的学习兴趣，使学生主动去探索未知的理论知识。因此，在

"概率论与数理统计"的教学中,应尽量做到概念、公式和定理的实际背景与应用实例贯穿起来,注重案例教学。例如,运用古典概率公式解决生日巧合问题、抓阄问题、投资策略选择问题;运用中心极限定理解决保险公司盈利与亏损问题;运用参数估计与假设检验解决产品促销问题。通过融入数学建模思想,使"概率论与数理统计"教学与社会实践、生活背景、热点问题结合起来,让学生感觉学有所用、学有所值,并有利于提高学生发现问题、提出问题、解决问题的能力,这个过程不仅提升了学生的综合水平,还提高了教师的自身素质,也会使"概率论与数理统计"这门研究随机现象统计规律性课程的课堂教学更具有说服力和吸引力。

"概率论与数理统计"的教学不同于其他基础课教学,必须突出其专业特点,加强对学生动手能力的培养,以理论为手段,注重实践,让学生充分认识到抽象数学的学习与熏陶,不仅仅是单纯的接受知识与提高技能,还是一种人们思想素质的培养与创新能力的训练。分层次教学、翻转课堂模式的引入、数学建模思想的培养等方面的创新,使教学内容和专业衔接,都体现出"概率论与数理统计"的实用性。这种改革,可以使教师在教学环节始终以培养应用型人才为教学目标,这样的课程才更能强调实用性和创新型,符合新建本科高校培养学生的目标。

参考文献

[1] 姜启源,谢金星,叶俊.数学模型[M].北京:高等教育出版社,2003.

[2] 李大潜.将数学建模思想融入数学类主干课程[J].中国大学教学,2006,(1):3-7.

[3] 盛骤,谢式千,潘承毅.概率论与数理统计[M].北京:高等教育出版社,2008.

[4] 胡静波.高等数学分层教学模式探索[J].淮北师范大学学报,2014(4):80-83.

[5] 陈怡,赵呈领.基于翻转课堂模式的教学设计及应用研究[J].现代教育技术,2014(2):49-54.

[6] 张金磊,王颖,张宝辉.翻转课堂教学模式研究[J].远程教育杂志,2012(4):46-51.

[7] 何朝阳,欧玉芳,曹祁.美国大学翻转课堂教学模式的启示[J].高等工程教育研究,2014(2):148-151.

[作者单位:理工学部理学院]

关于 SQL Server 教学改革探索与若干思考

张 博

摘 要：SQL Server 是计算机专业及应用统计学专业的一门基础课程。本文针对应用统计学专业 SQL Server 课程教学中存在的问题，结合专业和课程特点，以及学生实际情况，从教材选择、教学内容、教学方法、考核方式等方面对 SQL Server 课程的教学改革进行探讨，提出具体对策，并着重对案例教学的实践做一些探讨。

关键词：SQL Server；教学改革；具体对策；案例教学

一、SQL Server 课程的教学改革背景

（一）课程教学目标与专业培养目标定位偏离

本人目前承担应用统计学专业 SQL Server 课程的讲解工作。应用统计学专业的培养目标中要求学生能胜任相关领域数据分析与处理以及管理工作。SQL Server 课程的教学目标在于通过对数据库设计基础知识与数据库创建、表的操作、视图操作、索引操作、存储过程与触发器应用、函数应用、SQL 程序设计、数据的安全与管理、备份与还原等内容的学习，掌握设计数据库与进行 SQL 语言程序开发的思想和具体方法。SQL Server 的教学大纲中应增加课时用于介绍该课程与数据管理及处理的关系，将数据、数据库、SQL server 的具体关系理清，使此专业的同学对课程体系有一个清晰的认识。

（二）先修课程设置不合理

SQL Server 课程的先修课程包括计算机基础、程序设计语言和数据库原理。目前，应用统计学专业的学生在学习本门课程前只学习过计算机基础和程序设计语言，而对数据库的认识基本为零。学生对数据库没有一个清晰的认识，对 SQL Server 的学习会有一定的盲目性。针对这一点，我们可以修订专业培养方案，增强此门课的适用性与针对性。

二、SQL Server 课程的教学改革探索

（一）选用优秀教材

本门课程目前选用的教材是电子工业出版社出版的《SQL Server 实用教程（第4版）》，本教材有的地方讲解晦涩，概念也不清晰。经过多方面对比选择，本人建议学生在学习的

过程中多参考《SQL Server 编程必知必会》，这本书是从英文原版书翻译过来的译著。这本教材的内容广泛，包括数据库基础知识以及相关理论与应用，讲解通俗易懂，使相关知识可以迅速被学生理解掌握，非常实用。

（二）改进教学内容与方法

当前，SQL Server 课程的课时安排为：48 学时的理论教学，16 学时的实践教学。

在讲解理论时，学生们普遍反映在多媒体教室里的理论讲解没有在机房里边操作边讲解的效果好。针对学生的这一诉求，本人申请将所有的讲解都安排在机房进行，这样在本人讲解时，学生可以及时对相关例子进行实际操作，这样可以促进学生对知识的认知和理解，还可以强化记忆。

（三）改进考核方式

SQL Server 课程现有的期末考核方式为闭卷笔试，但此门课程是比较注重实践的课程，应该引导学生去解决实际问题，多动手操作。因此，本人认为上机考试会更适合此门课程的教学目标，也有助于提高教学质量和教学效果。在平时的考核中，需要增加考核项目来考察学生的实践能力。这两点的结合才能更加充分地体现学生对此门课程的学习情况，使考试真正为教和学服务。

三、SQL Server 课程的教改思考：实施案例教学

SQL Server 的课程性质决定了案例教学的必要性。案例教学可使学生通过案例型材料，扩展基础知识，夯实应用基础。在设计案例时，需要钻研教材，列出必须掌握的知识点，精心设计案例，将理论和知识贯穿到一个个精彩的实例中。比如，有学生在参加大学生实践创新时遇到 SQL Server 和大数据结合的相关知识，此时，可以精心设计案例，让学生对案例中涉及的知识有清晰直观的认识。然后，教师对此进行深入分析与详细讲解，首先将大数据中的数据梳理出来，然后对数据进行处理，再对处理过的数据进行管理，而管理的过程也是对 SQL Server 实际运用的过程。这样，就可以使学生切身体会到理论如何来自实践，对所学知识以及自身知识掌握程度有更加深入的认识。

参考文献

[1] 胡丹桂 .SQL Server 教学改革实践与探索［J］. 科学与财富，2013（06）：55.

［作者单位：理工学部信息工程学院网络工程系］

高校统计学专业计量经济学课程教学改革探析

胡小莉

摘　要：计量经济学是许多应用统计学专业的必修课之一，由于计量经济学相关教材的局限性、软件配套不足，以及教学手段与教学方法的有限性等原因，这门课程需要循序渐进地进行教学改革。教学改革既要强化学生的理论基础，还要通过各种教学手段在教授过程中融入案例教学和实践性教学环节，并建立合理的激励机制，培养学生的学习兴趣和创新意识。

关键词：计量经济学；教学改革；实践教学；创新

随着中国经济的飞速发展，社会对于复合型人才的需求逐渐增加，对应用统计学专业学生的实际应用能力的要求也越来越高。计量经济学是经济学的核心课程之一，也是统计学专业的主干课程，该课程综合了经济理论、数学和统计学的相关理论。计量经济学不仅要求学生掌握经济学、数学和统计学的理论基础，还需要学生根据实际问题正确建立计量经济学模型，通过已收集的数据对模型进行估计、检验和应用等。在经济问题研究中，计量经济学模型是重要的数量分析工具，国内外大量的文献中都采用了计量经济学的模型和方法，根据李子奈（2010）的统计，在2006年、2007年《经济研究》发表的论文中，以计量经济学模型方法为主要分析方法的论文占到全部论文的53%。可以看出，对计量经济学课程的学习至关重要，课程教学改革的意义不言而喻。

一、计量经济学课程教学中存在的问题

（一）教材的局限性

教材的局限性在于对计量经济学模型的理论和应用阐述不够深入。计量经济学分为理论计量经济学和应用计量经济学。理论计量经济学为应用计量经济学提供方法论，主要研究计量经济学理论和方法技术，会用到大量的数理统计学的方法和理论；应用计量经济学基于经济理论的指导，利用理论计量经济学的工具，以经济或相关领域的统计数据为依据，研究实证经济规律，分析和预测经济运行情况。但目前计量经济学的教科书几乎都是理论计量经济学的研究成果，应用计量经济学研究成果作为教科书的很少，教材中的例题主要讨论和针对的是某种特定的估计方法或者检验方法，有时候会给学生一些误导。如李子奈（2010）的计量经济学教材中，在一元线性回归模型里，解释变量设定为一个，而到多元线性回归模型中，会在同样的模型基础上增加多个解释变量，教材中没有涉及实际经

济问题中究竟应该如何确定解释变量的问题,所以,目前本课程教材的局限性在于学生理解实际经济问题建模时存在一定的问题。

(二)软件配套不够

在计量经济学课程的教学过程中,理论和实践之间脱节较为严重,软件配套不足。目前,计量经济学的教学强调思想和方法,以经济学理论为基础,以相关观测数据和实验数据为支撑,利用概率统计和数学等方法,依据计算机技术来分析和研究经济问题,并对经济现象进行定量分析。

部分学校的授课方式以课堂讲授为主,也有些学校增加了上机课的内容,其主要内容是让学生在掌握计量经济学理论的基础上了解相关章节的 Eviews、Stata、SPSS 和 SAS 等统计软件的操作,加强学生理论联系实际的能力。但在教学过程中,学生没有机会系统地将所学到的理论知识应用于解决现实中的经济问题,面对经济问题时他们依旧感到迷茫:经济学、统计学和数学理论片段性地出现在大脑中,却不知道如何系统地运用所学的计量经济学模型对经济问题进行分析或解释,软件操作的运算也较为模糊,解释和分析模型结果的能力较差。另外,由于购买软件的费用较高,而且大数据时代下软件更新迅速,大部分教师授课时和学生练习时多采用盗版软件,这也是导致理论和实践脱节的原因之一。

(三)课时设置不足

计量经济学教学课时设置不足,教学方法和手段有限。目前,计量经济学本科教学的课时大多为48课时,其中部分院校有16课时是上机部分,本科生如果没有良好的统计学、经济学和计算机技术等相关学科基础知识,在这么短的时间内既要掌握计量经济学的理论基础,又要掌握软件操作和应用,非常困难,也会导致教学效果不佳,教学任务很难完成。计量经济学研究的完整框架包括:对经济活动的行为分析,首先对经济活动进行抽象和理论假说,然后建立总体回归模型,并根据相关指标获取样本观测数据,对模型进行估计并检验,最后进行应用。这一框架与经济学研究的框架完全一致,而计量经济学作为一个相对独立的分支,其学科基础方面是理论方法,另一方面是应用研究,计量经济学不仅要讲授模型的估计和检验,还要讲授如何根据模型分析经济关系并检验经济关系,从而进行模型总体设定。要实现整个过程不仅需要教师采用多种教学方法和手段,还需要学生有良好的基础知识,但目前不同专业的学生对基础知识的掌握程度参差不齐,教师在因材施教的过程中于48个学时之内往往较难达到教学目标,教学方法和教学手段也会受到限制。

二、计量经济学教学改革的策略和创新

(一)强化学生的经济学、数学和计算机技术基础

计量经济学教学改革应循序渐进地进行,需要强化学生的经济学、数学和计算机技

术基础，由于不同专业的课程设置差异，在进行计量经济学课程的学习之前，一些先修课程并没有开设，因此，可以采用多种教学形式，如实施经济学与计算机双学位教育、开设暑假小学期课程和定期举办讲习班等，供不同层次的学生有针对性地进行多元统计、经济学、统计软件等相关课程的学习，强化学生的经济学、数学和计算机技术基础，为系统学习计量经济学打下坚实的基础。

在此基础上，计量经济学课程的教学可以通过知识模块和知识点的形式进行讲授，通过多元化的教学模式，采用课堂讲授和实验教学综合进行的方式，对于不同专业和不同层次的学生采取差异化的教学方法，多采用案例式教学，循序渐进地提高学生的学习兴趣，引导学生自主学习，提高教学效果。另外，与计量经济学课程相关的软件日益增多，更新换代也较为频繁，而在教学过程中因为经费的限制，计量经济学的教学大多采用一些盗版软件进行，学校应鼓励并支持引入相应的正版软件来配合教学活动的开展。

（二）强调案例教学和实践性教学环节

计量经济学的课程教学过程应强化理论与实践的结合，鼓励学生参加国家或省部级等的各类项目，并将其融入课堂实践性教学的过程中，提高学生理论应用于实际的能力。传统课堂纯讲授的教育方式会让学生只知道理论却不知如何应用，导致学生学与用脱节，现有的计量经济学教材提供的案例都是针对某一章节的内容进行的，这些内容主要注重模型假设、参数估计和各种检验的理论和方法，多数案例过于抽象化，也缺乏系统性的案例进行实践性教学，学生应用模型分析实际经济问题的机会较少。

在计量经济学基础理论教学的基础上，应强化实践性教学的环节，要帮助学生理解理论在实际中的应用，提高学生系统性处理和分析经济问题的能力。计量经济学教学在时间安排上，应统筹安排理论和案例教学、实践教学环节的时间，根据学生专业的不同安排相应的案例和实验教学的内容，发挥学生学习的主观能动性，而不是拿出几节课的时间简单地演示 Eviews、SPSS 等软件的操作和应用。目前，国家和部分高校非常注重学生实践能力的培养，给在校学生提供了各类项目，教师可以通过这个平台，并结合计量经济学的教学鼓励学生参加，让学生在学习的过程中系统地梳理所学内容，亲自进行软件操作和应用，发挥学生的能动性，以理解计量经济学模型的应用。

（三）改革固化的考核制度，激发学生的创新意识

建立合理的激励机制，对固化的考核制度进行改革，培养学生的学习兴趣，激发学生的创新意识。理论和实践的教学要落到实处，需要制度上建立合理的激励机制来保证。在成绩的评定标准制度、教师教学质量的评估等方面应加强对计量经济学实践课程的支持，鼓励教学方法的创新。计量经济学传统的课程考核以测验和理论为主，随着教育改革的深化，有些学校计量经济学的考核增加了上机实验的内容。为了培养学生的学习兴趣，激发学生的创新意识，计量经济学课程应建立合理的激励制度，不拘泥于一种考核方式，以教

学效果为中心对固化的考核制度进行改革。计量经济学课程考核方式应综合考察学生的整体掌握情况，不仅要考核学生的理论掌握情况，考察学生的理论基本知识点的掌握，还要对学生的软件应用和模型参数估计等能力进行考核。同时，结合课程论文的考核方式，让学生对计量经济学模型产生兴趣，理解理论和实际的结合，激发学生的创新意识。

三、结论

计量经济学作为应用统计学专业的必修课程，对于学生实际应用能力的培养具有重要作用。经济学、数学和计算机技术是学习计量经济学的基础，在理论教学的过程中需要加强，不仅如此，软件应用和分析也非常重要。因此，通过多种教学手段，探讨案例教学和实践教学的合理模式，是应用型专业计量经济学课程教学改革的重点。我们不仅要正确认识计量经济学教学过程中存在的问题，更要将教学改革落到实处，有针对性地在教学过程中进行实践并反馈，提高教学效果，培养学生的创新能力。

参考文献

[1] 李子奈. 关于计量经济学课程教学内容的创新与思考 [J]. 中国大学教学，2010（1）：18-22.

[2] 李子奈，潘文卿. 计量经济学 [M]. 北京：高等教育出版社，2010.

[3] 李子奈. 再谈计量经济学模型方法论研究 [J]. 经济学动态，2010（11）：21-26.

[4] 张同斌，高等学校经济计量分析类课程教学模式改革 [J]，教育教学论坛，2015（3）：103-104.

[5] 邱东，李子奈，肖红叶. 经济学类专业统计学、计量经济学课程教学现状调研报告 [J]. 中国大学教学，2007（11）：17-20.

[作者单位：理工学部理学院]

多屏互动环境下电路分析课程的教学设计研究

孙象然

摘　要：智能手机的普及给课堂教学带来了挑战，如何将学生的注意力从手机吸引回课堂，是每个教学一线的老师必须面临的问题。随着慕课和翻转课堂等新型教育模式的发展，利用智能手机的便捷互动特性，变堵为疏，并结合课堂教学中的黑板和投影进行新型课堂教学。本文针对电路分析课程的教学特点，梳理研究了多屏互动环境下的课堂教学方法。

关键词：多屏互动；电路分析；教学设计

一、引言

随着计算机技术和网络技术的飞速发展，近年来以慕课（MOOC，Massive Open Online Courses）为代表的现代教育的改革和研究成为国内外在线教育和课堂教育的热点。新兴的教学资源方式"微课"视频和颠覆传统的教学模式"翻转课堂"在国内外的高等教育机构已经开始应用，并取得了良好的教学效果。如何利用现有的教学资源和创新的教学模式提升电路分析课程的教学效果，已成为电气信息类专业课程教学亟须解决的问题。同时，移动互联网技术的发展和人们生活方式的改变，也给当代教育带来了巨大挑战，特别是移动智能终端给整个社会和人们的生活带来的变化。截至2016年7月，我国移动电话用户总数达13.04亿户，其中拥有智能手机的4G用户总数达6.46亿户。智能手机和智能大屏终端进入课堂带来的矛盾，成为高校和社会争论的热点。对于时代的发展和技术的进步来说，由于其不可逆性，我们更应该抱着拥抱新技术的热情，充分利用新技术所带来的便利性和先进性，使其为我们的教育教学服务。如何利用新技术是摆在每一个高校教师面前的一个巨大挑战。在国家中长期教育改革与发展纲要中，把提高教育质量作为未来教育发展的战略重点，同时强调"以人为本"和"创新人才培养"的教育思想，作为高校教师应该充分利用课堂上的多种教学设施和学生手中的移动终端，以互动为核心，提高课堂上学生的主动性、能动性，创造和谐、自由、发展的互动教学环境。

本文正是直面学生手中的手机给课堂教学带来的问题和挑战，探究使其为课堂教学服务，并结合电路分析课程的教学特点，构建多屏互动的课堂教学环境，进一步推进电气信息类专业课程教育的改革。

二、多屏互动的课堂教学

互动是课堂教学的核心。互动不能仅局限于教师与学生之间、学生与学生之间，还应包括人与技术、人与环境、技术与技术、人与资源等方面的互动，互动已然成为课堂教学的核心。当前，高校课堂的教学环境还是以黑板（或白板）和大屏投影为主要显示手段，重点解决的是教师与教学资源之间的互动，以及学习者与学习资源的互动、师生之间的互动问题。融合了计算机技术、微电子技术、电子通信技术的交互式白板系统，能够实现设备的无缝链接和互动，交互式白板技术所构成的多屏交互显示空间，通过触屏技术提供友好、直观、自然的互动界面，增强人与资源交互的人性化、个性化等，但是，由于成本过高以及对现有教室环境改造过大，不利于大范围的使用和教学应用。如何在现有的教学环境中，充分发挥课堂的高互动特性，从课堂技术选用、整合，以及教学策略选择和过程实施上充分关注课堂主体的实际需要，构建人、技术、环境、资源等诸要素和谐共存的学习空间，增强课堂教学活动的互动成为提高教育质量的当务之急。

同时，由于移动终端的快速发展，大屏幕智能手机已经成为学生获取资讯和日常沟通的随身工具，而且其移动性和随时接入网络的特点，往往成为课堂学习环境中的干扰因素。在课堂上，手机要么作为娱乐工具和通讯工具，要么作为存储和显示课件的浏览工具，极大地割裂了课堂教学环节中师生之间的互动。因此，利用学生手中的手机屏幕，以及教室中黑板和大屏投影，构建多屏互动的教学系统，并针对系统特点和教学环节的设计，增强课堂的互动性，这成为提高教学质量，培养创新人才的重要研究方向。

三、电路分析课程的特点

电路分析课程在电气信息类专业的人才培养方案和课程体系中起着承前启后的作用，是电气信息类各专业的专业基础课和核心必修课。其任务是使学生了解电路理论的基本框架，掌握分析电路的基本概念、基本定律和基本方法，具备分析电路的基本技能，了解电路设计的基本方式。通过对该课程的学习，使学生具备电气信息类专业学生应具有的基础专业技能，为后续专业课程的学习奠定坚实的理论基础。图1为电气信息类专业的相关课程，从图1中可以看出电路分析课程在整个电气信息类专业人才培养方案中所处的基础地位。

该课程的主要特点是理论性强、抽象性强、数学知识涉及较多、注重逻辑性与综合性。其分析主要针对集总电路，其基本结构可归纳为：一个假设（集总假设），两类约束（KCL，KVL，VAR）和三大基本方法（叠加、分解和变换域方法）。各自连同相关的定义、概念、定理、方法、公式等内容，形成课程整体。需要教师在传授各章知识时注意各知识点的连贯性，紧紧把握基本概念、基本定律和基本方法，并依据它们来讨论新的问题。

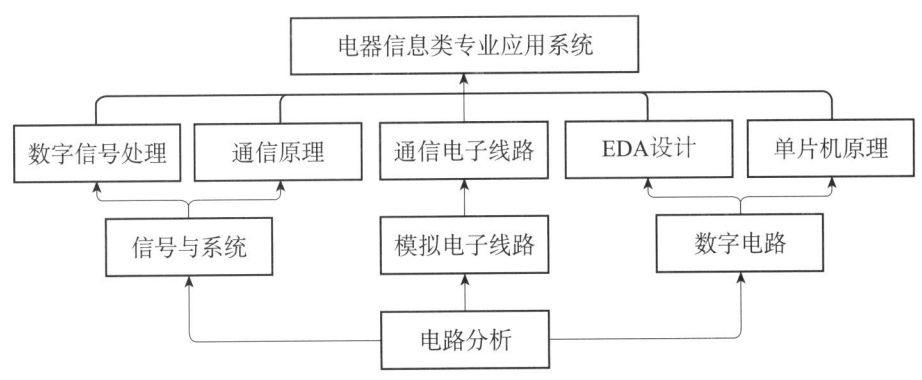

图 1 电路分析和电气信息类专业课程

四、电路分析课程的多屏互动教学设计

将多屏互动的教学模式引入电路分析课程的教学中，有利于培养学生理论联系实际的能力，提高学生分析问题、解决问题的能力，培养学生的创新能力，提高学生的学习积极性和学习效果，为后续专业课程的学习和学生毕业后从事专业工作打下坚实的理论基础。该课程以往的教学方法强调灌输，强调记忆，导致学生的自主思维能力差，缺乏创造性。通过该课程的教学改革，针对电路分析的课程特点，对多屏互动的教学模式进行设计，在教学过程中应注重启发学生的主动思维和创造性思维，将课堂上的教学活动和学生的互动学习紧密结合起来，使学生获得个性化的教育，提升专业基础课的教学质量，给学生打下坚实的专业基础，提升学生的专业能力。课堂教学成功的关键在于，通过组织课堂活动，来完成知识内化的最大化。针对电路分析课程的特点，该课程的多屏互动教学模式主要由课堂讲授、随堂练习、演示实验和学习评估四个基本互动环节组成。

（一）课堂讲授

在课堂讲授的过程中，通过多屏互动的设计呈现一种多种媒体交互的课堂。多个显示屏幕既便于教师集中教学和小组讨论学习，也利于学习资源的多角度呈现。黑板和投影设备作为主要信息的显示设备，除了能够显示教学内容外，教学者、学习者还能通过它产生多元形式的互动。学生手中的移动终端主要被用于进行学习资源的获取，以及教学者与学习者之间的互动、交流。比如，在教学中，学生可以借助移动终端根据自身的需要访问老师的教学资源，还可以在不打断课堂正常教学秩序的情况下进行提问，通过各自的终端在小组学习中完成互动讨论，并及时与教师沟通讨论结果。通过上述学生之间以及教师和学生之间的课堂互动，可以充分激发学生自主学习的积极性和潜力，能够更好地促进学生对课程知识的内化。以多屏互动为技术保障，课堂教学的互动不但频繁而且实时，所反馈的信息能够帮助教师及时掌握学生的学习动态，教师还可以根据教学过程的需要随时设计问题，学习者可以利用移动终端进行回答。这样一种全方位、多层次、实时性的课堂交互过程，必定会极大促进教学活动的展开，有效增强教学效果。

（二）随堂练习

在电路分析课程的教学过程中，习题训练是必不可少的教学环节。习题训练可以促进学生对知识点的理解，也是培养其分析解决问题的能力的必要手段。对于传统的课堂练习活动来说，教师无法及时掌握每个学生的学习动态和学习效果，同时也无法面向不同的学生布置具有针对性的习题作业。依靠课堂上的多屏系统，对存在共性的问题和习题，可以采用黑板和投影设备进行呈现与分析；对于不同学生的具体问题和有针对性的习题，可以通过推送的方式呈现在学生各自的移动终端上。结合电路分析课程的习题类型和特点，需要针对移动终端的交互特点进行调整。比如，对于需要书写公式和运算过程的计算题来说，其无法在移动终端上进行输入，需要将计算题转换成选择题和判断题。可以将计算题的关键解题步骤作为选择题的选项，这样就便于在移动终端上进行操作了。借助学生手中的移动终端进行随堂练习，可以极大地节约教学时间，并充分提高教学资源的利用率，还能够增强学生的学习效果。

（三）演示实验

在电路分析的教学过程中，演示实验是指为配合教学内容，由教师操作表演示范的实验，同时，学生也可以跟随教师同步进行学习和实验操作。借助课堂上的多个屏幕，可以有效地呈现演示实验，从而提高课堂的学习效率。通过将普通实验转换为仿真性实验，可以使学生能够在移动终端上进行实验的仿真操作，这极大地锻炼了学生的动手能力，从而促进学生对理论知识的学习和理解。在教师演示实验和学生课上仿真实验的过程中，借助多屏互动的教学环境与互动实验的内容设计，能够增强教师与学生、教师与实验演示、学生与实验操作等方面的互动性。

（四）学习评估

在多屏互动的课堂教学环境中，互动系统可以采集学生在课堂学习过程中的互动过程，通过采集到的数据，系统可以对学生的学习效果进行评估和总结。教师可借此根据学生的学习能力和接受程度，来对每个学生对本次课程的掌握程度进行分析和评价，有针对性地来区别对待，如布置课后练习和提出复习建议，以巩固学生的学习成果。同时，在课后的学习中，一方面学生需要对本次课程内容的学习效果和掌握程度进行自我总结，进一步完成知识的内化，在课后通过移动终端对各种教学资源以及课后习题进行复习和知识拓展；另一方面，学生能够通过移动终端对本次课的教学过程给出教学评价和反馈，教师通过学生的反馈信息对课堂教学进行总结和反思，并进一步完善教学方式与教学方法。

（五）云学习

多屏互动的课堂教学环境是集数字化、高互动性于一身的多维度学习空间。借助移动终端接入互联网的云学习平台，学生可以随时接入海量的云学习资源，以作为课堂学习的有益补充。通过智能移动终端的访问，云学习平台提供给学习者相关的学习资源，学习者能够对教学过程进行反思，同时还能够与其他云端的学生形成良性互动和交流，可以极大地扩展学习的空间和深度，实现学生与教学资源、学生与老师之间真正意义上的深度互动。

五、总结

电路分析课程是电气信息类专业一门重要的专业基础课，该课程的教学效果会直接影响到学生的专业素养和专业能力，以及未来专业课的学习。将电路分析课程的教学同多屏互动的教学模式相结合，是对传统教学模式的颠覆式创新，是课程教学改革的必然方向。针对电路分析课程的特征，结合学生的自身学习特点，不断实践与探索，才能培养适应21世纪需要的基础扎实、知识面宽、能力强、素质高的电气信息类专业人才。

参考文献

[1] PAPPANO. The year of the MOOC [N]. The New York Times，2012-11-02（3）.
[2] P ADAMOPOULOS. What makes a great MOOC？[M]. ICIS 2013 Proceedings，2013：1–21.
[3] JONATHAN BERGMANN. Flipping the classroom [M]. San Bruno：Tech & Learning，2012.
[4] 孙剑. 电路分析课程的教学实践与改革[J]. 黄山学院学报，2004（6）：49-50.
[5] 王娟，祝孔涛. 软件开发类课程教学方法探讨[J]. 当代教育理论与实践，2011（3）：60-61.
[6] 冯翠钗. 基于翻转课堂的化学实验教学模式及支撑系统研究[J]. 教育现代化，2015（5）：107-112.

[作者单位：理工学部信息工程学院]

"剧场工程概论"课程教学改革实践

蒋玉暕 张晶晶 苏志斌 蒋 伟 任 慧

摘 要：本文根据笔者教学实践过程中的部分经验，总结了我校自动化专业演艺技术方向"剧场工程概论"课程组在过去的教学过程中有待改进的环节，介绍了课程组修订教学大纲、构建课程素材库、更新课程资料、课程组教师团队与实验室建设等课程教学改革的实际情况。

关键词：剧场工程；教学；改革

一、引言

近年来，随着我国文化事业的发展，戏剧、话剧、歌剧、音乐剧等在文化传承与传播中起到越来越重要的作用，普通百姓也越来越多地走进剧院。中国传媒大学理工学部信息工程学院自动化系于2006年开始设立自动化专业演艺技术方向，是我国第一个在演艺产业技术领域开设相关专业方向的高校。自2006年，我校设立了专业限选课"剧场工程概论"，中国传媒大学是我国最早开设剧场工程与舞台技术相关内容课程的高等学校。本课程的课程目的是通过讲授课程内容，使学生掌握剧场的功能、舞台的功能、剧场空间的形式及各区域之间的关系，掌握舞台各类设备的功能以及相互配制关系，掌握剧场管理中遇到选型、安装、调试、排除故障等方面的问题，提高学生解决实际问题的能力。

二、传统的"剧场工程概论"教学中存在的问题

我校自动化专业自2006年开始设置剧场工程的相关课程，剧场工程不仅涉及建筑、声学、光学、电子、电气、通信、机械、测控等工程技术基础理论和专业技能，更涉及戏剧、表演、文学等艺术学科的知识理论。因此，在教学实践过程中，如何理清理论体系、课程脉络，成为该课程教学改革的重点。在"剧场工程概论"过去的课程教学过程中我们发现了一些问题，课程组总结出了以下待改进的环节。

（一）章节前后的脉络关系不够清晰

传统的"剧场工程概论"课程教学以理论教学为主，共32课时。该课程讲述内容主要包括：

第一章介绍剧场形式的简史、艺术表演对剧场的功能要求、艺术表演对舞台的功能要求、现代典型剧场的空间形式。

第二章介绍舞台台面和台下区域，包括升降台、转台、车台、滑台、升降乐池、复合台车等设备的主要形式以及它们的空间配置关系；介绍舞台上部区域，包括栅顶、天桥、吊杆、单点吊、幕类设施、防火幕、灯光吊笼、灯光渡桥、天幕、影幕等设备的主要形式以及它们的空间配置关系。

第三章介绍舞台台口区域，包括纵向可调整台口、假台口的形式与乐池及台前部的变换关系、台前部与观众席天花板的变换关系等。

第四章介绍剧场观众席区域，包括主要布置特点、各类抽拉式与折叠式座椅的形式，观众席与乐池的变换关系等。

第五章介绍剧场的声学要求与噪声控制，包括环境与建筑声学的基本知识、噪声的基本知识、剧场声场及反声板的应用、吸声或消声材料在剧场中的应用、舞台机械设备运行噪声的控制策略与方式等。

第六章介绍现代剧场的控制系统，包括舞台灯光控制、舞台机械控制、舞台音响控制，以及集中式舞台综合控制系统的发展趋势等。

从课程各章节的内容可以看出，在传统的"剧场工程概论"教学内容中，无法用一个十分明晰的标题将本章内容概括出来。究其原因，主要是传统的教学思路是按照剧场史、舞台区域、观众席区域、声学设计、控制系统的基本脉络来进行的。其目的是力求将剧场按照区域进行划分，按照区域进行知识点的讲解。但是，经过3至4轮知识讲述后，教师发现知识脉络存在梳理不清、前后章节关系衔接不紧密等问题。如第二章、第三章都存在既涵盖舞台工艺设计等剧场建筑设计内容，又包括舞台机械原理等舞台设备机电原理的问题，使学生无法按照学科门类对知识点进行梳理。

（二）知识点散而泛、重点不突出

在传统的"剧场工程概论"教学内容中，各类知识点都会在教学中被提及，并力求做到面面俱到。但是，因为本课程所涉及的知识点众多，这种面面俱到的讲述方式，往往容易造成散而泛、重点不突出的问题。如在讲述舞台机械设备时，会对所有种类的舞台机械一一进行介绍，但由于课时数所限，不可能全面地将每类舞台机械设备的驱动、传动、设计原理进行详细介绍，只能泛泛地"点到为止"。

（三）课堂内容理论性强、案例少

在传统的"剧场工程概论"的教学过程中，教师主要以纲目加文字的形式对课程知识点进行介绍，理论性较强，但是缺少剧场空间介绍、实物图片展示和实际工程案例。模型展示、示意图、动画等更是少之又少。究其原因，主要是因为教师所掌握的资料所限，无法以更加生动的图、表、动画等形式进行知识点的展示。

（四）缺乏实践与参观环节

在传统的"剧场工程概论"的教学过程中，由于缺乏相关剧场资源和受课时限制等原因，学生只能自行到学校1500人报告厅、400人报告厅，或者其他剧院进行参观了解，缺乏统一的现场教学机会。此外，由于实验室的仪器设备配备不完善，也无法为学生提供现场设备展示。

（五）缺乏统一的教材

在传统的"剧场工程概论"的教学实践中，由于课程知识点涉及建筑、声学、光学、电子、电气、通信、机械、测控等工程技术基础理论和专业技能，市面上无法找到一本相对完整的涵盖课程所有知识内容的教科书，这也为教师的教学，以及学生的学习与复习带来很多问题。

三、"剧场工程概论"的教学改革实践

针对存在的上述问题，课程组教师在本次教学改革的过程中，进行了如下改革尝试。

（一）调整课程大纲

针对章节前后脉络关系不够清晰、知识点散而泛、重点不突出等问题，课程组对课程各个章节的内容进行了重新梳理。形成了新的纲目，具体如下。

第一章：绪论（2学时）。介绍剧场的基础专业术语、剧场的功能分类、演出形式、剧场的建筑分类与其他分类方法。

第二章：剧场发展史（2学时）。介绍剧场来源以及剧场发展简史，包括国外的环形剧场、圆形剧场、希腊剧场、罗马剧场、露天剧场、视觉形象（透视布景）剧场、伊丽莎白（莎士比亚）剧场、镜框式剧场、中心舞台剧场等，也包括中国古代剧场史与中国现代剧场史。

第三章：舞台工艺（3学时）。介绍舞台的总平面设计、舞台建筑设计，以及舞台台口、台塔、台仓、台面设计学内容。

第四章：观众席设计及其他辅助设计（3学时）。介绍观众席设计，包括观众席尺寸设计、视线设计的基本要求、视点的确定、俯仰角的控制、最远视距设计、水平剖面视角设计、采暖、通风等。

第五章：剧场经营管理（2学时）。主要介绍演出流程与经营管理，包括演出主体、剧团、演出流线、演出市场与院线等。

第六章：舞台机械（5学时）。介绍舞台机械的功能、分类、主要的舞台机械、舞台机械的驱动与传动方式、性能指标、控制系统、安全与基本要求等。

第七章：舞台灯光（5学时）。介绍舞台灯光最小系统、光位、光源、灯具、灯光系

统与调光器、灯光设计与控制等。

第八章：剧场声学（5学时）。介绍剧场建筑声学体型设计、音质的主客观评价、剧场电声扩声、噪声控制等。

第九章：舞台监督（3学时）。介绍舞台监督的工作任务、文案，以及舞台监督与调度系统的定义、组成、核心功能、基本功能等。

第十章：剧场案例（2学时）。介绍国家大剧院歌剧院、戏剧场、音乐厅、小剧场的实际案例，以及湖南润泽东方实景剧场案例等。

经过此次调整，课程章节内容包括剧场的形式、剧场的建筑设计、剧场的经营管理、剧场的各类设备、具体的剧场工程案例，整体思路相对清晰。

同时，此次调整对每个章节重点不明晰的内容和知识点进行了梳理，按照了解、理解、掌握三个层次对知识点进行有效整合，并将后续课程（舞台照明基础、舞台机械、剧场声学基础）中的部分重点知识进行强化，保证在有限的课时量中突出本课程的重点内容。

（二）构建课程素材库、更新课程资料

针对课堂内容理论性强、案例少的问题。课程组"多方化缘"，搜集剧院、设备等的图片和视频资料，建立了"剧场工程课程"案例素材库。课程组在每年北京、上海、深圳举办的国际灯光音响展会上第一时间获取演艺装备发展的最新资料与实物照片；课程组在相关科研项目中，与灯光、音响、机械等厂商建立了良好的合作关系，多次派出调研组前往制造商工厂进行现场调研与资料收集。此外，课程组也在不断完善课程展示的PPT。具体完善方法如下：通过Visual Basic制作舞台机械运行动画；通过PPT动画模拟观众席的区域划分；通过MAonPC专业灯光效果离线编辑软件与魔术师Mini灯光控制台，模拟灯光控制的操作流程与灯光设计的灯效展示；通过Unity3D构建剧院的基本模型，展示剧院的舞台工艺等（如图1至图4所示）。

此外，针对课程缺乏统一教材的问题，课程组开始着手编写《剧场工程概论》，并将在下一步的教学实践中进一步完善教材。

（三）课程组教师团队与实验室建设

经过十余年的积累与沉淀，自动化系"剧场工程概论"课程组形成了一支年富力强的教师队伍。在教师团队建设的过程中，经历了由最初只有1位教师授课，到现在有5位教师可以授课的过程。课程组具有博士学历者5人，具有高级职称者3人，如表1所示。课程也逐渐由原先仅面向自动化专业开设，变为面向信息工程学院开设的院级限选课，如表2所示。同时，课程组也面向全校开设两个轮次的公共选修课，选课人数累计近200人。

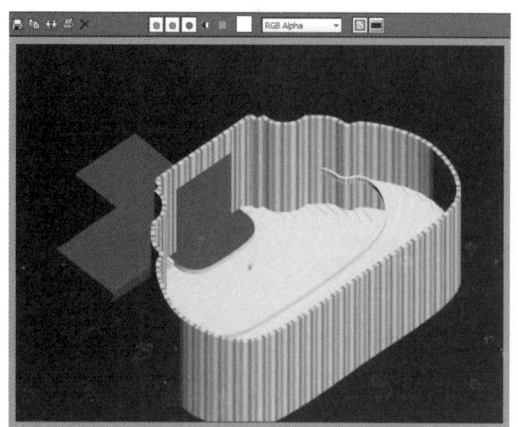
图1 基于unity3D的剧场模型图

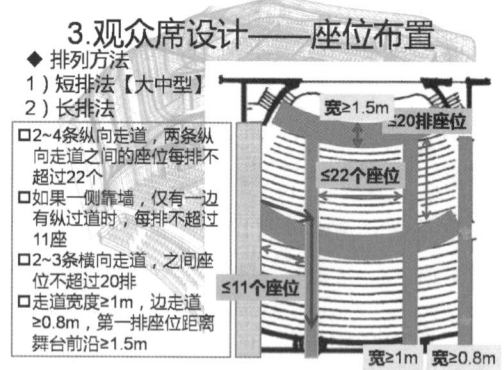
图2 观众席布置模型演示图

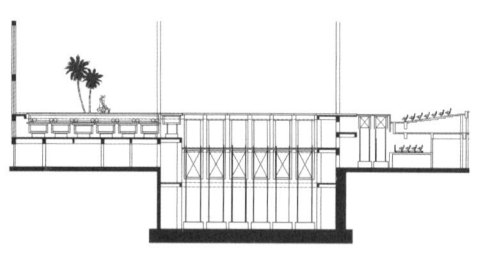
图3 台下舞台机械模型图

图4 基于MAonPC的灯光离线编辑效果示意图

表1 "剧场工程概论"课程任课教师统计表

姓名	蒋伟	任慧	蒋玉暕	张晶晶	苏志斌
职称	教授	教授	副教授	讲师	讲师

表2 "剧场工程概论"课程近4年院级限选课上课学生人数统计表

年份	2013年	2014年	2015年	2016年
人数	43人	23人	192人	117人

除了进一步完善课程组的教师队伍建设之外，实验室建设和仪器设备的配套与更新也在同步进行。经过课程组的努力，多方争取场地与经费用来进行实验室建设。到目前为止，我们可以为本课程提供见习与操作的实验室共有7间，包括自动控制系统实验室、传感器与检测技术实验室、电机拖动与电力电子技术实验室、舞台机械原理与传动实验室、舞台灯光技术实验室、舞台监督与调度实验室、视频评价实验室。实验室面积也由原来的100平方米扩大为现在的近400平方米，为学生完成相关设备的见习实验与实操提供了良好的条件。

（四）对教学多模式的探讨

课程组除对课程大纲的内容进行调整之外，也在探讨新的授课模式。在本轮教学中，蒋玉暕老师将魔术师 Mini 灯光控制台带进课堂，利用 MAonPC 专业灯光效果离线编辑软件，来模拟灯光控制的操作流程与灯光设计的灯效展示。苏志斌老师通过翻转课堂，给灯光兴趣小组的同学发放课程资料，由学生根据自身实践，向其他同学讲述灯光系统这一小节的课程内容；他还让学生观看话剧片段，并指导学生亲自表演来唤起学生的表演天性，让学生亲身体会舞台演出中的各个要素与演出的关系等。张晶晶老师在课程讲解过程中，注重引入舞台新技术，如 VR、AR、虚实互动、幻影成像、剧场演出信息化与三维建模、舞台设备智能化控制等，为学生利用剧场新技术开展大学生创新项目等科研活动提供了技术指导。

四、总结

"剧场工程概论"是一门艺术与技术相结合的课程，是自动化专业演艺技术方向的学生接触到的第一门与本专业方向相关的专业课程。我校自动化系"剧场工程概论"课程组通过不断努力，在剧场技术的教学实践、团队建设、教学改革、教材建设等方面取得了一定成绩。然而，课程组在今后的教学实践中，还应该注重在以下方面进一步创新：教师需要进一步磨练内功，提高教学基本功，充分利用慕课、微课、翻转课堂、互动教学等新方法、新模式，不断与业界进行交流，获取最新的技术资料充实自我；进一步完善课程的资料库与教材库，为教学提供活力；充分调动学生的积极性，在实践创新与动手能力上为学生铺路。

[作者单位：理工学部；视听技术与智能控制系统文化部重点实验室；现代演艺技术北京市重点实验室]

"多媒体系统设计"课程教学改革的实践与思考

蓝善祯　徐品

摘　要："多媒体系统设计"是我校数字媒体技术专业的一门重要的专业基础课程，其内容多而广，实践性强，需要不断地从教学内容和教学方法等各方面进行改革，以达到该专业的培养目标。本文对"多媒体系统设计"的课程建设、教学内容与方法改革进行了初步探讨和思考。

关键词：数字媒体技术；多媒体系统设计；软件工程；数据库；教学改革

"多媒体系统设计"是我校数字媒体技术专业开设的一门专业核心课程，旨在教授学生理解并掌握软件工程与数据库的理论、技术和方法，用工程化的思维方式进行多媒体系统的设计与构建，本课程特别强调对多媒体软件的开发能力、创造性思维、独立解决问题能力的培养。

"多媒体系统设计"的本质就是教学生如何设计和构建多媒体系统。本课程以多媒体软件开发为背景，涉及多媒体软件开发、软件工程、多媒体数据库和多媒体应用等多个方面的内容，是培养学生实际软件开发技能和软件工程管理的一门综合应用课程。由于绝大部分同学没有真正做过软件项目，对学生而言，该课程的理论性强、内容多、枯燥、难度大。虽然软件工程和数据库有相对成熟与稳定的教学体系，但由于计算机应用技术发展极其迅速，其内容也需要不断更新。另外，部分数字媒体技术专业的学生对专业认识不足，对程序设计语言掌握得不太好，对软件开发没有足够的经验。学生往往感到课程内容难学，不能系统地把知识贯穿在一起。教师在教学中使用的传统教学方法和教学手段很难满足教学要求。针对目前存在的问题，结合本专业学生的实际情况，我们从教学内容安排、教学方法、实践环节和考核方式等方面提出了一些教学改革思路，以激发学生的学习自主性和积极性，提高教学效果。

一、课程体系建设

从教育心理学的角度来看，合理编排教学内容、有效设计教学程序，是促进学生学习迁移的有效手段。我们结合我校数字媒体技术专业的设计情况，对"多媒体系统设计"课程进行了整体规划，根据学生的知识基础精心选取了以 C# 为开发语言，Access 为数据库管理软件的教学内容，制定出明确的教学目标，做到教学的有的放矢。

（一）专业定位背景

"多媒体系统设计"是我校数字媒体技术专业开设的专业课程。数字媒体技术的专业定位本着宽口径、厚基础、高素质、强能力的人才培养原则，在教学过程中，要求学生学习数字媒体技术方面的基本理论和基本知识，训练并掌握数字媒体应用软件开发等方面的基本能力。计算机应用基础、程序设计、多媒体原理是学生必修的专业基础，其中计算机应用基础主要以 Office 等入门课程为教学内容，程序设计有"C语言程序设计"和"面向对象程序设计"两门课程，多媒体原理主要围绕多媒体数据的表示与呈现、数据压缩技术和多媒体应用等数字媒体技术基础进行教学。另外，许多同学还选修了"动态网页制作"和"Java 程序设计"课程。在上述课程的基础上，我们还设置了综合性的多媒体软件开发方面的课程。荀子说："见之不若知之，知之不若行之。""多媒体系统设计"正是一门强调实践的专业课程，旨在加强学生的编程训练和培养学生的软件工程应用能力。

（二）教学内容选取

设计和构建多媒体软件系统，主要涉及程序语言、软件开发、软件工程、数据库原理和多媒体应用等相关方面的知识。数字媒体技术专业大三的学生已经学过程序设计和多媒体技术的相关课程。因此，"多媒体系统设计"课程需要覆盖软件工程和数据库原理与应用两方面的内容。"软件工程"和"数据库原理"是计算机相关专业的两门必修课程，这两门课程都具有内容多、理论性强、内容抽象的特点。因此，我们需要针对数字媒体技术专业的自身特点来选取本课程的内容。据我们了解，目前国内高校相关专业中还尚未开设类似的教学课程。

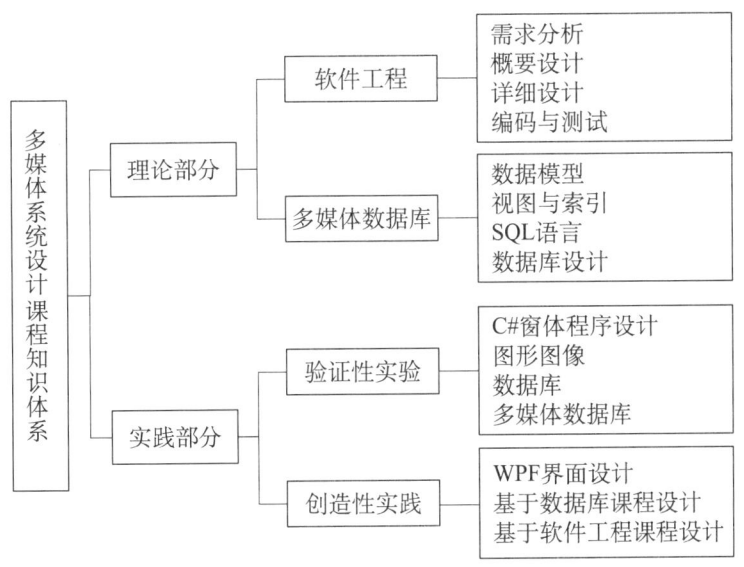

图1 "多媒体系统设计"课程知识体系图

本课程的教学内容分理论教学和实践教学两部分，理论教学部分主要包含软件工程和数据库技术两方面内容（本课程的知识体系如图 1 所示）。在软件工程部分，我们重点讲授软件工程的由来、概念、基本原理、软件的开发方法，以及软件生命周期模型等基本知识，然后利用实例，并按照软件生命周期进行分阶段讲解说明。在数据库技术方面，我们重点讲授数据库的概念、数据模型、视图与索引、数据库设计和 SQL 语言等基本知识，然后用教务信息系统为例进行数据库设计的讲解。

实践教学中包含基于任务驱动机制的验证性实验和基于研究性学习的创造性实验两部分。任务驱动机制基于建构主义学习理论，将传统的以传授知识为主转变为以解决问题、完成任务为主。具体任务包括：C# 窗体程序设计、图形图像编程、简单数据库和多媒体数据库等任务。学生通过完成实验任务，来加深对相关理论知识的理解。研究性学习以学生的自主性、探究性为基础，确立研究的专题和项目，通过个人或分组合作的方式展开研究，以培养学生的实践能力和创新能力。为进一步提高学生的学习积极性，我们还应提升数据库的应用层次，并鼓励学生完成大学生创新项目或参与教师的研究项目。

（三）课堂教学组织

根据"先理论、后实践"的原则，我们原先的教学计划是前半学期讲理论，后半学期做实验。在理论部分，我们先介绍软件工程相关的基本理论和方法，让学生对软件开发有一个整体的工程概念，然后介绍数据库的基本原理和设计方法。通过多年的教学实践我们发现，这样不能很好地将理论教学与实践教学同步，而且学生在没有实际开发软件经历的情况下，对软件工程的概念很难理解透彻。因此，我们结合学生的实际情况，先安排理论课来讲解数据库的相关基本知识，接着用验证性实验课对程序设计和数据库开发进行验证，在有了一定的软件实践之后，再安排理论课讲解软件工程的基本理论和方法，接着再进行创造性实验课，用软件工程理论来指导创造性实验课的实践。这样不仅很好地将理论教学与实践教学同步进行，也可以使学生在有一定的软件开发实践之后，再学习软件工程的基本知识，然后用软件工程理论指导课程设计的实践。这样有利于学生对软件工程基本概念的理解，也避免了纸上谈兵的问题。另外，为了保证教学质量，我们坚持全程由主讲教师授课。

（四）课程考核方式

课程考核分理论知识考核和实践能力考核两部分。理论知识考核主要考查学生对软件工程和数据库的概念、原理和方法的掌握程度，实践能力考核主要考查学生综合运用相关理论知识解决实际问题的能力。传统的教学方式片面强调对理论知识的掌握，忽视了对实践技能的考核，而多媒体系统设计课程的实践性较强，进行实践技能的考核是必不可少的。实践能力考核主要是对每一个验证性实验任务的完成质量进行考核，对创造性实验的设计、文档与实现进行考核，理论教学和实验教学同步进行。将课程的考核分散到平时的课堂和实验中去，这样可以使那些喜欢期末突击复习的学生放弃侥幸心理，认真对待平时的理论和实践学习，这种方法起到督促和激励作用。

具体来说，课程成绩由平时考勤、数据库知识测验、软件工程知识测验、验证性实验成绩和创造性实验成绩组成。

二、课程改革的思考

北京交通大学谈振辉教授在《加大改革力度，提高工程科技人才培养质量》报告中指出，当前工程教育存在"重知识传授，轻解决问题能力培养"的问题。随着互联网技术的高速发展，知识不再是壁垒，知识传授也不应该是课堂教学的主要内容。将知识点多、理论性强的多门课程进行融合，理论课堂教学的重点放在对主要知识点进行梳理并将知识点扩展到其他课程体系中，鼓励学生在知识点中发现问题并解决问题。正所谓："授人以鱼，不如授人以渔。"教师应传授给学生如何学习的方法，把启发学生的学习思维放在首位，把更多具体的知识要点留给学生在课后去查找资料和学习总结。这样不仅可以提高学生独立查找资料的能力，还可以加强学生对综合知识的运用能力。

（一）多课程融合，理论与实践相结合

多课程融合不能简单地进行课程叠加，还需要做到课程之间的连贯。"多媒体系统设计"融合了"软件工程"和"数据库原理"两门课程的主要内容。数据库设计有需求分析、概念设计、逻辑设计、物理设计四个阶段，这和软件工程中的需求分析、概要设计、总体设计几乎是对应的。数据库设计的基本思路是过程迭代和逐步求精，这在软件过程模型中也是类似的。课程内容的融合，结合了学生的知识基础，考虑到了设计和构建多媒体系统的理论知识和实践需要。整个教学过程围绕如何设计和构建多媒体系统展开，做到理论和实践的有机结合。

（二）多种教学方法相结合

"多媒体系统设计"课程的涉及面很广，如果不结合实际项目进行教学，很难把教学内容教授给学生。因此，在教学过程中采用案例教学法，将复杂抽象的概念用具体生动的实例进行诠释，能够达到事半功倍的效果。例如，以学生熟悉的教务管理系统以及往届学生完成的多媒体系统作品为案例，给学生介绍具体的数据库设计、开发过程与方法，使学生对数据库和软件工程等课程内容有感性具象的认识，从而调动学生学习的积极性，使学生加强完成课程内容的信心，产生对"多媒体系统设计"课程的兴趣。

另外，在实践教学的过程中，我们采用任务驱动和研究性学习相结合的方法。由教师

将实现软件功能所需要的关键技术分解出来，如 C# 程序设计基础、简单图形图像编程基础、简单数据库编程等，先介绍各个知识点，然后给出具体任务，要求学生主动研究、自主探索、互相交流，教师辅助解决问题，帮助学生回顾软件实现的过程，进一步理解关键步骤。学生在自主探索中积累软件编程经验，提升软件开发能力。

（三）从"重结论，轻过程"到"过程与结论并重"的转变

我国目前工科教育存在"重结论，轻过程"的问题。"多媒体系统设计"是实践性很强的课程，更需要教师转变观念，重视教与学的过程。我们不仅需要学生提交一个相对完整的软件作品和工程文档，还需要对学生的学习与实践过程进行监督和评价。这也在我们的课程考核方式上得以体现。数据库理论、验证性实验、软件工程理论和创造性实验，每个学习阶段都占一定的比重。另外，学生也需要转变观念。在实验过程中，向学生强调不能只是关注程序的最终结果，要理解软件编程的过程。编码过程中每次出现错误（bug），都是提升学生软件编程能力的好机会。

三、实践效果

从最近几届的学生的课堂反应、学习效果和创造性实验作品来看，大部分学生对软件工程和数据库的基本概念与基本原理有了一定的了解，软件设计和开发能力得到了明显提升，为培养计划中综合课程设计和本科毕业设计的顺利完成奠定了基础，也为以后的进一步软件开发打下了良好的基础。也有不少同学从最初对程序设计的害怕，经过一学期的软件编程实践，慢慢地了解甚至喜欢上了软件开发。

综上所述，要想提高多媒体系统设计的教学效果，就一定要激发学生的学习主动性和积极性，强化学生的实践动手能力，实施课程的教学改革。当然，要让多媒体系统设计课程教学越来越合理，培养出既有理论知识又有应用技能的应用型人才，更好地满足社会各界对数字媒体技术专业人才的需要，我们仍然需要继续努力。

参考文献

[1] 中国传媒大学理工学部信息工程学院数字媒体技术系培养方案 2014 版 [Z], 2014.

[2] NAHRSTEDT K. Multimedia systems design [M], 1997.

[3] 吴玲红，王葵. 高校软件工程课程教学改革初探 [J]. 成功（教育），2010（4）：171.

[4] 石研，冯阿芳.《软件工程》教学改革初探 [J]. 中国新技术新产品，2010（15）：249.

[5] 周瑾，段光中，刘松平.《软件工程》课程教学改革的研究与探索 [J]. 科技资讯，2012（30）：146-147.

[6] 田锐，王旭. 非计算机专业数据库实验教学的探讨与实践 [J]. 林区教学，2011（5）：97-98.

[7] 侯艳丽."Web 数据库"的课程教学改革与实践 [J]. 宿州教育学院学报，2012，15（1）：130-131.

[8]刘双印,徐龙琴."数据库原理及应用"教学改革探索与实践[J].中国电力教育,2012(34):56-58.

[9]马铁民,于成江,朱景福.多课程融合研究性教学模式的构建[J].牡丹江师范学院学报(自然科学版),2013(4):72-74.

[作者单位:理工学部信息工程学院]

"嵌入式技术与应用"课程改革探索

庞 龙　杜怀昌

摘　要： 本文以网络工程系专业课"嵌入式技术与应用"为例，针对教学实践中小班授课、学生人数较少的特点，引入小组讨论的协作式教学方法。这种方式能够充分调动学生的积极性，锻炼学生发现、分析和解决问题的能力，培养团队意识和协作精神，有利于教学质量的提高。

关键词： 嵌入式技术与应用；小组讨论；协作式；团队意识

一、引言

　　近年来，在"两化融合"和"感知中国"的国家战略背景下，物联网的发展受到我国政府、科研、教育、产业界的高度关注。我国社会经济各领域蕴含着巨大的物联网应用潜能，众多行业对物联网技术人才的需求旺盛。为此，中国传媒大学于2012年通过教育部审批，依托理工学部信息工程学院网络工程系开设物联网技术专业方向，成为全国较早面向本科生创建物联网专业方向的高校之一。

　　物联网技术是多种关键技术的深度融合，包括处理器技术、互联网技术、嵌入式技术、传感器技术、通信技术、射频识别技术等。同时，物联网是新一代信息技术的重要组成部分，是互联网与嵌入式系统发展到高级阶段的融合。作为物联网重要技术组成的嵌入式系统，正成为物联网融合发展的巨大驱动力。

二、课程知识体系

　　"嵌入式技术与应用"课程是网络工程系物联网技术专业方向的核心课程，主要目标是使学生掌握嵌入式系统的基本概念以及软硬件设计开发技术，能够进行基于现场可编程逻辑门阵列（field programmable gate array，FPGA）的嵌入式系统设计与开发，明确课程在整个物联网技术专业方向培养体系中的定位以及与其他课程的知识联系，为学生后续的系统化学习夯实坚固的技术基础。

　　本课程知识体系紧密围绕FPGA的设计与开发流程展开，如图1所示。首先，需要完成系统设计描述和功能模块划分，采用硬件描述语言对功能模块进行描述，并结合功能仿真技术，确保设计的正确性。其次，利用逻辑综合技术将功能描述转换成网表文件，输出给逻辑实现工具进行转换、映射和布局布线。最后，布局布线的结果可以进行时序仿真和静态时序分析，保证布局布线带来的门延迟和线延迟不会影响设计的性能。同时，逻辑实现后生成的位流文件可以完成对所选器件的配置。

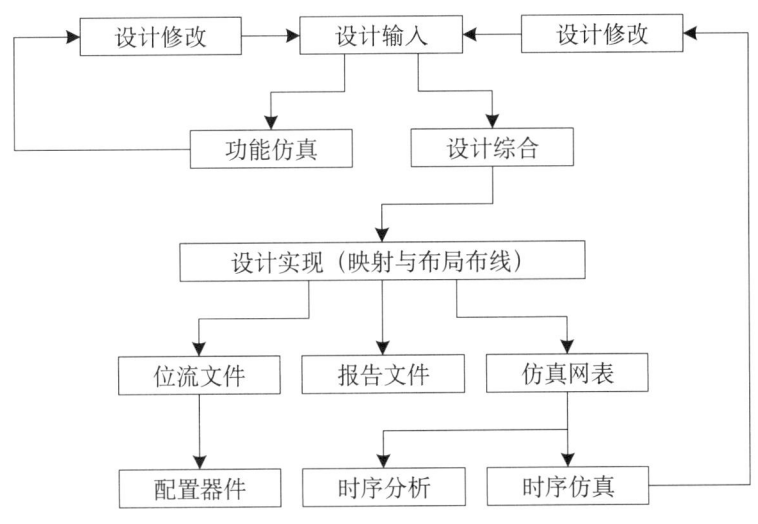

图 1　FPGA 设计与开发流程

根据 FPGA 设计开发流程的不同设计阶段，课程内容主要包括：嵌入式系统基本概念与组成、可编程逻辑器件发展历程、业界著名公司的产品系列及特点、现代集成电路设计方法学、Verilog 硬件描述语言（hardware description language，HDL）运算符与基本语法、逻辑综合与实现技术、功能仿真与时序仿真验证技术、芯片配置与片上调试技术、有限状态机（finite state machine，FSM）、流水线技术。最终，要求学生以团队协作的形式完成具备独立功能的数字逻辑系统的设计任务。

三、课程改革探索

课堂教学承载着传授知识、培养能力和开启智慧的多重功能，是一种在固定时间和空间里最大化实现育人的教学形式。但是，传统的以教师为中心的长时间、无间断讲解教学模式，使学生在大学课堂内成为被动的观众。因此，探索如何将学生从知识的接受者变为探索者，一直是高等教育教学过程中持续研究的热点。

（一）小组讨论式教学方法

讨论式教学法是一种适合培养创新型人才的教学方法，对学生主体性的凸显，对学生批判性思维能力以及创造性的培养都有重要的作用。在教师的引导下，学生围绕学习目标主动学习，发现问题。通过学生之间以及师生之间的相互交流、共同探讨、展示结果，这是学生主动获取知识、提高能力的一种教学方法。

笔者作为物联网技术专业基础课程"嵌入式技术与应用"的授课教师,针对教学实践中小班授课、学生人数较少的特点,在2016至2017学年春季学期试点探索课程教学改革,首次推行一种小组讨论式教学方法。这种教学方法实质是一种混合式教学方法,属于讲授式、合作式、团队式、问题驱动式教学的结合体,以教师讲授和小组学习为主要组织形式。在教师的指导下,小组内学生自学、自讲,以讨论为主,并且根据一定的合作程序和方法促使学生在小组中共同学习。

由于笔者同时负责网络工程系秋季学期的"单片机原理"课程的授课工作,已经充分了解各位同学的总体水平、合作意识和学习特点,并据此将14位同学分为三个设计小组,每个小组承担不同的数字逻辑系统的设计开发任务。其中,开发任务根据学生掌握的必修课程知识进行设定,包括秋季学期的"数字信号处理"课程中的快速傅里叶变换和数字滤波器,从而实现基础理论与工程实践的完美结合,加深了学生对基础课理论知识的理解,同时提高了学生动手解决实际问题的能力。

(二)小组成员的明确分工

小组讨论式教学方法必须具备五大要素:成员的相互依赖性、个人与小组的责任感、相互激励、良好的人际关系、小组评价。所以,这种方式更加强调小组成员的明确分工,以便顺利实现教学目标。同时,这种方法特别强调学生的主体作用,不仅能更好地完成传统教学中传授知识的任务,还能提高学生的综合素质。根据自上而下的集成电路设计方法学,我们将小组成员进行明确的设计分工,如图2所示。

图2 小组成员明确的设计分工

系统架构工程师使用高级语言描述系统规格,仿真整个系统的功能和性能。完成系统设计描述、功能模块划分,以及系统实现所需资源的评估,包括芯片选型、可供使用的IP核与算法、资源分配、模块互联总线形式等,但不涉及具体的实现细节。逻辑设计工程师使用硬件描述语言进行功能模块开发,并且通过仿真(功能仿真与时序仿真)确定设计的正确性。最后,逻辑设计工程师需要提交设计文档、可综合的FPGA设计代码、性能及资源分析报告、验证方法及测试结果。

设计验证工程师需要编写代码从而产生测试激励,这些激励抽象层次更高,因而仿真效率也很高。这些测试代码并不会实现为具体硬件,只是在仿真工具中运行。设计验证工程师需要检查仿真输出的相应结果,并且提供验证方法步骤及代码、验证报告等。硬件测试工程师的任务是对配置后的FPGA进行板级测试,在实验室环境下搭建测试平台,使用测试仪器仪表或测试工装产生外部激励条件,验证测试结果是否满足设计要求。在硬件测试过程中,测试文档的形成环节需要相关逻辑设计工程师的密切配合,这个阶段的最终输出包括测试方法及步骤文档、测试报告等。

(三)教学方法的实施步骤

(1)任课教师需要在课堂中讲授FPGA设计与开发相关的共性基础知识,并安排若干简单的逻辑电路设计实例(移位寄存器、译码器等),由学生亲自完成并且做程序讲解和分析,从而使学生对数字逻辑电路设计具备浅层次的认知。

(2)考虑到课堂教学的学时数限制,教师根据需要将部分自主学习的任务安排在课余时间,由小组自行组织完成。在各小组接到设计题目后,由组长安排时间组织每位组员轮流将自己学习的相关知识讲述给其他组员,由小组成员共同探讨疑难问题。同时,为检验自主学习的效果,在下周课堂上抽取同学通过PPT演示的方式进行汇报,并由教师根据学生的实际掌握情况对重点内容进行针对性讲解,解决学生在讨论中遇到的难点问题。

(3)实践教学过程能够充分调动学生的积极性,最大限度地激发学生的学习兴趣。在实验过程中,小组成员根据组内讨论阶段确定的设计分工对划分后的系统子模块进行编程实现和功能仿真,然后将分别测试完毕的子模块进行集成和测试。整个工程经过逻辑综合与实现后生成配置文件并加载到开发板的器件中,利用在线调试工具将实际运行结果保存并和理论运算结果对比,从而验证整个设计的正确性。

在实践教学环节中,组内成员能够随时沟通和讨论设计过程中存在的问题,教师也可以方便及时地了解、指导和解决各设计开发环节中学生遇到的疑问,从而提高学生发现问题、分析问题、解决问题的能力,培养其团队意识和协作精神。

四、总结

针对物联网技术专业核心课程"嵌入式技术与应用"的知识体系以及授课班级的人员组成特点,采用以小组讨论为组织形式、面向具体设计任务的教学方法。该方法将教师课堂讲授、学生课后自主学习及实验教学环节进行有机结合,能够充分调动学生的学习主动性和积极性,提高学生发现、分析和解决问题的能力,培养团队意识和协作精神,是对课程改革的一次有益探索。

参考文献

[1] 蒋宗珍. 大学课堂教学中讨论式教学的组织[J]. 重庆第二师范学院学报, 2011, 24（1）: 121-123.

[2] 张相胜. FPGA课程的分组讨论式教学法实践与改革[J]. 价值工程, 2013（26）: 262-263.

[3] 杨亚萍, 胡俊杰, 钱裕禄. 合作性学习模式在电类课程教学中的应用[J]. 电气电子教学学报, 2007（6）: 110-112.

[4] 张蓉, 左晓园. 试论小组讨论式教学方法的实践与改革[J]. 黑龙江高教研究, 2011（1）: 161-163.

[作者单位：理工学部信息工程学院]

"数字电路"与"电子设计自动化"课程内容整合研究

李彦霏　刘昌银　何　晶　逯贵祯

摘　要：本文通过对我校信息工程学院"数字电路"和"电子设计自动化"课程的教学现状进行分析和总结，阐释对"数字电路"和"电子设计自动化"这两门课程进行整合的必要性；并结合我校工科学生的学习特点，提出这两门课程的初步整合方案。

关键词：数字电路；电子设计自动化；教学现状；课程内容整合

一、前言

　　目前，"数字电路"是信息工程学院所有学生在大学二年级下学期必修的一门专业基础课，"电子设计自动化"（EDA）课程设置在大三上学期，是面向电子信息工程、通信工程和广播电视工程专业开设的专业基础课。"数字电路"在介绍有关数字系统基本知识、基本理论、基本电路的基础上，重点讨论数字系统中各种逻辑电路分析与设计的基本方法。"电子设计自动化"课程使学生了解现代数字系统设计的基本流程，通过可编程逻辑器件，采用硬件描述语言，对数字系统设计进行规范描述，并掌握基本数字系统的设计方法，为通信系统、数字信号处理等的硬件实现，以及理解现代电子系统打下基础，这两门课程互为辅助、相辅相成。

二、"数字电路"课程与"电子设计自动化"课程教学的现状分析

　　"数字电路"课程作为电气信息类专业的传统重点基础课程，在多年的教学过程中形成了一系列非常成熟的教学方法和教学内容。"电子设计自动化"课程定位于工程实践，主要从现代电子设计实现的角度来认识数字系统。随着电子行业技术的飞速发展、设计与实现规模上的改变及计算机的重大参与、互联网在教育领域的普及与应用、学生学习知识的环境与手段的巨变，传统的相互独立的"数字电路"课程和"电子设计自动化"课程的教学内容和方法显得不合时宜。现将信息工程学院的两门课程的教学现状和存在的问题总结如下：

　　（1）知识获取的方式和手段丰富、便利；知识传承已不再是大学教育的中心，创新能力的培养是当今高等教育的重中之重。

　　（2）学生对于传统的、枯燥的理论学习兴趣大幅度下降。"数字电路"课程通常开在大二下学期，这是学生还持有较高学习热情的阶段；同时，学生基本上对智能手机之类的电子设备比较熟悉。但很多学生的注意力很容易被转移，上课玩手机、吃早饭、热心娱乐

活动。

（3）教学内容陈旧。目前，"数字电路"课程的基本教学思想还是与20年前的教学思想相同，即以中规模逻辑芯片为基础，讲解其基本功能和使用方法。但随着微电子技术的发展和进步，数字系统的设计与实现日趋复杂，并普遍采用语言描述和系统设计的方法，以前基于中规模芯片实现逻辑电路的场景已经被淘汰。现在讲授的一些内容对学生来说是过时的，且过多纠缠在细枝末节，与日常接触和理解的电子设备相去甚远。现在的数字系统已经进入片上系统阶段，即便是只有最简单功能的设备，都是在复杂的硬件系统上建立起来的，其至常常还嵌入了操作系统。"电子设计自动化"课程有时过于重视结构语法，过于拘谨，用计算机专业讲授程序语言的方式来讲解硬件描述语言，忽视了对学生设计能力、描述能力、创新能力的培养。

（4）"数字电路"理论教学和实验课程教学内容各不相关。在"数字电路"课程48学时的讲授过程中，任课教师无法知道课程讲授内容是否有相关实验支持。而且，目前实验课程的设置是把"数字电路"和"模拟电路"实验课程合为"电子技术"一门实验课，有关"数字电路"的实验课程主要开设组合逻辑电路和时序逻辑电路两种电路实验，从某种意义上说理论课程和实验课程是割裂的。

（5）"数字电路"课程和"电子设计自动化"课程目前的教学内容有重叠，"电子设计自动化"课程在一定程度上是复习和重新演绎"数字电路"课程的基本内容。"数字电路"的课程内容需要讲述基本逻辑、组合逻辑电路、时序电路、可编程逻辑器件、脉冲波形形成与整形，以及数模与模数转换；"电子设计自动化"课程着重于工程实践，掌握使用可编程逻辑器件进行数字设计的流程，掌握一门硬件描述语言进行基本数字电路的功能设计。"电子设计自动化"课程中，常常需要从基本功能和系统的角度对学生重新讲授诸如编译码器、触发器和计数器等相关知识（"数字电路"课程常常比较偏重微观角度讲述其门极构成原理），这样一来会让学生产生更大的迷惑，二来学生缺少对系统功能和逻辑时序等相关知识更深入的学习；同时，受传统数字电路设计方法的束缚，在使用硬件描述语言进行基本电路设计时，学生在理解上会有更大的困难。

（6）教学改革推进困难。有些相关学科专业的管理人员只看重算法设计和软件开发，低估了"数字电路"和"电子设计自动化"课程的重要性，把教学改革和整合的目的放在削减"数字电路"课程的教学时间、学分上。同时，这两门课程分属通信工程系（数电）和电子信息工程系（EDA），不管是课程体系的整合还是教学改革的推进，都存在一定的困难。

纵观国内各大高校，数字电子技术的讲授早在很多年前就开始进行整合了，甚至一些三本院校都进行了改革。北京交通大学建有电子电工实习基地，他们对电子电工技术的相关课程进行了系统的整合，教学效果很好。

三、教学改革提案

（1）在将"数字电路"和"电子设计自动化"两门课程作为"数字电路与系统设计"课程整体考虑时，培养学生将基础知识应用于专业继而创新性地发展专业的能力，以及提高学生自身的工程实践与创新能力将作为本课程的教学重点。课程内容大致分为三个层次：①数字电路。主要内容包括逻辑代数基础、门电路、触发器、时序逻辑电路和半导体存储器，这些内容也是"数字电子技术"课程的基础内容。另外，大幅度删除传统课程中规模芯片的实验内容，使用EDA软件图形设计方法（例如，Multisim或Proteus仿真软件，ISE或Quartus II EDA设计软件），可以让学生在真实的实验环境中掌握数字电路的基本知识。②系统设计。主要讲授系统的设计方法，比如RTL级的设计方法，数据通路与控制通路的设计，以及用硬件语言描述。③工程应用。适用于将基础理论用于解决实际问题，包括设计、实验和验证的技巧与方法，真正利用计算机进行数字系统硬件设计，也便于后续课程的衔接。④增加复杂系统（CPU）设计的内容。CPU实际上就是一个复杂的数字系统，课程涉及的基本模块、设计方法都会在CPU设计中得到体现，这对于学生理解复杂系统的设计是非常有好处的，而且这对于后续如单片机、嵌入式系统等课程的学习都有好处，学生会从电路这个层次理解系统是如何工作的。

（2）用实践驱动教学。在"电子设计自动化"课程中，学生在实验实践课程中的学习积极性相比理论课来说大很多，有时学生能够坚持长达4个学时的学习，学生会因在开发板上显现了实验结果而欢欣鼓舞。多数知识内容是在"电子设计自动化"课程的实践中重新学习和认识的。教师在学生的实践学习中，可以及时了解讲授效果并获得教学反馈，同时降低学生课后的学习负担。

（3）课程的分化。电气信息类专业的"计算机程序设计""数字电路"等课程从来不是独立的，课程设置的本质是要使学生建立起从电路（circuit）到代码（code）完整路线（roadmap）的认识。但是，现状却是相关科目恰恰分属不同的系别，无法从整体角度去考虑相关课程的整合和衔接。基于对现实的妥协，可以考虑首先实现本文提到的关于课程的三个层次。

四、结论

"数字电路"课程是电子信息类专业重要的专业基础课，其作用与任务是使学生掌握数字电路的基本分析方法和逻辑设计方法。随着电子设计自动化技术的出现，数字逻辑电路设计的集成度、复杂度越来越高，基于卡诺图的传统数字系统设计方法已满足不了设计的要求。同时，在传统的数字系统设计中，学生在没有逻辑分析仪等仪器的条件下，很难直观经历和感受数字系统分析与调试的过程。很多学生一直处在数字系统设计的初等水平，甚至对数字电路的设计仅仅是纸上谈兵。另外，以可编程器件为基础且采用硬件描述语言方法的数字系统设计已成为工程应用的主流，为了提升学生的数字系统设计能力，与实际中的工程应用接轨，电子设计自动化技术相关课程作为数字电子技术的延伸和实训环节早已进入大学课堂。尽管很多数字电子技术的教材已经引入新概念（如 HDL），但基本上都是生硬的，主要以独立章节等形式鼓励学生课后阅读，并没有真正走进课堂，也没有从传统数字电子技术走向现代电子设计自动化技术。

"数字电路"与"电子设计自动化"两门课程整合的目的在于打好学生的数字电子技术基础，增强学生的动手和创新能力，切实让学生掌握数字电子技术的知识，为学生今后的学习和工作打下坚实的基础。"电子设计自动化"课程的授课老师具有优秀的专业素养和丰富的实践经验，这两门课程整合后会形成更合理的数字电子技术授课团队和更合理的授课体系。

参考文献

［1］阎石. 数字电子技术基础（第五版）［M］. 北京：高等教育出版社，2006.

［2］ANDREW RUSHTON. 用于逻辑综合的 VHDL（第 3 版）［M］. 刘雷波，陈英杰，译，北京：北京航空航天大学出版社，2014.

［作者单位：理工学部信息工程学院］

浅谈"数字电路"课程教学中的改革与实践

王 玲 李 彬 杨曙辉 朱亚平

摘 要：针对目前"数字电路"教学中存在的诸多问题，本文结合多年来"数字电路"课程的教学与实践，从教学内容、教学手段、考核方式等方面进行探讨，提出了"数字电路"课程的教学改革思路。

关键词：数字电路；教学内容；教学手段；考核方式

"数字电路"课程是电子信息类专业一门重要的专业基础课，学生通过对该课程的学习，应能正确掌握数字电路的基本理论和设计方法，并具备一定的实践应用能力。新版"数字电路"课程的内容较丰富，共有九章，授课学时却只有 48 学时，并且我校还在同一学期为学生开设了"模拟电路"课程，时间紧、课程任务重，导致学生在课堂上没有过多时间去理解所学知识，课下又难以用足够的时间来消化讲过的内容，最后导致一部分学生难以跟上教师的节奏，进而他们失去了学习的兴趣。而且，随着数字电路技术的迅速发展，除了要进行"数字电路"课程的理论教学改革，其实践教学内容、方法和管理手段的改革也迫在眉睫。因此，有必要在教学内容、教学方法和考核方式等方面做些改革与研究，探索以培养学生创新意识与创新能力为目标的教学新理念、新模式和新手段，以获得更好的教学效果，为后续课程的学习打下坚实的基础。

一、课程教学内容的改革管理机制

"数字电路"课程理论体系非常丰富，内容较多，教学中存在的问题主要有两方面。

问题一：部分教师过分强调理论教学，对集成芯片的内部原理分析过于烦琐，以至忽视了芯片的外部应用和数字电路设计中不断出现的新技术，导致学生疲于对芯片电路原理的学习，疲于应付考试，缺乏时效性，不能将所学知识与实际应用相结合，毕业后不能适应企业的发展需求。例如，在对集成芯片 4bit 双向移位寄存器 74LS194A、计数器 74LS161 和计数器 74LS160 这些集成芯片内部原理的讲解时，教材上给出的电路非常复杂。我们在讲解的时候，首先给学生们呈现一个由 4 个 D 触发器和 4 个四选一的数据选择器构成的电路。针对不同的集成芯片，只需要改变 4 个数据选择器的 4 个数据端上的数据即可。74LS194A 的简化电路如图 1 所示，74LS161 的简化电路如图 2 所示，它们的结构相似，不同的地方在于数据选择器上的数据端数据不同。在之前学过的组合逻辑电路和触发器等知识的基础上，学生们可以很容易地分析出电路的功能。对于图 2 来说，当 S1S0=11 时，此电路实现的是 16 进制的加计数功能。最后，我们引入实际芯片的控制端口，学生们自己就能明白芯片的内部原理,并且能轻易掌握通过控制引脚来设计各种计数器。

问题二:在传统的课堂教学中,往往都是课堂上教师讲授,课后学生做练习,课堂教学的信息量较大,学生难以接受,因此,如何调动学生的学习积极性至关重要。要将基础理论与 EDA 技术相结合,使学生熟练掌握 VHDL 语言,熟练使用 Quartus II 软件,能够应用 EDA 技术设计数字电路,以培养学生的创新能力。

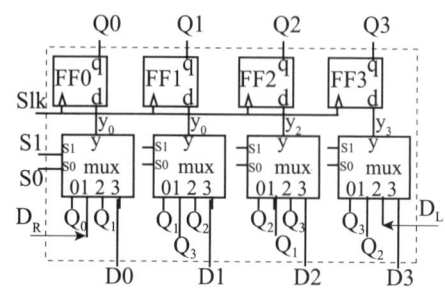

图 1　74LS194A 的简化电路

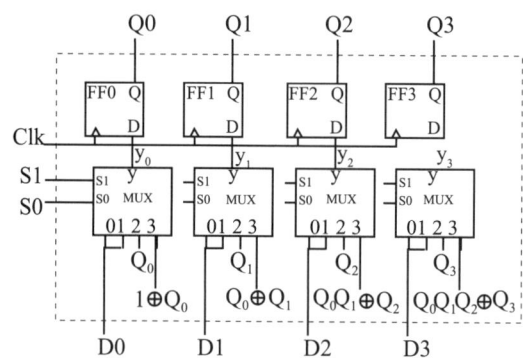

图 2　74LS161 的简化电路

二、采用对比法介绍相关内容

在"数字电路"课程中,很多知识模块是相关的。例如,在介绍时序电路的设计时,可与组合电路的设计对比,它们的区别如图 3 所示。时序电路在组合电路的基础上增加了记忆元件——触发器,因此,两者的设计在步骤上是相近的。首先,定义输入变量 A1 到 An、输出变量 Y1 到 Yn 是共同点,不同之处在于时序电路还需要定义不同的逻辑状态;其次,要列出关于输出与输入变量的真值表,而时序电路还要表示出输出与输入变量、次态与初态之间的关系,因此,对应的表称为状态转换表;然后,需要写出关于输出与输入变量的逻辑函数式并化简,而时序电路要通过次态卡诺图化简写出状态方程、输出方程和驱动方程;最后,要画出逻辑电路图,但时序电路还要验证是否能自启动。当验证时序电路不能自启动时,还需要以简便的方式来修改设计逻辑,让电路可以自启动。

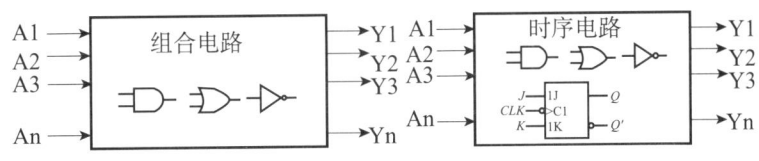

图 3　组合电路与时序电路的区别

三、借助网络优化教学手段

目前，数字电路的课堂教学多使用课件，这样能够大大减轻教师板书的工作量，增加信息量。但是，部分教师过分依赖课件，不再写板书，这样虽然教学速度变快，不过学生难以与教师保持同步，很难做到互动，无法提高教学质量。因此，在课堂教学中应以"翻转课堂"为核心，以中国传媒大学理工学部云课系统网络平台为依托，建设"数字电路"课程教学资源（网址为 http://tlc.cuc.edu.cn/），包括课程介绍、教学大纲、教学课件、试题库、在线测试、录制教学微视频等内容，边上课边完善课程教学资源网站，使学生在课堂教学的基础上能够借助网络和多媒体技术完成对课程基础知识的学习。在课堂教学中，教师可以针对不同的内容采用不同的教学方式。对知识性较强的章节可采用课件教学，如用卡诺图化简逻辑函数；对内容浅显的章节可以通过老师的指导，以及同学之间的交流，协助学生完成知识的内化，如数制与码制门电路内容；对于一些难点，可采用板书与课件相结合的方式，如序列信号检测器的设计、序列信号发生器的设计、异步时序电路的分析等。

四、加强与完善实践环节

"数字电路"作为一门电子技术课程，具有很强的实践性，必须有相应的实践环节配合，进而加深学生对理论知识的理解，并能具体应用到实际生活中。因此，在48学时的理论课教学中，我们也设置了一些与学习内容相关的课程设计来供学生们选做。2017年，我们提供的设计题目是利用1片74LS85，制作一个4位数值比较器电路，3到5人为一组，到淘宝上自己购买设计所需的器材：（1）实验板（2）电池及电池盒（可共用）（3）芯片74LS85（4）闭锁开关（5）发光二极管（6）细导线（7）烙铁。焊锡丝如不便焊接，可用面包板搭建实验电路。在整个课程设置的过程中，学生们的兴趣在不断提升，同时也培养了学生在"工程"设计、制作和组织管理等方面的创新能力。

五、改革考核方式，重视对学生能力的培养

目前，"数字电路"课程的考核方式局限于传统的应试教育模式，只以期末考试成绩作为评定学生成绩的依据，导致教师仅为了提高及格率安排教学，而不注重对学生创新能

力的培养；反过来，学生仅为了考试及格而学习，而不注重自身能力的提高。这种考核方式严重背离了高等学校的教学目标，因此，在实际考核时，我们既要重视对知识的考核，又要重视对学生能力的培养，其中以期末试卷形式的知识考核着重考查学生对基础知识和电路原理及应用的掌握程度，期末试卷的成绩占总成绩的70%，剩下30%的部分则是对能力的考核，能力考核包括日常小测验及课程设计等综合能力。实际教学证明，这种方法能够大大调动学生的学习积极性，使学生从被动学习转化为主动学习，提高了学生的动手实践能力，为同学们今后的进一步学习奠定了坚实的基础。

参考文献

［1］严国红，赵文来，张水英.基于Multisim和FPGA的数字电路实验教学改革与研究［J］.中国校外教育旬刊，2013，（1）：227.

［2］王维，许青林，韩改宁.计算机科学与技术专业数字电路教学改革研究［J］.福建电脑，2012（9）：33-34.

［3］王帅.数字电路设计课程教学改革研究［J］.中国科技信息，2010（19）：270-271.

[作者单位：理工学部信息工程学院]

基于综合设计的 DSP 课程教学改革

杨 刚

摘 要：我校是最早针对本科生和研究生开设 DSP 课程的高校之一，开课至今已有 20 余年的历史。在信息技术飞速发展的今天，DSP 技术的发展日新月异。然而，由于受课时、学生人数、实验条件等诸多因素的限制，实验主要以验证性实验为主，学生综合设计能力并未得到快速提升。为此，课程教师小组采用综合性设计替换了简单的验证性实验，根据专业基础设计了不同难度的综合性设计实验。通过多年的教学实践，这种综合性设计实验提升了学生面对问题、解决问题的能力。

关键词：DSP；设计实验

DSP（Digital Signal Process）即数字信号处理技术，DSP 芯片即指能够实现数字信号处理技术的芯片。数字信号处理器（DSP）由于其可编程且计算能力强、计算速度快而广泛应用于信号处理系统。人才市场对 DSP 相关人才的需求日益增长，也使学生对掌握 DSP 技术有着越来越浓厚的兴趣，越来越多的工科院校增设了 DSP 课程。我校是最早针对本科生和研究生开设 DSP 课程的高校之一，开课至今已有 20 余年的历史。

一、DSP 课程目前存在的问题

我校是最早针对本科生和研究生开设 DSP 课程的高校之一，通过总结过去的教学经验，我们发现 DSP 课程面临如下问题。

1. IT 技术的高速发展

在 IT 技术高速发展的今天，用日新月异来形容技术发展一点也不为过。在本课程的讲授过程中，我经常让学生回顾一下自己五年前使用的各种电子产品，包括手机、笔记本电脑、平板电脑等，不难发现整个 IT 技术的相关行业正在高速发展。实验室设备无论如何也无法跟上高速发展的行业趋势，任课教师的知识更新速度相对于行业的高速发展来说也有一定的滞后性。

2. DSP 开发入门门槛高

DSP 开发课程所需知识范围广，对于开发者来说，需要较高的软硬件基础知识。如何能让高年级本科生快速熟悉并掌握开发工具和流程，让他们把更多的精力投入到实验设计本身，这是一个非常重要的问题。

3. 验证性实验比例过高

在之前的课程设置中，验证性实验比例过高，这样会导致学生虽然顺利地完成了实验,但并没有真正掌握 DSP 开发技术,也无法使用该技术解决实际问题。

二、DSP 课程综合性设计实验设置

本文主张设计一个具体的 DSP 综合性应用案例,并将此具体案例贯穿于 DSP 课程教学和实验的过程中,探索用解决具体案例的所需知识和编程技能为主线进行教学的新方式,从而实现使学生"做中学""所学即所用"的目的。

(一)硬件开发平台的选取

前文已经提到,硬件发展的速度很快,在选取硬件平台时一味追求最新、最快、最贵等要求是没有必要的,我们结合专业特点和自身经验确定了如下的选取准则:

➢ 主流平台,应用广泛;
➢ 使用人群广泛,开发资料丰富;
➢ 性能够用,价格低廉。

经过分析比较,我们最终选取了 TI 公司以 C6748 为处理器的 TMDSLCDK6748 开发套件,即 LCDK。LCDK 是一款易于使用的开发工具,适于初学者和有经验的用户使用,为生物识别、分析、音频与通信应用创建低功耗和低成本的解决方案。该套件包括一个 TMS320C6748 DSP,具有片上 RTC、DDR2、NAND FLASH 和 SD/MMC 插槽,还包括 USB 串行端口、快速以太网端口、USB1.1、USB OTG 端口(USB2.0)、SATA 端口、VGA 端口、LCD 端口、音频端口、摄像头端口。在此开发平台上,可以完成关于通信、音频处理、图像和视频处理的综合性应用设计。

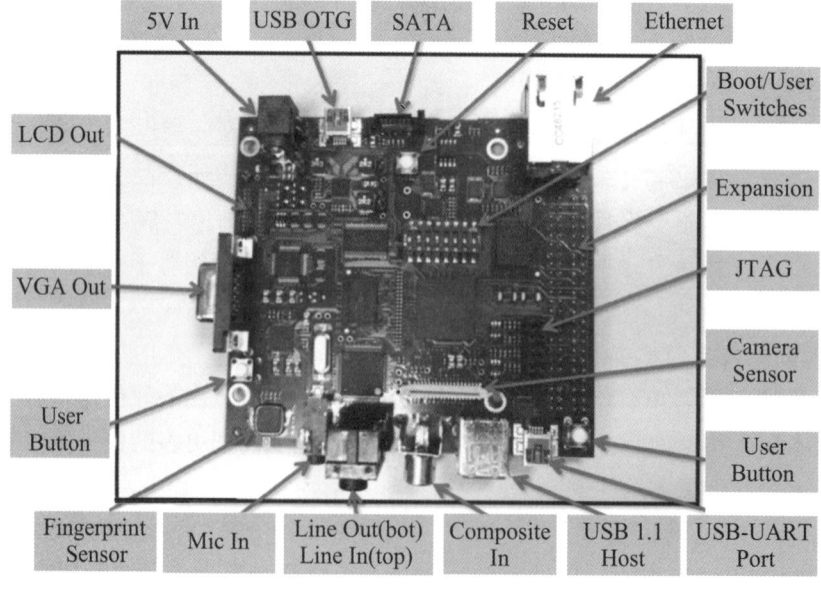

图 1　LCDK 的基本构成

（二）综合性设计实验设置

针对学生的基础知识和开发板硬件，我们设计了一个音频信号处理的综合性实验。实验的设计思路：

- 让学生完成一个具有一定实用性的小型数字信号处理系统；
- 通过实验让学生掌握 DSP 开发工具及流程；
- 在基础实验基础上，综合性实验具有一定的开放性，能提升学生独立思考能力；
- 包含一定的数字信号处理算法；
- 降低实验难度，突出完成度。

根据上述设计思路，我们将实验分为基础实验部分和综合性设计实验两部分。通过基础实验，可以让学生掌握 DSP 开发的工具和基本流程。通过综合性设计实验，可以让学生自己发现问题、解决问题，最终完成一个实用设计。同时，根据学生的差异性，综合性设计实验分为不同的难度等级，并且包含不同的应用型题目，学生可以根据自己的时间、兴趣等因素进行选择。

下面分别对基础实验设计和综合性设计实验进行详细介绍。

1. 基础实验设计

基础实验设计主要包括三个部分，分别为 Hello World on DSP、基本接口调试、DSP/BIOS。

（1）Hello World on DSP

Hello World on DSP 是一个简单的 DSP 实验，与一般程序语言设计中的 Hello World 类似，通过此实验可以让学生验证开发平台是否可以正常工作。

（2）基本接口调试

基本接口调试包括 LED 实验和音频输入输出实验两部分。

通过 LED 实验，可以让学生理解软件代码和硬件之间的连接关系——软件如何在硬件上产生作用。

学生首先需要了解实验平台的硬件电路，如图 2 所示。然后，可以用三种不同的方式实现软件对 LED 灯的控制，并熟悉软件与硬件建立联系的多种方式。

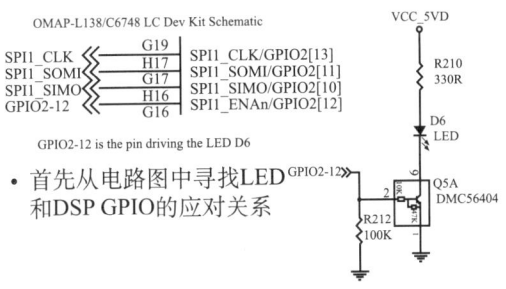

图 2　实验平台的硬件电路

音频输入输出实验主要让学生了解 DMA、缓冲区设计、基于计算机的虚拟仪器使用等部分，关键知识点如下。

信号处理的硬件结构如图 3 所示。

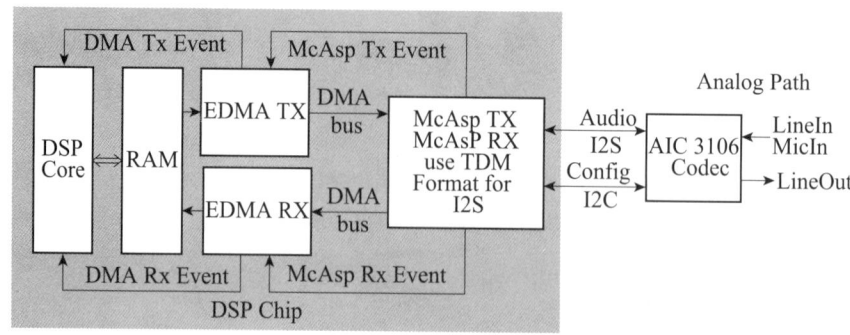

图 3　信号处理的硬件结构

缓冲区设计采用乒乓方式，具体结构如图 4 所示。

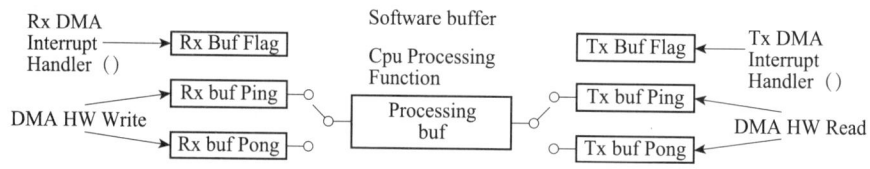

图 4　缓冲区的设计结构

软件算法流程，见图 5，具体如下：

◇ 第 N 帧正在被采集：由输入 DMA 控制器来响应 ADC 的输入中断，DMA 将输入缓冲区填满后发送 BUFFER 满中断。

◇ 第 N-1 帧被处理：处理器读取输入缓冲区（可能有多个）样点至计算缓冲区，进行滤波计算；滤波结果被送至输出缓冲区（可能有多个）。

◇ 第 N-2 帧被输出：输出 DMA 响应 DAC 的输出中断；处理器填充输出缓冲区。

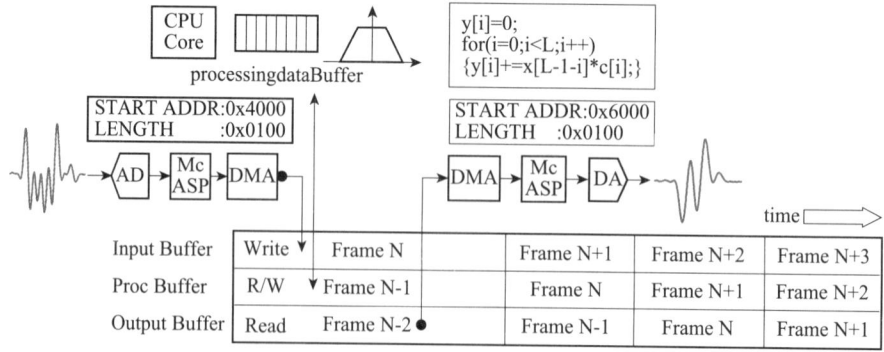

图 5　软件算法流程

（3）DSP/BIOS

DSP/BIOS 是 TI 公司为其 DSP 平台设计开发的，这是一个尺寸可裁剪的实时多任务操作系统的内核总结。

此部分实验的完成任务与第二部分相同，但需要在 DSP/BIOS 系统上开发。通过此部分的实验，可以让学生熟悉掌握 DSP/BIOS 开发的基础知识。

以上三部分实验，均提供完整的实验指导书和代码，学生在所提供代码的基础上可以完成教师布置的一些简单修改任务，目的是熟悉 DSP 开发工具和流程，为综合性设计实验打下基础。

2. 综合性设计实验

在完成基础实验设计的基础上，我们选取了几个综合性设计实验的小领域，包括音频处理、通信信号处理、图像处理等，在这几个领域内，可以由学生和老师共同确定综合性设计实验的题目，然后，学生在老师的指导下独立完成该题目。

实验题目的选取本着简单、实用、完整的原则进行，举例说明如下。学生首先提出自己想解决的问题，与老师讨论后确定题目，明确要完成的任务。此部分是综合性设计实验中最重要的部分，学生的思维先发散后汇聚，变被动的实验验证为面向解决问题的实验。在题目选取阶段，指导教师会引导学生把一个要解决的大问题，分割为相互独立的小问题，分别由不同的同学承担，通过这种方式来培养学生的团队合作意识。

题目选取后，学生可以在教师的指导下独立完成整个设计。在这期间，会有大量的资料查找、调试工作需要同学们来完成。

三、总结

我们把 DSP 实验分为基础实验设计和综合性设计实验的教学方式已有五年时间了。这样的实验设置面向实际问题，能够提升学生的学习主动性，并在教学实践中取得了一定效果。通过多年的教学实践，可以发现大部分学生对这样的综合性设计实验教学是欢迎的，这种教学模式在一定程度上提升了学生的学习能力。

参考文献

[1] LCDK 开发套件[EB/OL].[2017-01-25].http：//www.ti.com.cn/tool/cn/tmdslcdk6748.

[2] TI Wiki[EB/OL].[2017-01-28].http：//processors.wiki.ti.com/.

[3] 百度百科 DSP/BIOS 词条[EB/OL].[2017-01-19].http：//baike.baidu.com/item/DSP/BICS/3366487.

[4] 陈恩庆，宋豫金，张亮，王忠勇.基于综合案例的高校 DSP 课程教学改革研究[J].河南科技，2016（11）：21-23.

[作者单位：理工学部信息工程学院]

关于"高等数学"教学的若干思考

陈见柯

摘 要："高等数学"作为理工科学生的一门必修课，同时也是大学生进一步学习专业知识的基础，其重要性不言而喻。教师在授课过程中，应着重强调学生的思考、学习过程与中学数学学习的延续性和连贯性。此外，教学中涉及一些最基本的概念或定理时，教师应更多地讲述概念的提出过程，或者定理的发展历史。

关键词：知识的一致性；概念、思想的讲述；方法论

一、课程简介

"高等数学"是中国高校理工科各专业进一步学习专业知识的基础学科。数学专业的学生通常学习的课程叫做"微积分"或"数学分析"；"高等数学"则是舍弃上述课程中偏理论的部分，例如，舍弃包括区间套定理在内的实数八大定理，并添加微分方程和解析几何等一些基础知识。虽然，"高等数学"舍弃了偏理论的部分，但作为一门数学课，它还是具有高度的抽象性、严密的逻辑性和广泛的应用性。抽象性和计算性是数学最基本、最显著的特点，通过引入变量进而研究函数，我们才能深入地揭示其本质规律，才能使数学得到更广泛地应用。严密的逻辑性是指，在数学理论的归纳和整理中，无论是概念与表述，还是推理与判断，都要运用逻辑的规则，遵循思维的规律。所以说，数学也是一种思想方法，学习数学的过程就是思维训练的过程。人类社会的进步，与数学这门科学的广泛应用是分不开的。

此外，"高等数学"的学习与其他课程（线性代数、概率论与数理统计）的学习密切相关。例如，概率论中的基本公式 $\int_0^{+\infty} e^{-x^2} dx = \frac{\sqrt{\pi}}{2}$ 的证明来自二重积分；由密度函数积分得到分布函数。笔者在 2016—2017 学年给理工科专业、工商管理专业、经济学专业讲授"高等数学 A""高等数学 B"（后者涉及的内容较前者少）。笔者的同学和同事也均在其他高校讲授过相关课程；笔者也曾跟他们就讲课的方法、问题等进行过讨论。现将笔者在此课程授课过程中的若干困惑与思考总结如下。

二、若干思考

（一）内容的舍弃与调整

课堂改革通常伴随着授课内容的结构性调整而进行。无论如何改革，一个基本的前提

是不影响学生学习过程的连续性。换言之，若舍弃（或增加）某一阶段知识，一定要在该知识不影响后续学习（或后期使用）的前提下进行。据笔者所知，国内某著名高校要求刚入学的数学、物理专业大一新生补两个月的中学数学知识。由此可见，中学数学中有很多基础知识已被严重舍弃，以至影响到大学的数学学习。

笔者的同学目前正从事高中数学的教学工作，并熟悉高中国际部的相关课程。他说："时下一些中学的高中部已经开始学习一些简单的微积分和微分方程。"乍听之下，笔者感到十分困惑。我和这位高中教师也曾就这个问题进行过讨论，最后我们达成共识，优秀的高中生能够理解这些数学思想，但这绝不意味着这种做法是可以通行的。

笔者的研究生导师在招收学生的时候很喜欢问以下问题：多项式函数 $f(x)$ 除以 $x-a$ 的余数是多少？这是一个很基本的问题，但多数情况下回答者会一头雾水。事实上，这个问题的答案源自带余除法。这本是中学数学知识中代数式相关的知识点，遗憾的是，大部分学生无法回答这一问题。由此可见，这种形式的中学数学课程改革无疑是失败的。

我的挚友所创办的微信公众号"数学爱好者俱乐部"于 2017 年 3 月 27 日发表了李克正教授的评论文章："中学数学中的'复数'章节在有些年的教科书中被完全砍掉了，现在在有些教科书中又恢复了，但就内容来说比完全没有强不了多少。不过，有些中学教师是认真教这部分内容的。我深知此背景，所以在大一研讲班中安排了这一课题，让学过的同学给没学过的同学讲，学生不仅要讲而且要写成文稿给其他同学读。"

现行的中学数学课程标准的制定者和统编教科书的编写者，热衷于将大学数学的内容"下放"到中学，这样能创造"政绩"，然后以此证明其水平之高。很多人，包括一些决策者，对此很自信，甚至认为这是对数学教育的了不起的贡献。

但他们忽略了一个事实：在一些大学数学内容"下放"到中学的同时，很多中学数学内容被"上调"到了大学。在微信文章的最后，李克正教授也明确指出这种做法是"瞎折腾"。

（二）基本概念、定理的讲述

笔者在教学中通常会遇到这样一个问题：学生会问到什么是维数？什么是光滑曲面？为什么会有内点（外点、聚点）的说法？这些名词、概念出现在教材的正文中。作为数学专业的博士，笔者发现一下子解释清这些问题非常困难。虽然，关于光滑性存在如下的标准定义：研究对象在该点切空间的维数等于对象的维数，我们称这个点是光滑点；若对象在每一点光滑，则对象光滑。若按此定义，我们还需要解释维数的概念。为了解释维数的概念，我们还需要从线性代数谈起，乃至讲解一般的代数簇克鲁尔（Kurll）维数。按照这个节奏，高等数学教材中的内容根本无法讲完。

不仅是数学学科，几乎所有学科的发展过程都是这样：为了回答最基本的问题，人们在大多数情况下都要发展出一套理论或框架。理论的发展漫长而曲折，但其目的是为了回答最基本的问题。这就要求我们在授课过程中，绝对不能生搬硬套，将枯燥的定义或定理照本宣科地进行讲述。相反，我们需要解释先贤们如何考虑这种问题，因此，讲述数学概念或定理的发展历史或许是一种不错的方式。

笔者曾尝试普及给学生一些基本的数学思想，例如，多项式函数是我们能够遇到的最常见的函数。一个问题是，是否所有的函数均可用多项式函数来表示，并产生如何定义"表示"以及估计误差的问题。此外，我们还可以与之前关于无穷小的概念进行比较。我们还可以讲与课程相关的数学，例如，微积分发现过程中的牛顿—莱布尼茨之争，我们要鼓励学生去了解这方面的知识。

笔者认为，大学生和中学生不同，后者迫于升学压力，需要进行大量的数学训练，并掌握巧妙的计算技巧。笔者并不反对技巧的训练是高等数学教育乃至整个数学教育的重要方面，但更重要的是，大学教育应更多地丰富学生的知识面，让学生了解各个数学领域内先贤的思想。我们正处在一个"知识爆炸"的时代，知识的更新也日趋频繁。例如，太阳系现在只有八大行星，冥王星被除名。又如，雷龙已不属于恐龙。我们很难保证今天所学的知识在以后的几年、几十年中不会更新或被纠正，这就需要我们在讲课的过程中更多地讲述人们对问题的考虑和分析，而不是具体的知识点。因此，方法论比结论更重要。

当下，社会风气浮躁，学生们也深受"浮躁"之害。很多时候，学生会一脸困惑地问："我们学这些东西有什么用？"对于刚刚登上讲台的年轻教师来说，我也有着同样的困惑。我也曾跟同事们聊天，他们也会遇到这样的问题。遗憾的是，大多数情况下，我们对此问题并不能给出很好的答案，保持鲜活的状态是适应未来社会发展的重要方法。

参考文献

[1] 同济大学数学系. 高等数学（第七版）[M]. 北京：高等教育出版社，2015.

[2] 斯科特. 数学史 [M]. 侯德润，张兰，译. 北京：中国人民大学出版社，2010.

[3] 郇中丹，刘永平，王昆杨. 简明数学分析（第二版）[M]. 北京：高等教育出版社，2009.

[4] 裴礼文. 数学分析中的典型问题与方法（第二版）[M]. 北京：高等教育出版社，2006.

[作者单位：理工学部理学院]

"电路分析基础"课程理论与实验仿真课堂的教学改革研究和实践

杨领军

摘 要: "电路分析基础"课程是大学电气信息类本科专业的基础课程,在这门课程中理论和实践紧密结合。本文研究了如何在该课程的课堂教学实践中,通过引入演示实验、仿真等教学环节,提升课堂教学效果。

关键词: 演示实验;仿真;电路分析;课堂教学改革

一、引言

"电路分析基础"课程是我校电子信息工程、通信工程、广播电视工程等专业本科生必修的专业技术基础课,也是学习电路理论的入门课程。该课程理论严密、逻辑性强,是理论和实践紧密结合的大学本科专业基础课程。该课程对培养学生的科学思维能力,以及提高学生分析问题、解决问题的能力有着重要作用。学习电路相关课程是学习其他电学类基础课的第一步,走好这一步,才能为后续课程的学习打下坚实的基础。在充分重视素质教育的今天,提高教学水平和教学质量,挖掘学生的潜能,激发学生的主动性和创造性,培养具有综合素质的人才,都具有重大的现实意义。实验教学是电路分析教学过程中一个不可或缺的环节。通过理论和实验学习,使学生掌握电路的基本概念、基本定律和基本分析方法,培养学生分析问题、解决问题的能力,以及严谨的科学作风,为进一步学习相关后续课程打下坚实基础。

目前,"电路分析基础"课程采用理论教学和实验环节分别授课的形式,实验课由实验教学中心的老师承担,教学进度不易协调,这就造成课堂理论教学与实验课脱节的问题。再者,目前的实验课科目设置也有跟理论教学不相适应的内容。在课堂教学中,有些概念、原理比较抽象,要想让学生充分理解这些内容,把知识点讲"透",老师需要花费大量的课时和精力,如果在课堂辅以实验演示、仿真动画等讲授方式,学生既易理解,又节省课时,可以起到事半功倍的效果。目前,部分国内、国际知名高校都开展了该项教学的改革实践活动。

二、教学改革的内容和目标

(一)主要内容

(1)研究电路实验课的教学内容,合理设计实验科目,使理论和实验教学有机融合为一体，进一步提高教学效果。

（2）合理设计实验内容和教学节点，才能使理论和实验演示环节有机融合在一起。

（3）设计实验具体内容，并合理选购实验箱等实验教学模具。

（4）探索合适的电路分析理论实验综合教学体系。

（5）在教学内容基本不变的情况下，整合理论和实验演示内容，进一步凝练知识点，做到突出重点、点面结合。

（6）有的知识点用实验演示的方法进行讲解，教学效果可能不好，而用仿真、动画的方式展现，学生更容易理解，可以在这样的教学环节中采用仿真、动画辅助教学。

（二）目标

（1）我们采用理论、实验相结合的教学模式或互动启发式教学，通过丰富生动的课堂教学，使学生牢牢把握电路的基本理论和基本分析方法，提高学生的学习主动性，培养学生的探索精神。在教师的引导下，使学生主动去思考、发现、探索问题，让学生学到的知识"活起来"。

（2）培养学生的自主学习能力，对于内容容易理解的章节，可安排学生课前自学、课堂讨论，再根据学生所掌握知识的情况进行重点讲解，以提高授课效率。

（3）凝练知识点，注重各章节之间的联系。

三、实验演示课堂辅助教学设计

（一）课堂实验演示设备

由于电路板、实验箱等实验教学模具的制作所耗费的时间、精力太大，我们考虑通过购买成品实验箱的方式来开展教学实践活动。为此，我们根据拟定的试验科目考察了多家公司的产品，又联系了我校试验教学中心，了解试验课教学环节的教学设备、仪器和试验板的情况。最后，我们采用了北京中科浩电科技有限公司生产的TPE-DG2电路分析实验箱，该实验箱配有直流电压源、电流源、交流信号源（正弦波、方波、三角波）、直流电压表、电流表，能够完成对直流电路的全部验证，例如：基尔霍夫定律、叠加定理、戴维南定理，一阶、二阶动态电路研究等。对交流电路的试验验证，还要额外配备万用表、示波器等测试设备，实验箱面板图如图1所示。

（二）课堂实验科目与内容的设计

电路教学组通过组织研讨、设计实验节点、编写实验演示教学教案、提炼理论授课内容，将实验演示环节与理论教学融为一体。经过充分研究和讨论，我们设置了9个试验科目：

(1)元件伏安特性的测试　　　　　　　　(2)基尔霍夫定律
(3)叠加定理　　　　　　　　　　　　　(4)戴维南定理
(5)含有受控源电路的研究　　　　　　　(6)一阶、二阶动态电路研究
(7)RLC 元件性能的研究　　　　　　　　(8)二端口网络的研究
(9)RLC 串联电路的幅频、相频特性与谐振现象

图 1　实验箱面板图

四、仿真、动画等课堂辅助教学

由于课堂试验演示耗时大，演示效果可能不佳，我们也考虑采用仿真软件、动画演示等方法进行教学。根据电路分析课程的特点，许多知识点比较抽象，若采用仿真、动画演示等直观形象的方法讲授，学生可能容易理解和接受。比如，对电路课程中关于"互感电路"的讲授，原先只能靠课件中的简单示意图来表示互感电路的现象和原理，而如果利用软件直接演示原先只能在实验室中才能观察到的磁耦合现象，能够使同学们更容易、更深刻地明白同名端与互感电压的关系，以及空心变压器的工作原理。

仿真分析可以结合具体的教学内容，在理论教学的过程中穿插进行。例如，在二阶暂态电路分析中，应用 Pspice 仿真软件，根据所学电路的原理图，连接电路，设置输入

信号，改变电路元器件参数，演示分析过阻尼、欠阻尼、临界阻尼、无阻尼电路的仿真过程，可以使学生很好地把握这四种形态的特点。利用 matlab 可以求解 RLC 电路的响应方程，求解 RC 电路的正弦稳态响应，研究 RLC 谐振电路的频率特性，并将结果可视化。

（一）仿真软件的选择

在仿真软件的选择上，我们主要考虑以下三种：Pspice 软件、Simscape 仿真软件、Multisim 软件。

1. Pspice 软件

Pspice 是较早出现的 EDA 软件之一，1985 年由 Microsim 公司推出。在电路仿真方面，它的功能可以说是非常强大的，在国内被普遍使用，目前常用的版本为 Pspice 8.0 和 Pspice 9.1。Pspice 软件由原理图编辑、电路仿真、激励编辑、元器件库编辑、波形图等几部分组成，使用时是一个整体。它可对各种电路进行仿真，并在同一个窗口内同时显示模拟与数字的仿真结果。

2. Simscape 仿真软件

Simscape 是 MathWorks 公司于 2008 年推出的集成在 Matlab/Simulink 中的一个仿真模块库。其特点是在 Simscape 的环境中，建模过程如同装配真实的物理系统般直观。Simscape 采用物理拓扑网络的方式构建模型：每一个建模模块都对应一个实际的物理元器件，例如电阻、电容与独立源等，而模块之间的连接线代表元件之间装配和能量传递之间的关系。这种建模方式直观地表现出物理系统的组成结构，而不是用晦涩的数学方程来表示。Simscape 根据模型所表达的系统组成关系，自动构造出可以计算系统动态特性的数学方程，这些方程可同其他 Simulink 模型一起结合运算。

根据课程的特点，简单介绍一下 Simscape 在电路分析中的应用。运行 Matlab 软件并进入 Simulink 环境，可以在仿真模块库 Simscape/Foundation Library/Electrical 目录中找到电路分析课程中所用到的所有元件模型。其中，子目录 Electrical Elements 提供如电阻、电感、电容、理想变压器、理想运算放大器等常用元件；子目录 Electrical Sensor 提供电流传感器和电压传感器，用于测量电路中的电流和电压；子目录 Electrical Sources 提供直流/交流独立电压或电流源和四种受控源。

3. Multisim 软件

NI Multisim 是美国国家仪器公司（NI，National Instruments）推出的电路仿真软件。Multisim 用软件的方法虚拟电子与电工元器件，虚拟电子与电工仪器和仪表，实现了"软件即元器件""软件即仪器"。

Multisim 的元器件库提供数千种电路元器件供实验选用，同时也可以新建或扩充已有的元器件库，而且建库所需的元器件参数可以从生产厂商的产品使用手册中查到。

Multisim 的虚拟测试仪器仪表种类齐全，有一般实验用的通用仪器，如万用表、函数信号发生器、双踪示波器、直流电源；而且还有一般实验室少有或没有的仪器。

（二）仿真项目设计

电路教学组通过研讨，设定了6个仿真科目：

（1）直流电路分析　　　　　　（2）一阶电路动态响应

（3）二阶电路零输入响应　　　（4）RC电路的正弦稳态响应

（5）耦合电感　　　　　　　　（6）RLC串联谐振电路

五、教学改革的实践效果

课程教学组在2015年上半年集中精力做好了充分的教改准备：编写演示试验教学指导书，进行仿真节点的教学方案设计。2015年、2016年中的两个秋季学期，我们全面实施教改实践，并分成两个实践小组，一个以演示实验为主要教改形式，一个以仿真、动画演示辅助教学为主要教改形式，评估教学效果后再融为一体。经过这两年的教改实践，我们取得了较好的教学效果。但是，由于试验演示耗费时间长会影响理论教学的进度，所以课堂演示实验效果较差，而采用仿真辅助教学反而效果较好。

六、结论

在"电路分析基础"课程的课堂教学实践中，通过引入演示试验、仿真等教学环节，可以使学生对电路的基本理论理解得更加透彻，掌握得更加牢固。此次教学改革提高了学生的学习兴趣，培养了学生探索科学的精神，取得了较好的教学效果。在下一步的教学中，我们还要进一步完善和改进教学手段，比如在实验演示教学中要提前录制视频，在课堂上播放短视频，更好地提高课堂教学效果。

参考文献

[1]彭静玉.MATLAB动画在电路分析教学中的应用[J].电子技术，2011（3）：6-8.

[2]曹路.Matlab在《电路分析》课程教学中的应用[J].长江大学学报（自然科学版），2012（12）：170-172.

[3]吴涛，张跃辉.Simscape在电路分析教学中的应用[J].实验科学与技术，2013（4）：313-315.

[作者单位：理工学部信息工程学院]

非理科专业"数理逻辑应用"课程教学初探*

付佳媛

摘　要：数理逻辑又称符号逻辑，它既是数学的一个分支，也是逻辑学的一个分支，是用数学方法研究逻辑或形式逻辑的学科。数理逻辑是基础数学不可缺少的一部分。非理科专业学生学习数理逻辑课程，可以提高学生的数学素养、逻辑思维能力和分析论证能力。针对非理科专业学生，数理逻辑的教学方法和授课方式显得尤为重要。我们注重调整学生心态、激发学生兴趣、引导学生到数理逻辑的世界中来，利用同学们熟悉的知识去对比数理逻辑中的内容与符号，从而促进学生对新知识的理解。我们运用贴近生活的例子来解释逻辑推理过程，理顺推理中的重点和难点，这样可以取得良好的教学效果，让学生乐于接受数理逻辑课程的内容。

关键词：数理逻辑；高校教学；逻辑思维

一、根据学生的特点安排课程内容和进度，调整学生的心理状态

（一）根据学生的特点，选取适当的教材

数理逻辑又称符号逻辑，属于数学与逻辑学的交叉学科，是用数学的方法研究逻辑和形式逻辑的一门学科。数理逻辑属于离散数学的一个分支，是计算机科学的核心课程，而很多高校的哲学专业也开设了数理逻辑课程。所以，数理逻辑是文理兼学的一门学科，只是根据专业的不同，有不同的侧重点。

"数理逻辑应用"课程是我校国际传媒教育学院为传播学、广告学、视觉艺术传达和动画四个中外合作办学专业的新生开设的一门数学课程，旨在提高学生的数学素养，普及数学基础知识，提高学生分析理解问题的能力。开课前，对方学院的相关老师也特别跟我们课程组的教师进行沟通，介绍了学生特点和开课目的。来自不同省份的学生在高中阶段所学习的数学课程内容有些许差别，针对此状况，我们在教材选择方面，本着简单易懂、体系完整、相对独立、注重应用的原则，几位老师分别去图书大厦和高校图书馆找寻相关资料，经过几番筛选，选定了难度适中、较适合文科生学习的教材。在教学大纲的制定方面，由于课程总学时不多，我们对教材内容有所取舍，主要选择学科中的基础知识及应用内容：数理逻辑的起源与发展、集合论、命题与命题形式、狭谓词逻辑等内容进行重点讲授，旨在让学生初步了解课程的研究内容，培养和提高学生的逻辑思维能力。对于数理逻

---

* 本文为教改项目"'数理逻辑应用'课程改革与创新研究"研究成果

辑学科中语构层面的问题，诸如形式系统、公理系统、自然推理系统，以及命题逻辑系统的特征等内容进行了删减。经过多番讨论，最终完成了本门课程教学大纲的编写。

（二）介绍学科发展历史，消除学生的排斥心理

在"数理逻辑应用"课程的授课班级中，绝大多数同学是文科生，只有少部分理科专业的学生。学生对本门课程的第一印象就是"数学课程"，所以第一节课，很多学生们都是带着"这是一门数学课""我不喜欢数学""我学不好数学，所以也学不好这门课程"的心理来上课，这势必会影响到学生对本门课程的学习。所以，第一节课我们没有按照教材来直接引入课程内容，而是先介绍数学的发展史，重点讲述数理逻辑的发展历史，介绍学科特点。然后，我们又介绍了数学史上，尤其是逻辑学发展史上的一些重要事件，让学生对于即将学习的课程的发展史有一个大概了解。最后，我们会向学生展示一些迷人的数学问题和一些完美的数学理论，诸如"四色问题""哥德巴赫猜想"等世界著名的问题，让学生们知道数学并不是"洪水猛兽"，它也可以以一种迷人的姿态展现在世人面前，会吸引千千万万的、各行各业的人去发现数学之美、体验数学之奇。

（三）找寻衔接点，消除学生的恐惧心理

对学科和教材有了初步了解之后，学生开始课程的正式学习。为了消除学生对数学的恐惧心理，我们首先讲授了集合论的知识。由于同学们在高中时都学习过集合论的初步知识，所以我们从学生熟悉的知识入手，让学生感觉到课程的学习没有想象中那么困难。我们先回忆性地介绍集合的定义、性质和基本运算，在此过程中，穿插讲解集合论的深层次内容，诸如罗素悖论、集合的公理化体系等，深入浅出，根据学生的知识储备，推动他们对新内容的理解，从而消除学生对本门课程的恐惧心理。

二、利用学生熟知的领域进行比较学习，促进学生对新知识的理解

数理逻辑类课程具有知识点多、内容繁杂的特点，在介绍二元关系、引入命题逻辑的初期，会涉及非常多的概念。逻辑学有一套独立的符号体系、形成规则和推理规则。与高中课程相比，语言描述、运算符号等方面都与学生原来熟悉的数值计算存在较大差异，学生对课程内容比较生疏。为了帮助学生理解新知识，激发他们的学习兴趣，我们会利用已有知识，找寻适当例子，引导学生学习。授课过程中，我们会针对学生在教学过程中对课程内容的理解、课堂讲授的反馈、课堂练习的表现，分析学生为什么对存在的概念模糊不清、理解不透彻的情况，针对存在的问题，参考教学资料，寻找大量、适当的例题，通过多讲、多练、多做等方法，让学生对新知识透彻理解、灵活运用。

比如，在讲解二元关系时，为了促进学生理解这一概念，我们会利用高中的一元函数、集合间的映射等内容，让学生们了解到早在高中就学习了二元关系，只不过在这里

我们是用另一种语言或者说另一种描述方式引入二元关系，它们在本质上是一致的。对于几类特殊的性质，如自返性、对称性和传递性等，我们会利用整数集的大于等于关系、集合之间的包含关系等内容，编辑大量的例题帮助学生理解概念。逻辑符号一共有五种：非（¬）、合取（∧）、析取（∨）、蕴涵（→）和等值（↔），不同逻辑符号有不同的运算规则，这与我们熟知的数字的加、减、乘、除四则运算有很大的差别，学生理解起来有较大困难，尤其是对于蕴涵（→），文字描述时有较多变化。讲授此部分内容时，我们会根据集合的三类基本运算——集合的补、交、并，来对比逻辑符号非（¬）、合取（∧）、析取（∨）来帮助学生理解。对于蕴涵运算，虽然符号简单，但对应的文字描述方法有很多形式：如果……那么……；只有……才……；除非……就……；只要……就……；……是……的充分条件；……是……的必要条件。这使学生对"蕴涵"这个逻辑连接词的理解和运用成为本课程的一个难点。在引入"蕴涵"的概念之后，我们抓住了问题关键：对于命题 $p \to q$，每节课我们都会列出相关例题，让学生练习命题符号化，加深对概率的理解和运用，直到学生能灵活熟练地运用蕴涵符号将相关命题符号化。

命题逻辑和狭谓词逻辑是数理逻辑课程的重点内容，对应的两种语言都称为低阶语言，具体细分为零阶语言和一阶语言。两种语言都可以将命题符号化，这是逻辑运算的第一步。符号化的正确与否直接影响对命题真假值的判断。在引入一阶语言时，学生对谓词的概念还可以接受，但遇到符号化的问题时，容易混淆零阶语言与一阶语言，分不清什么时候用命题语言，什么时候该用谓词语言。针对这种问题，我们会先从理论方面讲授零阶语言与一阶语言的区别，再选取适当例题，让学生通过比较，理解两种低阶语言的区别，明确什么样的命题该用什么样的语言来符号化。利用学生熟知的领域，找到相似点，通过比较学习，运用大量例题和练习，使学生理解繁多的概念、掌握相似概念之间的区别，从而掌握课程内容。

三、选取有趣的例题，激发学生的兴趣

数理逻辑的奠基者是德国哲学家、数学家莱布尼兹。莱布尼兹的一个梦想就是"将人类所有的一切推理归结为计算""当争论发生时，两个哲学家同两个计算家一样，用不着辩论，只要把笔拿在手中，坐在算盘前面，异口同声地说：ّ让我们来计算一下吧。'"所以，数理逻辑是主要研究怎样用数学方法来研究逻辑的思想系统。也就是说，数理逻辑就是通过符号运算来描述逻辑推理过程，"算出"推理正确与否的课程。而人的思维过程是千变万化、包罗万象、妙趣横生的。所以，我们在讲授逻辑运算、逻辑推理等内容时，会与实际生活相结合，引入一些好玩有趣的事例，激发学生的学习兴趣，让学生愉快地学习。

集合论中著名的"罗素悖论"，如果直接用集合语言来描述就是：设集合 S 是由一切不属于自身的集合组成，即"$S=\{x \mid x \in S\}$"。那么问题是：S 包含于 S 是否成立？这样

介绍罗素悖论比较抽象，给学生理解这一概念带来难度。所以，我们就利用"罗素悖论"的通俗描述来介绍，比如理发师悖论。理发师悖论是说：一个理发师称只给不给自己理发的人理发。如此问题就来了：这个理发师要不要给自己理发呢？通过这种通俗描述，学生就会理解"罗素悖论"的含义。这时再抛出理论描述，学生也就更容易理解了。

前面提到了逻辑连接词"蕴涵"，这是命题逻辑中的一个难点。理解此问题的关键是区分必要条件和充分条件，只要理解这两个概念，就可以很容易地将蕴涵式命题符号化。在这个问题上，我们列举了一个有趣的例子：湖南民间有一则故事，说一个叫巧姑的媳妇，过门后把一个家安排得井井有条，妥妥当当，家公张老汉一时高兴，在大门上贴上一副对联，横批是"万事不求人"五个大字。没想到让知府大人知道了，非常生气，这不是把我不放在眼里吗？叫人把张老汉抓来。对他说："你本事真大，万事不求人嘛？限你三天内给我办两件事，一是找一块遮天的布，二是准备灌满大海的油，否则治你的罪。"三天后知府到了张老汉家大声问道："张老汉，两件事准备得怎么样？"巧姑抢着回答说："布准备好啦，不知天有多大，只有知道天有多大，才能给你裁布。"知府一听不知所措，忙说："这事就作罢，那油呢？"巧姑回答说："你先把海水淘干，我才能往里面灌油。"这个故事中的巧姑就是在巧用必要条件：要找遮天的布，天的尺寸就是必要条件；准备灌满大海的油，把海水淘干就是必要条件。通过这个故事，学生就可以理解，在一个逻辑关系中，哪一个是必要条件，哪一个是充分条件。

在讲授命题逻辑时，对于自然推理系统中的一些推理规则（比如 FPC 的推理规则）来说，符号繁多，比较抽象。例如：→+（蕴涵引入）；→-（蕴涵消去）；∧+（合取引入）；∧-（合取消去）；∨+（析取引入）；∨-（析取消去）；↔+（等值引入）；↔-（等值消去）；¬（非规则）。此外，还有析取三段论、假言三段论和等价三段论。对于这些概念学生理解起来都有难度，要想灵活运用就更加困难了。我们强调用法、弱化符号，并没有特别强调符号的运用，而且着重于学生理解各个规则的用法。授课中，我们首先将逻辑证明的常用方法归纳为直接证明法、附加前提法和归谬法。然后通过大量有趣的例题，让学生熟悉自然推理系统的推理规则。例如，张三说李四在说谎，李四说王五在说谎，王五说张三、李四都在说谎，问张三、李四、王五三人到底谁说真话？谁说假话？这个问题就可以采用直接证明法，首先要正确地把已知条件符号化，设：P 为张三说真话；Q 为李四说真话；R 为王五说真话。则依题意已知：P→¬Q，¬P→Q，Q→¬R，¬Q→R，R→(¬P∧¬Q)，¬R→(P∨Q)。推理过程如下：由 P→¬Q 及 ¬Q→R，根据假言三段论可得 P→R，又由 R→(¬P∧¬Q)，再次根据假言三段论得 P→(¬P∧¬Q)，置换得 ¬P∨(¬P∧¬Q)，可得 ¬P。引入前提 ¬P→Q，由蕴涵消去规则，得 Q。引入前提 Q→¬R，又由蕴涵消去规则，得 ¬R。可得最后结论 ¬P∧Q∧¬R，即只有李四说真话，其余两人说假话。通过这样的推理，学生就对看起来复杂的推理规则有了了解，进而掌握它的用法。

"数理逻辑应用"课程开课两年来，整个课程组坚持集体备课，交流课堂教学经验，听取课堂上学生的反馈与对教材的理解。由于教材上例题和课后练习有限，所以我们参考相关资料，每一道课上例题、课后练习都经过精挑细选，达到适合教学目的、切合课堂主题、增进学生理解的目的。同时，我们还建立课程网站，方便学生课后复习、跟老师交流问题。我们会坚持以"应用"为目的，以"必需、够用"为原则，以"强化概念，注重应用"为依据，继续上好这门课程。

参考文献

[1] 李娜. 数理逻辑的思想与方法 [M]. 南开大学出版社，2016.

[2] 石纯一，等. 数理逻辑与集合论（第2版）[M]. 清华大学出版社，2000.

[3] 邢涛涛. 数理逻辑 [M]. 北京大学出版社，2008.

[作者单位：理工学部理学院]

论"数字电路"课程的"教"与"学"

李 彬　王 玲　杨曙辉　李彦霏　朱亚平　沈萦华

摘　要： "数字电路"课程是通信工程、自动化、电子科学与技术等专业本科生的必修课程，属于专业基础课，本课程具有较强的理论性和实践性。本文旨在讨论在讲授该课程的过程中教学团队所积累的教学经验，以及在培养学生能力方面的感悟与反思，从而促进学生在本课程的学习中进一步提升其研究能力和创新意识。

关键词： 数字电路；思维方法；人文情怀；生活案例；开发实践

一、引言

现代社会的"数字化"浪潮几乎席卷了电子技术应用的所有领域，如电子电气、自动控制、计算机应用、信息通讯、航空航天、军事、医疗和远程教育等。数字电路和数字电子技术是数字化信息采集、存储、处理和传输的载体。

"数字电路"课程为学生系统学习数字电子技术的基础知识提供了一个专业的平台，它是各高等院校电气信息类及相关专业本科生的专业基础课程。该课程既具有很强的逻辑性、系统性，又具有很强的工程性、实践性，我们在着力讲授专业知识的同时，需注意培养学生应用数字电子技术思考、分析、解决实际设计问题的能力，为以后参与到工程实践中打下坚实的理论基础。

本文作者为"数字电路"课程的任课教师，随着数字电子技术的发展，相关教学内容有过多次调整，教学方法也进行了多次改革。本文着重讨论授课教师在讲授该课程过程中所积累的教学经验，以及在培养学生能力方面的感悟和反思。

二、以教师为主体的教学经验总结

（一）梳理内容主线，明确教学目标

"数字电路"课程开设于本科二年级，该阶段的学生正处于专业基础知识学习的起步阶段，进入数字电路的世界就如同进入一个从来没有游览过的公园，我们需要像公园给游客绘制"导游图"一样给学生绘制"导学图"（如图1所示），标出各知识点的位置和路径，让学生明确学习目标和学习内容。因此，在绪论部分我们就应该讲明整个课程的内容层次及联系，并把每章的重点内容、难点内容介绍给学生，让学生能够有的放矢。

> # 第四章 组合逻辑电路 重点内容
>
> **一、组合逻辑电路的概念和特点**
>
> 　　数字电路一般可分为组合逻辑电路和时序逻辑电路。
>
> 　　组合逻辑电路的特点是：输出逻辑状态完全由当前输入状态决定，无存储和记忆功能；由门电路构成，无反馈回路；组合逻辑电路可由逻辑函数表达式、真值表、卡诺图、逻辑电路图等描述。
>
> 　　时序逻辑电路的特点是：输出逻辑状态不仅与当前输入状态有关，还和电路本身的状态有关。
>
> **二、组合逻辑电路的分析和设计**
>
> 1、分析：根据逻辑电路找出输入输出关系，从而确定电路的逻辑功能。
>
> <u>分析步骤：</u>
>
> 　　(1)推导逻辑电路输出函数的逻辑表达式。
>
> 　　首先将逻辑图中各个门的输出都标上字母，然后从输入级开始，逐级推导出各个门的输出函数。
>
> 　　(2)化简逻辑函数表达式（公式法或卡诺图法）。
>
> 　　(3)由逻辑表达式建立真值表。
>
> 　　(4)分析真值表，用语言文字描述逻辑电路的功能。
>
> 2、设计：根据逻辑要求，设计出可实现该功能的组合逻辑电路图。
>
> <u>设计步骤：</u>

图 1　第四章"导学图"

（二）引导分析思路，注重思维培养

我们以讲述第五章第一节的锁存器为例，来说明注重学生思维培养的重要性。锁存器作为触发器的核心部分，是时序逻辑电路的基础。由于锁存器电路结构（如图 2 所示）存在反馈线，学生直接理解其逻辑功能会比较困难。教师讲授时可以先让学生自己采用"穷举法"分析电路功能，即列出输入状态和电路原始状态可能出现的所有组合，再去推导电路的最终状态，如图 3 所示。

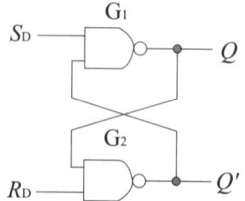

图 2　锁存器的电路结构

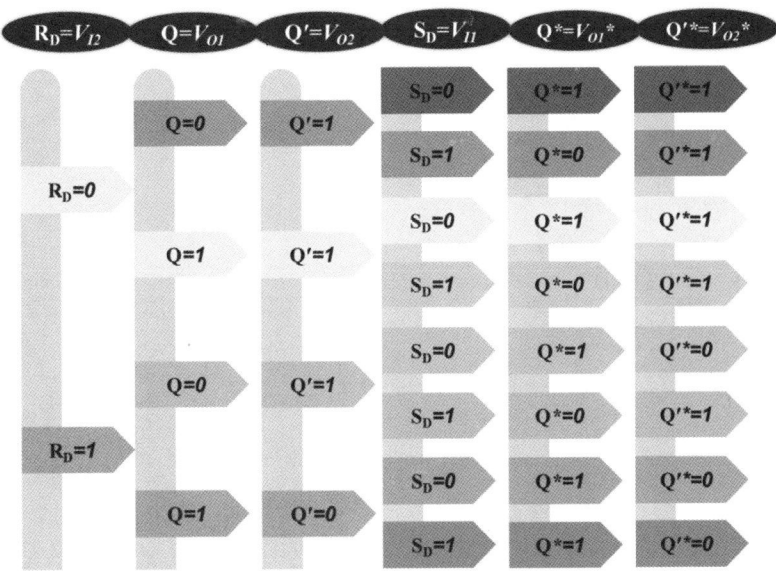

图 3 "穷举法"分析锁存器电路功能

"穷举法"虽然可以清楚明确地推导出 SR 锁存器的特性表,但是学生已经深切感受到这种方法的烦琐和无奈。此时可引入"归纳分析法",即利用"0"和"1"遇见与非门的性质(如图 4 所示,与非门遇见"0"输入,输出必定锁定在"1",与非门遇见"1"输入,不影响其逻辑功能,可忽视)去分析电路,问题会简化很多。运用这种思维,也更容易理解电路的保持、置 0、置 1 等功能。从繁烦跳跃到简洁,学生对这种思维方法的印象必然深刻,能够很快地运用其分析其他电路,这才是"授之以渔"。

图 4 "0"和"1"遇见与非门的性质

(三)教书更要育人,培养人文情怀

工科课程同样担负着育人的重大责任,在教学中我们应做到文理交融,运用人文思想去诠释某些工程原理,以体现人类探索知识的轨迹、凝练知识的智慧、应用知识的历程。逻辑代数的鼻祖布尔并不在教学大纲里,香农先生的硕士论文《继电器和开关电路的符号分析》也不在教学大纲里,但这些故事是必须要讲出来的(如图 5 所示)。我们今天之所以能够走得更远,是因为前人为我们挑着明灯。

每一届学生都会问老师这个问题:"学数字电路有什么用?"这个问题其实不好回答,即便你告诉他电子技术应用的一切领域都是以数字电路为基础的,他也未必会有那么深刻的感受。但如果你给他讲个故事:"2016 年 3 月,美国政府全面禁止中兴通讯的芯片采购

图 5　布尔和香农

和对其技术支持,若美国政府的断货制裁持续过久,会给中兴带来灭顶之灾。这不是危言耸听,原因在于,在对稳定性和可靠性要求很高的通信、工业、医疗和军事等行业的大批量应用中,国产芯片距离国际一般水平的差距仍然很大。尤其是一些技术含量很高的关键器件:高速光通信接口、大规模FPGA、高速高精度ADC/DAC等领域,还完全依赖美国供应商。这么多年来,尽管我们有了很大进步,但电路工业仍然处于受制于人的状态,需要一代又一代的科技工作者迎头追赶。"我想,这个回答会让学生印象深刻。

"科技谋存,文化修身"。一门课程带给学生的不一定是知识本身,还有那些多年以后依然可以回忆起来的东西。

三、以学生为主体的学习经验总结

(一)换位思考,追求共同进步

教师应当本着与学生一起学习的态度去面对课程,站在学生的立场上去体会学生的困惑。在解决困惑时,我们要积极寻找解决问题的切入点,这样才能使"教"与"学"相统一。仍以锁存器为例,学生对"输入为<0,0>时电路的最终状态为不确定"这一点非常迷糊,想要把这个问题讲清楚,不仅需要用到"穷举法",还要拿出电路仿真,让学生实实在在地看到振荡波形,这样才能有足够的说服力。

（二）善用生活实例，提高学生学习兴趣

现在的本科学生对传统教学方法产生了审美疲劳，教师要精心组织教学内容，联系实际工程案例，并与学生的兴趣点相结合，这样才能提高教学质量。

例如，在讲同步计数器的时候，可以借助当下流行的健身计步器视频，引出健身计步器的核心部件——计数器，在课程一开始便牢牢抓住学生的注意力。教师还可以告诉学生，通过这堂课的学习我们可以利用同步计数器设计一个属于自己的健身计步器（如图6所示），让学生对后面的教学内容充满期待。

当学生以为学习了同步加法计数器的设计方法之后就能解决所有计数问题时，话锋一转，引出学生非常熟悉的高考倒计时表的设计问题。因为是倒计时，刚刚学过的加法计数器无能为力，从而可以引出对同步可逆计数器的讲解。

图6　计步器广告视频截图

（三）理论结合实际，投入开发实践

"数字电路"课程本身是一门实践性非常强的课程，其理论的学习必须要通过实践来巩固。目前，在我们的教学体系中，和"数字电路"教学同步的实验只有两项，且都是基

于面包板的验证性实验。基于可编程逻辑（FPGA）技术的设计实验比理论课程晚一学期，相应的学时数也偏少，学生得不到充分锻炼。

基于此，我们联系了苏州思得普信息技术有限公司，他们的小脚丫平台恰好是为了普及 FPGA 技术和降低学习门槛而设置的，已经有不少高校的本科学生在学习理论的同时同步应用这一平台，效果很好。Step FPGA 平台（如图 7 所示）非常适合可编程逻辑类课程的学习者，尺寸只有一根手指大小，既能上电瞬时启动，又包含丰富的片上资源，成本只要 110 元，学生可以随时随地学习。这样，学生在学习理论的同时进行实践操作，在动手完成不同的实际操作时，还能获得成就感，激发其更深入学习的兴趣。

图 7　Step FPGA 开发板

四、结论

本文是作者近年来讲授"数字电路"理论课程、参加相关内容研讨班培训、与几届学生交流得出的部分心得体会。限于水平和经验，也许本文有偏差之处，希望能跟各位读者共同探讨，以期获得更大的进步。教学之路任重而道远，我将上下而求索。

参考文献

［1］阎石，等．数字电子技术基础（第六版）．北京：高等教育出版社，2016．

［2］杨春玲，朱敏，张岩．数字电子技术基础研究性教学方法的探索与实践［J］．中国大学教学，2014（2）：58-60．

［3］张利娜，张戈．案例教学在数字电子技术课程中的应用研究［J］．中国电力教育，2011（6）：173-174．

［作者单位：理工学部信息工程学院］

研究生课程"非线性光学与光纤光学"教学改进探讨
——我们能否把复杂的数学问题讲得浅显而深刻

李　彬　陈新桥　刘开贤　马博琴

摘　要：本文主要探讨在讲授研究生专业课"非线性光学与光纤光学"时，如何将大量复杂的数学问题讲得浅显而深刻，使学生既能理解相关知识，又能提高其学习积极性。

关键词：非线性光学与光纤光学；数学理论；数学推导

一、引言

作为研究生专业课的"非线性光学与光纤光学"课程，涵盖了非线性光学各方面的内容，它是一门涉及大量理论知识以及新技术的课程。由于涉及光与物质的非线性作用理论，该课程的教学过程中必然会遇到大量复杂的数学问题。加上当前研究生课程计划中的课程越来越多，学生本身的经历和认识有限，使很多学生热衷于一些应用型的热点内容，而数理基础普遍不够扎实。当学生面对复杂的数理问题时，往往会产生畏难情绪，严重的时候会挫伤学生学习本门课程的积极性，这给我们的教学带来了一些问题。

二、我们的教学目的和数学的作用

我们希望通过这门课让学生了解非线性光学，并能够灵活应用所学知识分析和解决具体的光学技术问题，为将来进行非线性光学领域的研究以及从事光学工程等方面的工程研发工作打下扎实的基础。

数学在本门课程中起到的作用是什么呢？我们应该采取怎样的策略来处理教学中的数学问题呢？

数学是唯一能够精确表达思想的思维形式。作为非常重要的专业课，完全抛开数学来讲授本课是不现实的，但反过来说，我们也不需要学生陷于数学公式的汪洋大海之中，即使有些学生能够"成功"将数学符号搬来弄去，在考试中获得高分，但随着课程的结束，他们的知识也随着考试试卷一起交给了老师。数学给我们理性的"手指"，使我们去触摸天上的星辰。我们给学生提供的是指向星辰的"手指"，希望学生看到的是星辰、是真理，而不只是"手指"，不只是繁琐的数学推导。

数学是一门既令人惊叹又让人愉悦的学问，它蕴含的真理往往远在一条形式化、简洁化和逻辑化构成的水流湍急的大河的另一侧。如何让学生顺利找到大河彼岸的真理，这是值得教师好好思索的问题。在现实教学中，我们欠缺的是清晰的、直观的、有趣的方式来引起学生的兴趣和激发学生的灵感。

三、阻碍学生学习的因素

（一）基础知识欠缺

人们认识问题是有规律的，新知识的学习必须建立在一定的背景知识之上才能顺利进行。空中楼阁式的知识是不稳固的，知识体系不连贯是造成学生学习困难的重要问题。这一问题的来源首先是学校课程设置的衔接问题，基础课教学大都由理学院来完成，各学院之间在教材内容、教学重点等方面的交流偏少。虽然很多基础知识教师都讲过，但由于各专业的侧重点不同，必然不能面面俱到地满足各学科的需求，也必然存在知识空缺的问题。我们当前所用的教材在这方面也不够周全，目前还没有适合我们学校学生基础的教材。有些内容虽然学生也学过，但由于没有在实际应用中用到过，所以遗忘得很快。在本课程的讲授过程中，必须要考虑到这些因素，简洁明了的基础知识铺垫是必要的，否则学生从一开始就会不知所云，教师也无法保证教学效果。

（二）数理方面的内容距离学生的生活太远

即便在基础知识都充足的情况下，学生在学习过程中也难免会产生距离感，这种感觉来自课程内容和学生生活中熟悉的内容之间的隔阂。大量的矢量符号、微分符号，以及各种"场"不是我们日常生活中看得见摸得着的东西，尽管他们蕴含着各种和谐与对称之"美"，但往往"曲高和寡"不为学生所接受，这是很正常的。历史上"电磁场"概念从提出到被人们广泛接受也经历了很长时间，因为它和我们生活中的经历和感知还存在一定距离。另外，量子力学已经建立这么多年了，它仍然是对我们认知的极大挑战。

数学知识中有学生感兴趣的例子吗？答案是肯定的。即便是通常看起来十分枯燥的高等数学，都能用鲜活的例子来诠释，甚至还可以将其发表在数学刊物上（如图1所示），这是可供我们借鉴的。

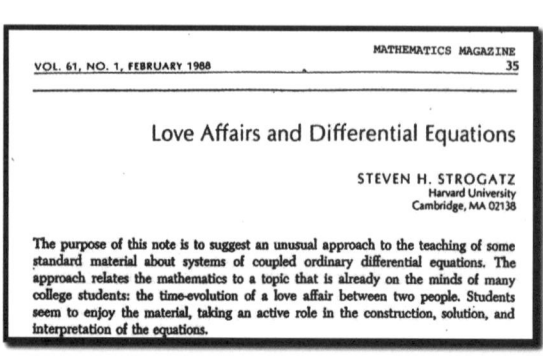

图1 "爱情与微分方程"的论文截图

具体来说，光纤光学中的"模式"这一概念就需要通过类比和形象化来拉近与学生日常生活经验之间的距离。借助乐器——弦振动的模式来解释"模式"，借助 Chladni pattern 的视频来阐述知识（如图 2 所示），可以使学生更容易掌握这一概念。在教学中还可以举一个生动而又接地气的例子，比如，用切片面包来理解准相位匹配的概念（如图 3 所示）。

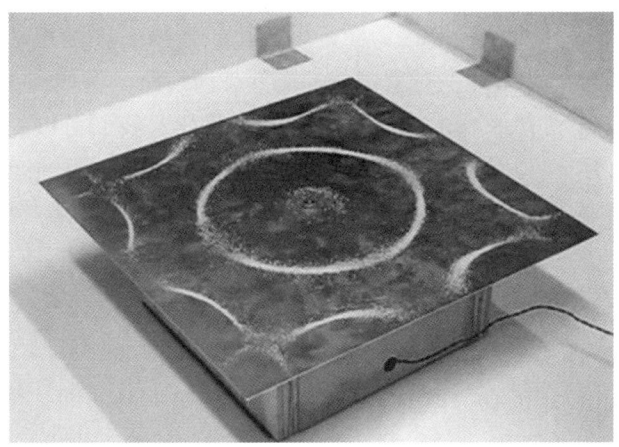

图 2　Chladni pattern 的视频截图

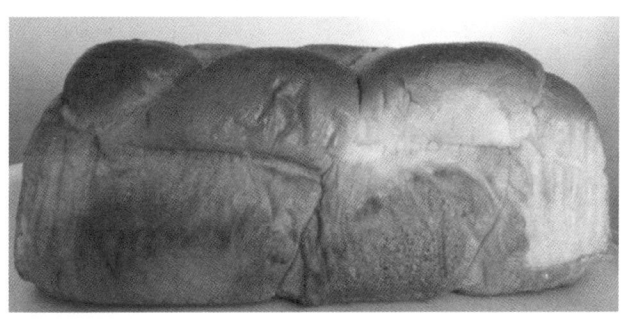

图 3　准相位匹配示意图

(三)数学公式推导烦琐,条理和脉络不清晰

本课程的很多教材都使用大段的数学推导,有时一个公式的推导过程能占据近一页篇幅,这往往使我们将注意力集中在数学公式的推导上,而不重视数学公式推导背后的意义。如果不能从更高的角度去观察本课程的主要知识,我们可能会在数学的丛林中迷路。

本课程和理工科的其他经典课程一样,有着比较清晰的理论基础,虽然我们在教材中没有感受到,但在理解和讲述的过程中我们需要理清思路。例如,在讲述色散引起"啁啾"的概念时,不需要按照教材的思路一步一步去推导,我们可以先通过图片解释"啁啾"的概念(如图4所示),让学生理解正负"啁啾",然后再引入非线性相移的推导,并简化其推导过程。这样讲解效果会好得多,即可以透过现象看本质。

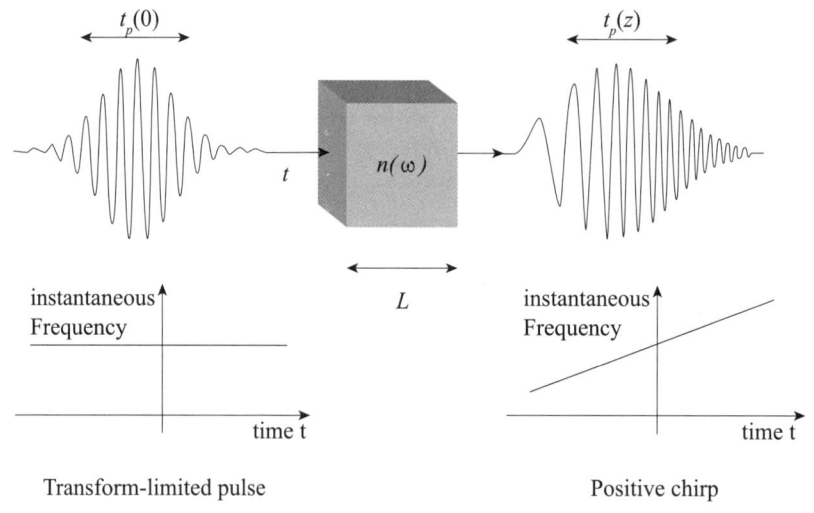

图4 光传输过程中色散带来的"啁啾"示意图

如同其他现代学科理论,本课程的理论也属于经典的公理演绎体系,即自欧几里得《几何》起建立的知识体系的典范。麦克斯韦方程组的作用恰如欧几里得《几何》的5条公理:

(1)从麦克斯韦方程组推导到波动方程。
(2)描述波动方程的是矢量偏微分方程。
(3)该方程的求解可以得到模式理论方程和光信号的传输方程。
(4)模式理论方程参量如果和频率有关会得到色散现象。
(5)模式理论方程参量如果和幅度相关会得到非线性现象。

而且,研究光在色散和非线性介质的传输特性需要求解光信号的传输方程。

此外,本课程涉及的数学理论非常多,有些理论对硕士生而言属于难度偏高的,如偏微分方程、特殊函数、泛函分析,这些都可以单独作为一门课程来讲。我们讲解这些理论时既应该给学生足够的知识铺垫,使学生能够把握知识;又必须尽量精简,提取必要的知

识点，并帮助同学们消化吸收相关知识，把复杂的数学问题讲得浅显而深刻。

四、结论

总之，"非线性光学与光纤光学"课程的讲授不能彻底放弃数学知识，但也不能让数学推导喧宾夺主，而是要让学生驾驭数学，把数学作为有力的思想工具。做到这些需要通过以下方法：补充足够的背景知识；联系日常生活突出物理意义；注重理论体系的脉络。

参考文献

[1] STROGATZ S H. Love affairs and differential equations [J]. Mathematics Magazine, 1988 (02).
[2] 优酷网. Chladni Pattern 视频 [EB/OL]. [2017-02-01]. http://v.youku.com/v_show/id_XMzg5NTY3NTM2.html.

[作者单位：理工学部]

关于"数据结构"课程教学改革的一点思考

周 菁

摘　要："数据结构"是大学计算机专业的基础课程，也是培养学生应用能力的一门重要的专业课。本文在分析当前教学方式中所存在问题的基础上提出改进建议，同时，结合近年来的教学改革实践，论证开展教学改革的必要性，从而为提高课程教学效果提出一套较为完整、系统、有效的方案。

关键词：计算机专业；教学改革；思考

"数据结构"是大学计算机专业的基础课程，也是培养学生应用能力的一门重要的专业课。该课程承上启下，在数据结构领域的教学既能检验学生对前期 C 和 C++ 等程序设计语言的学习与掌握情况，锻炼学生的思考和编程能力，同时，也为学生深入学习计算机专业的操作系统、编译原理、数据库等后续课程打下坚实的基础。因此，"数据结构"课程对提升学生的专业应用能力极为重要。本文在分析传统教学模式的基础上，结合自身的教学实践和专业思考，尝试提出一套较为完整、系统、有效的教学改革方案，以期为计算机专业的整体教学改革提出解决问题的思路。

一、当前教学方式中存在的问题

（一）课程时间安排过于靠前

"数据结构"课程是大学计算机专业的必修课程，也是计算机专业研究生入学考试、计算机等级考试和软件程序员考试的必考课程，其内容较多，既包含较多的数学知识，也涉及计算机软件和计算机硬件等课程中的相关知识。同时，该课程的内容较为抽象，包括数据的逻辑结构（集合、线性、树和图）、数据的存储结构（顺序、链接、索引和散列），以及各种非数值运算的方法（包括查找、排序、插入、删除、修改和遍历）与算法设计。目前，我们的教学大纲中为其安排了 64 个学时。

然而，在以往针对本科一年级新生讲授这门课程的过程中，我们发现学生觉得该课程学习内容较多，授课时间较紧，特别是学生对一些关键的概念和原理广泛存在理解上的困难。此外，由于大学第一年学生必须完成许多公共必修课程的学习，在一年级下学期安排"数据结构"课程，学习效果也不尽如人意。因此，部分学生因基础不牢或理解不充分等原因，难以通过本门课程的考试。有的学生还会因为对数据结构知识的学习不够扎实，影响到后续对其他相关课程的深入学习。

（二）课时比例不能适应学习需要

从课程的讲授和上机时间安排来看，2016年以前，"数据结构"课程授课时间为每学期48课时，上机时间仅为16课时，讲授与实践之比为3∶1。这种安排的直接后果就是学生会花费大部分时间和精力在对课程中各类抽象概念的理解上，这样不仅仅学生觉得难以掌握知识，教师讲授的难度也相当大。有的问题本来只用一个简单的范例加上上机演示就可以讲授清楚，但课堂授课与上机实验分开的教学方式拖长了问题解决的周期，学习效果难以巩固与保证。

（三）课程指导与互动不够充分

近年来，随着整个社会对计算机专业人才需求量的增长，计算机专业招生数量逐渐增多。以2015年、2016年为例，2015年计算机专业学生为28人，2016年为34人，人数增长了21.43%。虽然，课程讲授只需要一名教师，但对于每个学生而言，能够获得教师关注的平均时间和课程互动时间下降了。对于"数据结构"这种应用广泛而且对实践要求较高的课程来说，这种下降也必将导致课程学习效果的大打折扣。

二、"数据结构"课程改革实践

为了解决"数据结构"课程安排中存在的不足，我们对原有的教学大纲进行了适当调整，尝试了一些新的做法，也取得了一定的成效。

（一）尝试调整课程时间安排

2016年，根据前期的教学实践，经教研室建议，计算机学院调整了"数据结构"课程的时间安排，由一年级下学期调整到二年级上学期。同时，将该课程由每学期64学时调整为80学时。这种改革尝试的直接效果是教师的讲授时间更加充裕，关注学生与辅导学生的机会更多，学生对课程内容的理解更加充分，其学习效果得到了明显的改善。从学生教学评价系统的数据来看，学生对调整后的课程满意度较之以前有了明显的提升（见表1）。在教师的课程准备方面，非常满意的占比由78.57%上升至88.24%，比2015年提升了9.67%；在自身学习收获方面，非常满意的占比达到38.24%，比2015年提高了13.24%，而且没有不太满意的情况出现。

表1 2015年与2016年"数据结构"课程学生满意度对比表

指标项目		非常满意	比较满意	一般	不太满意	很不满意
课前准备与教学态度	2015年	78.57%	0.00%	21.43%	0.00%	0.00%
	2016年	88.24%	0.00%	11.76%	0.00%	0.00%
	提高	9.67%	0.00%	-9.67%	0.00%	0.00%

续表

指标项目		非常满意	比较满意	一般	不太满意	很不满意
学习收获	2015年	25.00%	0.00%	67.86%	7.14%	0.00%
	2016年	38.24%	0.00%	61.76%	0.00%	0.00%
	提高	13.24%	0.00%	-6.10%	-7.14%	0.00%

（二）尝试调整授课与上机时间比例

根据授课教师和学生的反馈意见，我们调整了上机教学的时间，授课时间依然为每学期48课时，但是将上机时间由16课时增加为32课时，比之前增加了一倍，讲授与上机时间之比为3∶2。通过这种安排，可以保证学生在实验上机过程中能够有充足的时间强化对相关概念的理解，从容地解决其存在的问题。因此，2016年学生对这一改革较为认可，非常满意的占比达到79.41%，比2015年增加15.12%，同时没有不太满意的情况（见表2）。

表2　2015年与2016年"数据结构"课程上机教学改革满意度对比表

指标项目		非常满意	比较满意	一般	不太满意	很不满意
多媒体课件效果好	2015	64.29%	0.00%	32.14%	3.57%	0.00%
	2016	79.41%	0.00%	20.59%	0.00%	0.00%
	提高	15.12%	0.00%	-11.55%	-3.57%	0.00%

（三）尝试运用教辅加强课程互动

计算机专业近年来学生较多，导致教师在课堂互动和实验上机辅导中工作量的增加幅度较大。因此，我们在保证总的教学时间不变的情况下，通过适当增加教学辅助力量，提高每个学生获得教学辅导的概率。据估算，在2016年学生人数比2015年增加了21.23%的情况下，每增加一位实验教学辅助人员，学生平均获得的辅导时间增加了64.77%。这种改变带来的直接效果是"数据结构"课程在理论基础课程中的评价地位得到了明显的提升（见表3），不仅整体满意度大幅提升，同时所有的不满意因素也被彻底消除，2016年非常满意的占比高于理论课程17.55%，而且比2015年提高了21%。

表3　2015年与2016年"数据结构"课程整体满意度情况

年度	项目	非常满意	比较满意	一般	不太满意	很不满意	参与人次
2015	理论课程	61.74%	33.79%	4.35%	0.13%	0.00%	74366
	数据结构	64.29%	28.57%	7.14%	0.00%	0.00%	28
2016	理论课程	67.74%	29.29%	2.90%	0.06%	0.00%	71607
	数据结构	85.29%	14.71%	0.00%	0.00%	0.00%	34

三、对"数据结构"课程教学改革的设想

(一)优化讲授时间安排

"数据结构"课程教学改革是在学校大力推动的教学评价体系改革下开展的一项工作。通过以教师为主,师生共同参与的方式,结合近几年的教学实践,取得了一定的成效,并为下一步科学合理地安排该课程的各项事宜提供了一个理想的参照样本。因此,应该将该项改革继续深入下去,同时应该顺应教育教学的客观规律,做好基础课与不同专业课程的时间匹配工作。

(二)优化教学资源配置

一是继续加大"数据结构"课程中实验上机的时间比例。从2015年至2016年的教学实践效果来看,学生对实验上机的内容与形式是欢迎的,同时实验上机非常有利于学生理解关键的概念、方法和原理,并有助于他们动手能力的提高。二是学校在实践性较强的课程中应该加大对教辅资源的投入,增加对每位学生实验上机过程的关注度,给予他们最及时、最有效的支持与帮助。从2016年我们在"数据结构"课程中增加教学辅助力量的效果来看,这一做法不仅锻炼了师资力量,而且实实在在地改善了学生的教学感受。

(三)尝试改进考核方式

在传统书面试卷考试的基础上,建议在"数据结构"这种计算机专业课程中,适当增加上机考核的方式,并且逐步增加其在考核学生整体能力中的占比,促进与引导学生提高实战能力和技巧,为将来就业打下坚实的基础。

参考文献

[1]常静,李健,崔雅博.关于数据结构课程教学改革的思考[J].黑龙江科技信息.2013(5):203-204.

[2]傅晓丹.关于计算机专业"数据结构"课程教学改革的探讨[J].科技传播,2010(19):220.

[3]雷军程,柳小文,黄磊.数据结构课程教学改革研究与实践[J].当代教育理论与实践,2013,5(4):122-123.

[作者单位:理工学部计算机学院]

不忘初心　　不辍耕耘
课程建设

关于"广播电视技术概论"课程中"频域"的启发型教学的探讨

王彩虹

摘　要："广播电视技术概论"是为我校工科大学一年级学生开设的选修课，主要内容为介绍声音广播系统和电视广播系统的基本组成及关键技术，旨在让学生在大学学习初始阶段就对广播电视相关的技术有初步的了解和认识，为后续课程的学习奠定良好的基础。课程内容中很多地方涉及"频域"的概念。但是，大一新生尚没有高等数学和信号与系统课程的基础，在遇到与"频域"相关的知识点时，会感觉抽象、理解困难。本文拟利用网络上一些优秀的动画资源和科普文章，对"频域"概念的引入进行一些启发性教学的探讨。

关键词：广播电视技术；频域

一、引言

"广播电视技术概论"课程是为工科大学一年级学生开设的选修课，主要内容为介绍声音广播系统和电视广播系统的基本组成及关键技术，并介绍视听新媒体技术及其应用。课程的主要内容包括广播电视系统的基本组成及各部分的主要作用、声音广播基础知识、广播中心技术、广播发送与接收技术、电视基础知识、模拟电视基本原理、数字电视基础知识、电视中心技术、电视广播系统及视听新媒体技术等。旨在通过本课程的学习，让学生可以在接受专业课教学之前，先对声音广播系统、电视广播系统，以及视听新媒体技术有一个全面的认识，为后续课程的学习奠定良好的基础。

"频域"在本课程的很多章节中都会出现，比如"模拟信号的数字化"中的采样定理、"无线电广播发送与接收技术"里面的调幅与调频等。大一学生入学才学习高等数学，没有傅里叶级数的相关知识作为基础，而傅里叶变换、频谱的概念更是要到大二下学期的信号与系统课程中才会学习。但是，"频域"的概念对本课程又很重要，如果对其没有感性的认识，那么就无法理解"广播电视技术概论"课程的很多知识点，或者仅仅是囫囵吞枣、似懂非懂，这会打击学生的学习兴趣。现在，网络上有不少资源对"频域"进行解释，可以充分利用这些资源，让学生对该概念有初步的认识。

二、授课难点及切入点

我们生活的世界是随着时间的推移而不断发生变化的。学生们习惯于这样的思维模式："随着时间的发展，事情怎样怎样演变。"在之前的学习过程中，也经常"以时间为横轴，各种物理量为纵坐标"来画坐标系。所以,时域符合我们对世界的认知,是一个符合我们体验的、容易为学生所理解的概念。而在"频域"的坐标系中,横轴是以频率为标度的,这在学生过去的生活和学习经历中是不曾出现过的。因此,"频域"的概念理解起来十分抽象。

在引入"频域"概念以前,可以先对正弦波的知识进行回顾,这是学生熟悉的简单内容。一个点围绕圆周匀速运动,其在时间上的投影就是正弦波(见图1),对正弦波的描述可以从两个角度进行。与时域对应的就是正弦波的波形,而考虑点围绕圆周运动的过程,圆周半径、运动的快慢、运动的起始点三个因素也可以完整地描述整个运动,对应的就是正弦波的振幅、频率和初始相位。这其实就对应着我们看待问题的两个角度。

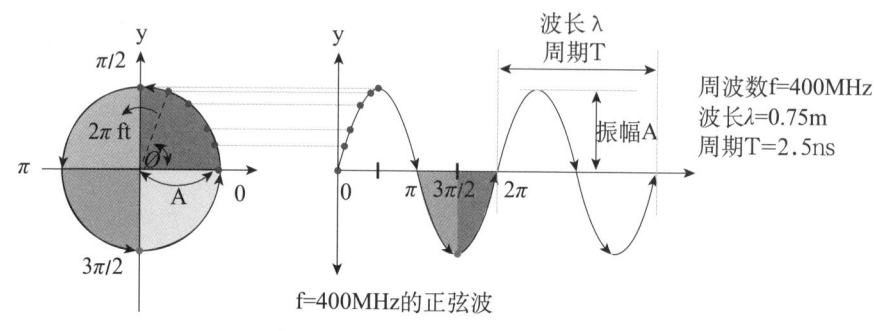

图1 正弦波

三、概念阐释

如果忽略数学推导过程,那么可以直接给学生一个有趣的结论:各种不同形状的波形都可以分解为一系列的正弦波的线性组合。换言之,可以用很多"规律"的正弦波来合成任意我们想要的波形。授课时可以利用维基百科的两个动画辅助阐释上述结论,图2为动画截图。其中,左图为方波的傅里叶级数动画,右图为三角波的傅里叶级数动画。动画都是通过点围绕圆周运动的投影给出最终波形的。

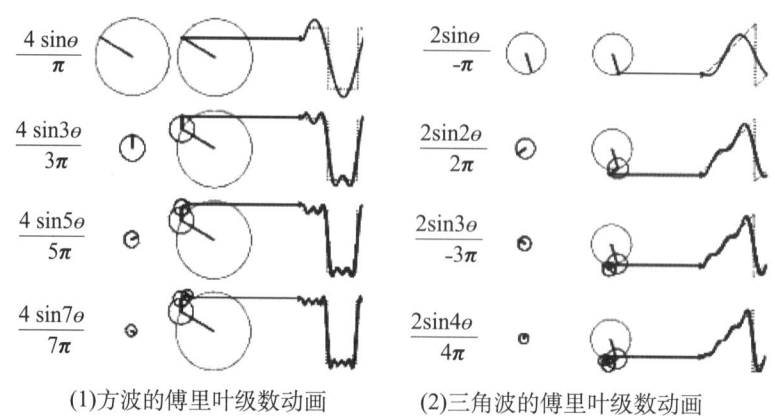

图2 傅里叶级数动画截图

以方波为例，第一行是一个点围绕圆周运动的投影波形，其频率与方波频率一样，勾勒了方波的大致轮廓。第二行在大圆上面叠加频率更高的小圆，小圆中，点围绕圆周运动的频率为大圆的 3 倍，振幅为大圆的 1/3，其圆心位置位于大圆的圆周，并跟随大圆的圆周运动而运动。最终的投影曲线是两个函数相加得出的波形曲线，从图中可以发现该曲线更接近方波。第三行在之前的基础上，又叠加了频率为大圆的 5 倍、振幅为大圆 1/5 的更小的圆，3 个圆叠加合成的波形又进一步接近方波。最后一行在之前的基础上又叠加了频率为大圆的 7 倍、振幅为大圆 1/7 的小圆，4 个函数相加的结果最靠近方波波形。可以想象当叠加足够多的更高频率的小圆时，最终的合成曲线会越来越接近方波，图 3 给出了一共 31 个以此类推的小圆合成的曲线波形，虚线为方波波形，实线为叠加波形，可以发现其已经非常接近方波。

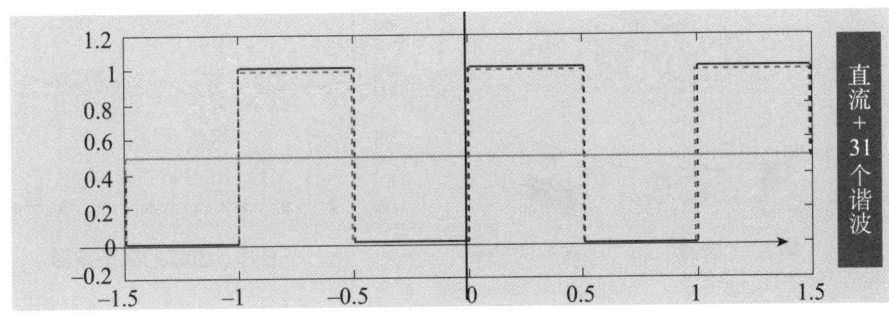

图 3　31 个谐波函数叠加得到的波形

上述示例表明通过正弦函数的线性组合可以得到方波，通过图 2 中的右图我们可以发现，通过不同正弦函数的线性组合可以得到三角波。实际上，我们可以用很多不同频率的小圆圆周运动叠加去勾勒我们想要的任意形状。也就是说，不同的函数在时域上的表现是波形不同，或者说，这也可以看成是合成函数的这些小圆的构成不同，不同点在于其圆周运动的频率、振幅和初始相位可能有差异。

顺着这个思路，老师在授课时可再展示一个维基百科上的动画，图 4 给出了动画的 3 个截图。图中波形 $S_6(x)$ 由 6 个正弦波形相加而成，如图 4（1）所示。把这 6 个正弦波形沿频率轴拉开，让每个波形的位置处于该正弦波的频率处，如图 4（2）所示。各正弦波在频率轴上的幅度的投影就是该函数 $S_6(x)$ 的"频域"图形，我们称其为频谱（此处为幅度谱）。图 4（3）中上部是 $S_6(x)$ 在时域中的波形，下部为其在"频域"中的频谱。两图都代表同一个函数，但指的是我们描述同一个函数的两个角度，也就是"时域"和"频域"。

图 5 以方波为例，又进一步指明了"时域"和"频域"的关系。沿时间轴看，我们看到的是方波波形。因为方波可以由很多正弦波线性组合而成。将构成方波的正弦波沿频率轴拉开，其在频率轴上的投影就是方波的频谱，方波的频谱波形如图 6 所示。

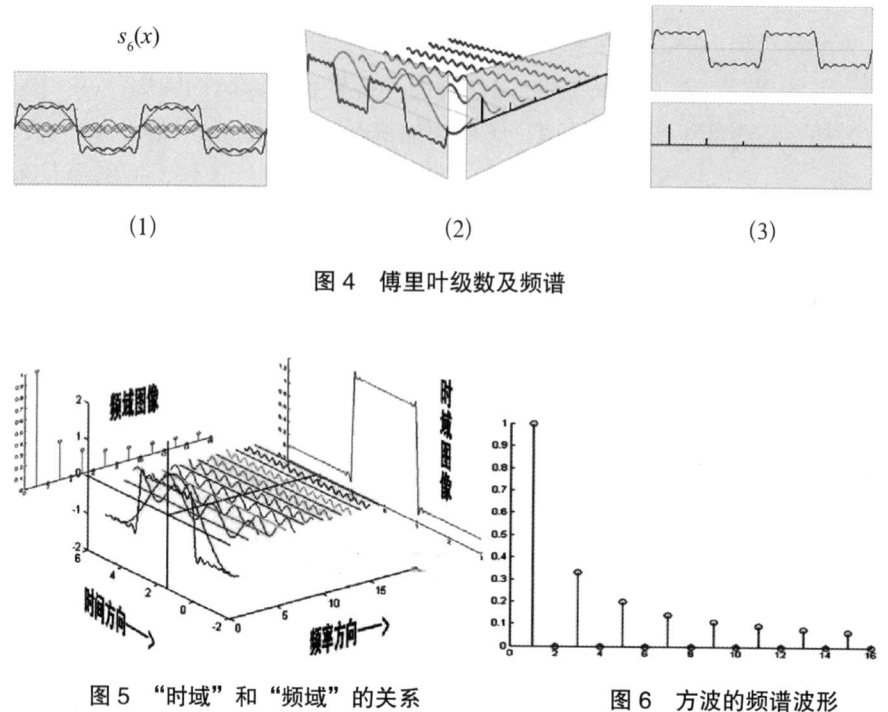

(1)　　　　　　　　　(2)　　　　　　　　(3)

图 4　傅里叶级数及频谱

图 5　"时域"和"频域"的关系　　　图 6　方波的频谱波形

四、概念补充

"时域"和"频域"很像我们看待世界的两个角度，但本质上描述的是同一个物体。可能有同学会存疑：为什么波形可以由正弦波线性组合而得到呢？授课时，老师可以简单予以解释：空间中的矢量可以分解为 3 个正交矢量的线性组合，就像可以对矢量进行正交分解一样，这个过程也是对函数进行正交分解的过程，好学的同学可以课后自己查阅相关资料进行学习。

五、结论

"频域"的概念是"广播电视技术概论"课程中经常提到的概念。可是对大一新生来说，理解起来会非常困难。本文利用网络上一些优质的动画资源，参考了一些生动的科普文章，对这一概念的讲解做了一些启发型教学的讨论。

"广播电视技术概论"课程的设置初衷良好，可是因为难度较大，授课效果甚微。因此，需要教师不断探索授课的新方法，提高自身水平，力争做到深入浅出，不断激发学生的学习兴趣。

参考文献

[1] 史萍. 广播电视技术概论 [M]. 中国广播电视出版社, 2003.
[2] 张华清. 信号与系统分析 [M]. 机械工业出版社, 2006.
[3] 维基百科 [EB/OL]. [2017-01-20]. https://en.wikipedia.org/wiki/Fourier_series.

[作者单位：理工学部信息工程学院]

高校理工类课程全英语教学的探索与实践

刘 杉

摘 要：随着全球化的发展和人才培养国际化的需要，我国迫切需要一大批通晓英语的复合型人才，以增强我国在世界经济全球化发展中的竞争力。因此，在高等教育与国际接触日益紧密的客观环境下，提升高等教育人才培养的国际化水平是一个亟待解决的问题。本文通过分析全英语教学的必要性，指出全英语教学存在的问题，结合全英语教学的探索与实践，总结了改革全英语教学内容与教学模式的几个有效方法，这对提高全英语授课的教学质量和培养国际型创新人才具有重要意义。

关键词：高校教学；全英语教学；理工类课程

一、全英语教学的必要性

随着经济全球化和人才培养国际化的需要，我国迫切需要一批掌握国际通用语言的高素质复合型人才，来促进我国与其他国家在政治、经济、文化、科技等方面的交流。在当今全球化的发展趋势下，国家之间在科技、经贸、法律和文化等方面的联系日益密切，英语已经成为国际交流中最常用的语言。因此，如何培养一大批通晓英语的复合型人才，增强我国在世界经济全球化发展中的竞争力，显得尤为重要。

在全球化的今天，高等教育与国际接触日益紧密，提升高等教育人才培养的国际化水平，是高等教育改革和发展的方向之一。2015年10月24日，国务院印发《统筹推进世界一流大学和一流学科建设总体方案》，要求按照"四个全面"战略布局，按照党中央、国务院的决策部署，坚持以中国特色、世界一流为核心，以立德树人为根本，以支撑创新驱动发展战略、服务经济社会发展为导向，坚持"以一流为目标、以学科为基础、以绩效为杠杆、以改革为动力"的基本原则，加快建成一批世界一流大学和一流学科。在这个背景下，一方面，有条件的大学必须走国际化的发展道路，使我国的高等教育与国际接轨；另一方面，为了适应教育国际化的趋势，大学应要求在非英语专业的课程中使用英语进行教学。

中国正在与国际接轨，世界需要的是具有国际化视野与能力的人才，特别是既了解中国文化、精通汉语，又掌握一门外语的人才。既了解两种文化，又精通两种语言的人才，其自身竞争力是不言而喻的。例如，东南亚各国的经济建设急需大量专业人才，但相关专业的中国学生，往往因为英语水平的限制，无法自由地与国外同行进行交流。大批外国留学生也因为对汉语学习的畏惧心理，很少选择到中国留学，特别是到中国学习理工科。据教育部统计，在近 25 万来华留学生中，大量学生主修语言和文科专业，而学习理工科专业的学生仅占 3.8%。这不利于我国企业与国际企业的交流，不利于我国企业的进一步发展和国际化。但是，工科类院校的主干专业和强势学科通常是东南亚地区经济建设所急需的学科专业，全英语授课专业的建设对人才培养、睦邻友邻都具有重要意义。

另外，汉语是制约国际学生，特别是英语国家的留学生来华学习的主要障碍之一。开设全英语授课专业和课程，有利于扩大我国高校的留学生规模，提高生源质量。在国际上，这已经成为非英语国家在国际教育领域扩大其市场份额的一种惯例。中国吸引留学生的优势有两个：政府奖学金和高校里越来越多的双语或全英语授课的专业课程。如果我国高校开设全英语授课专业，必将消除对学习汉语有畏惧情绪的留学生的心理障碍，可以极大地增强我国高校对留学生的吸引力，从而扩大留学生的招生规模。

二、全英语教学的探索与实践

目前，我校理工学部在研究生课程中开设全英语授课教学已有一年时间，从开始着手准备课程设置及时间安排，组织相关人员进行调研并安排备课和试讲，到最终研究生全英语授课课程的正式讲授，经历了漫长的准备过程。

全英语教学既不等同于单纯强化英语能力的语言教学，也不等同于一般意义上的专业教学。因此，在课程设置上既要顾及学生的英语水平，又要兼顾专业课的难度，使其与中文课程难度持平，即全英语教学与专业难度相协调。学生的英语能力是影响全英语教学效果和专业难度的重要因素，若学生专注于对语言本身的理解，势必会降低专业课的难度，影响对专业的学习。

丹麦语言学家叶斯帕森说过："教授外语的首要条件是要尽可能让学生接触外语、使用外语，学外语像游泳一样，学生必须浸在水中，而不是偶尔沾沾水。"开展有效的学生活动，可以在全英语课堂教学中产生很强的教学效能，并且发挥着重要的作用。在实践中，我们发现因为学生的英语水平较低或参差不齐，全英语教学的进度缓慢，有时需要配合双语甚至是汉语来帮助学生理解专业内容，这完全违背了全英语教学的初衷。鉴于以上情况，我们在课程中增加了强化英语能力的教学环节，同时通过增加小组辩论、课程演讲、观看视频等丰富多彩的课堂活动，提高学生的听力、阅读、口语和写作能力，同时培养学生学习英语的兴趣。"工欲善其事，必先利其器。"只有先解决好英语这个学习工具的问题，全英语教学的其他问题才能迎刃而解。实践证明，经过不断的英语强化，学生的听说读写能力都有所提高，并且对专业知识的理解也能够更加扎实。基于以上实践，我们总结了一些全英语教学的教学方法。

（一）借鉴国外优秀课程及教材

在教材选用上，我们应该选取专业领域内具有较高水平和比较权威的教材，并且这类教材是同样在英语国家也广受欢迎的优秀教材，授课教师最好接受过相关课程的培训。全英语教学的课堂资料主要包括英语课件、英语案例描述、英语实验报告文档等。这样可以保证学生耳中听到的和眼中看到的课件一致，保持课堂上纯正的英语氛围和英语思维的惯性。同时，这些资料应该与英语原版教材一脉相承，以保证学生在课后学习时能够获得纯英语学习资料，避免学生在英语资料和中文资料之间苦苦对照。

（二）提高授课教师的英语能力

全英语教学使用英语教材及大量的英语资料，同时，课堂上的授课语言为英语，这就要求授课教师有很好的英语表达能力，尤其是英语口语能力，这是开展全英语授课的硬件条件。授课教师要能够充分、深入地理解教材及各种教学资料的内容，同时要能够在课堂上用流畅、准确、简单易懂的英语口语进行讲解。只有授课教师的英语水平达到相当程度，才能营造出良好的英语语言氛围，使学生能够沉浸在英语思维和学习中。

教师仅仅具有良好的英语水平还不够，还要对课程教学有相当的经验，只有这样，才能够随时根据教学过程中学生的状态和接受程度，灵活把握授课的节奏、重点、讲解方式、师生互动，才能取得良好的教学效果。

（三）良好的课堂互动

为了使学生更好地融入全英语的课堂学习中，一定要加强课堂上的师生互动，这样才能使学生能够紧跟教师的思路和节奏，以达到最好的教学效果。要增加课堂互动的形式，使互动更加灵活、没有压力感，使学生能够积极、愉快地参与其中，甚至主动发起课堂互动，从而真正地融入课堂教学。

对于互动环节的题目选择来说，通常可以选取一个以某些先修课为基础的问题，这种问题学生以前遇到过、感到困惑，并且与本堂课的授课内容密切相关。这样就很容易引起学生的兴趣，再加上教师的适当引导，最终落脚在每堂课的知识点上，从而取得理想的教学效果。

三、结语

全英文教学是专业课程教学里比较特殊且非常重要的一类课程，目前，我们正面临着知识更新和教学改革的紧迫任务，各高校还处于不断尝试和改革的过程中。我校理工学部以实施全英文教学为契机，切实提高教学队伍的英文能力，加强对学生专业能力的培养，在教学实践中不断进行改革。

从课堂实践的效果来看，学生的学习兴趣浓厚，课堂气氛热烈。学生很喜欢互动性强、教学模式灵活的课程设置，英语水平也得到了很大的提高。这些全英语教学内容与教学模式的改革，对提高全英语授课的教学质量和培养国际型创新人才具有重要意义。

参考文献

[1] 帅传敏. 对高等院校全英语教学模式的思考 [J]. 湖北第二师范学院学报, 2005 (2): 109-111.

[2] 何连珍, 张文芝, 王同顺, 李淑敏. 时代呼唤研究生英语教学改革 [J]. 中国外语, 2005 (4): 4-7.

[3] 邓长慧. 从需求分析入手谈非英语专业研究生英语教学改革 [J]. 中国电力教育, 2009 (21): 202-204.

[作者单位: 理工学部信息工程学院]

关于"计算机导论"双语教学的体会与建议

宋明丽

摘 要： 本文总结了在"计算机导论"课程的双语教学中所遇到的一些问题：学生的学习方法偏于应试体制，不能适应双语教学的模式；课程需要了解与记忆的东西太多，现行的英文教材词汇量大，学生的英语水平也参差不齐。针对这些问题，本文提出了相应的解决方法：通过小故事与视频来激发学生的学习兴趣；学生同老师一起在课堂上进行提问与回答；侧重锻炼学生对专业词汇的记忆与理解，而不是注重对语法的理解。通过实践教学证明，这些方法可以明显改善课堂教学的质量。

关键词： 双语教学；计算机导论

一、引言

使用英语与汉语进行双语教学是理工科学院广泛开展的特色教学之一，本人承担中国传媒大学计算机学院"计算机导论"这门课程的双语教学任务已经有 5 年了。这门课是针对信息安全专业的大一新生开设的，主要讲授计算机科学的基本知识，包括数据的存储、数据操控、操作系统、组网与因特网、算法、编程语言、软件工程、数据抽象、数据库等。采用双语教学既提高了学生的专业英语水平，也为他们将来从事计算机相关领域的工作打下了外语基础。学院很早就开始为本科生设置双语教学课程，可见我们对双语教学的重视。笔者在讲授这门课程的过程中，对课程的准备与讲解有一些看法与意见，在这里与大家分享。

二、双语教学中存在的问题与解决方法

（一）双语教学中存在的问题

双语教学是培养高素质、复合型人才的有效手段之一。然而，双语教学同时也存在着一定的教学难题。

第一，学生刚进入大学，还没有完全从应试教育的影子下走出来，学习方法依旧偏向于适应应试体制。"计算机导论"是一门介绍计算机基础知识的课程，也是主要针对大一学生的介绍性基础课程。在这几年"计算机导论"的双语教学过程中，我发现学生的创新能力较弱、思维能力较弱，对很多问题的解决生搬硬套，而不能在理解相关概念的基础上

主动应用。因此，这导致他们不能系统地理解和掌握计算机知识，也不能有效地将本课程介绍的计算机基础知识应用于未来的各种计算机专业课程。

第二，"计算机导论"本身是一门关于计算机的基础课程，是计算机专业所有课程的概括性描述，其涵盖的知识面很广，内容众多，知识的前后联系紧密，需要了解与记忆的知识太多。现行的英文教材词汇量大、专业词汇多，而中文教材理论性较强、缺少实例，导致学生学习起来十分困难。这使得一些学生一味追求学分，没有真正消化理解该课程内容。因此，单纯的讲授教学方式不能激发学生学习计算机知识的兴趣，有的学生甚至产生厌学情绪，认为学习是一种负担，这导致该课程的课堂气氛不活跃，并直接阻碍素质教育目标的实现。

第三，学生的英语水平参差不齐，这导致其学习效果大相径庭。在这几年的教学实践中，我发现有的同学英语水平较高，词汇量较大，接受与理解这门课相对较容易；有的同学英语底子薄，阅读与写作能力相对较低，对于英文课件的消化理解慢，容易跟不上课程节奏。针对这种现象，我们也需要考虑英语讲授在课堂上所占的比例及讲授方法。

（二）解决问题的方法

在总结了授课过程中出现的一些问题之后，我开始尝试找出针对这些问题的解决方法。学校督导组的老师们都会把他们的意见与建议反馈给我，使我受益匪浅。除此之外，我还查阅了国内外的一些教学案例，通过学习也总结了一些方法与经验。针对教学中出现的问题，我开始尝试进行改进。

第一，培养学生对专业的兴趣，提高学生的学习主动性。兴趣不是一天就可以培养起来的，因此，我尝试在课堂上给大家看一些课程相关的英语案例视频，或者讲一个英语故事。比如，在学习编程语言那一章时，可以介绍一下 IEEE 与 ACM 的概念。这样，同学们学习起来既不枯燥，也能对计算机科学中的一些术语加深记忆。在采用这种教学方法之后，我发现本来可能昏昏欲睡的学生立刻有了精神，课堂教学质量也得到了提高。当然，也有学生会质疑，这种介绍毕竟不是重点内容，不必拿到课堂上来，完全可以让学生在课后进行阅读。因此，我只把它作为一种调节课堂气氛的手段，所用时间非常短，大量的课堂时间还是花费在对一些重点内容的讲解上。

第二，让学生成为课堂的主人，老师可以随时提问，学生也可以。在教学过程中我发现，学生提问多的课堂相比提问少或是没有提问的课堂，学生学到的东西更多，对知识的掌握更牢固。我课堂上的双语教学模式主要体现在全英文课件、中英文讲解、英文提问、英文作业和英文考试。重点知识还是以中文讲解为主，但是，在讲解完之后，我会用英文提问的方式来考察教学效果。起初，有的同学不适应、回答不出来。慢慢地，大家学会了快速理解和消化问题，能够跟上我的思路，回答问题时也得心应手了。同学们的提问起初很少，一是可能因为大家本身刚接触双语教学，对知识点的接受较慢，更别提提问题了；二是中国人普遍不愿意主动发表自己的意见。人都是需要赞美的，尤其是刚入校的大学生，他们对未来还比较迷茫，对于所学的知识也有些胆怯，适当的奖励可以提高他们学习的主动性。在采用了鼓励提问的方法之后，课堂气氛明显活跃了很多。

对于英语水平参差不齐这个问题，我开始也很苦恼，连英语老师都无法短期解决的问题，作为一个非专业人士更是没什么有效的办法。起初，我对于课件上所有重要的知识点都要用英语重复3遍，并用中文进行解释。后来，我开始让学生来翻译，遇到不认识的专业词汇我再进行解释。慢慢地，我发现大家的语法水平有了明显提升，于是，我逐渐侧重于对计算机专业词汇的讲解。在专业语言上，大家基本上是处在同一起跑线上。在解释完概念与算法之后，我会带领大家做一些小练习。比如，针对machine instruction（机器语言）这个概念，我举了35A7这个例子，然后给出了一系列的机器语言如156C、166D、5056、306E、C000，让大家通过实际练习来加深对知识的记忆。有时候，一个小小的课堂测验也许能取得更好的效果。

三、结语

计算机技术起源于西方国家，计算机关键技术的开发也大多数来自英语国家。因此，作为一个计算机专业的大学生，必须在大学期间多积累英文专业术语，阅读英文书籍与文献。"计算机导论"这门课采用双语教学十分必要。作为计算机专业的教学人员，我要做好本职工作，为国家培养更多能够毕业就可以就业的高端人才。

参考文献

[1]李同艳.浅论我国高校双语教学的三大瓶颈及其解决对策[J].北京大学学报，2007（5）：50-51.

[2]张同利.加强高校双语教学的探讨[J].中国高教研究，2007（5）：90-92.

[作者单位：理工学部计算机学院]

大数据背景下的高校教学模式研究

王 鑫

摘 要：构建信息化教学模式是大数据时代高校开展教学活动的基础。本文以传统教学模式的弊端为切入点，阐述了教学模式改革的必要性。通过回顾大数据时代下教育改革的发展历程，并介绍翻转课堂、MOOC和微课程等新的教学模式，进一步提出教育改革的发展方向。最后，本文给出大数据时代下我国信息化教学模式的建议，为高校教育改革提供参考。

关键词：教学模式改革；翻转课堂；MOOC；微课程；信息化教学

一、前言

2012年，联合国发布大数据白皮书 *Big Data for Development: Challenges & Opportunities*，明确提出大数据时代已经到来。国务院于2015年8月印发《促进大数据发展行动纲要》的通知，提出发挥大数据对变革教育方式、促进教育公平、提升教育质量的支撑作用；近年来，信息化教学模式研究已渐渐被关注，国务院总理李克强将"互联网+"上升到国家战略层面，纳入2015年《政府工作报告》中。随后，学术研究者开始探讨"互联网+教育"的新模式。新媒体联盟与美国高校教育信息化协会联合发布的《2015地平线报告高等教育版》，提出未来五年高等教育变革所面临的最大挑战是教育模式的竞争。

在大数据时代，社会对人才的需求发生了深刻变化，即未来的学习者应该是善用技术进行终身学习的创新型人才，传统教学模式很难满足创新型人才的培养需求，所以需要变革和重构现有的信息化教学模式。通过分析国内外高等教育信息化发展脉络和演进轨迹我们可以发现，大数据时代的高等教育已经从强调平台即服务、软件即服务，转向强调数据即服务的新范式。翻转课堂、MOOC和微课程的兴起产生了海量的数据，如何有效利用大数据技术促进信息技术与教育教学的深度融合成为重要议题，构建基于大数据的信息化教学模式具有积极的理论和现实意义。

本文以传统教学模式的弊端为切入点，阐述了教学模式改革的必要性。通过回顾大数据时代下教育改革的发展历程，并介绍翻转课堂、MOOC和微课程等新的教学模式，进一步提出教育改革的发展方向；最后，本文给出大数据时代下我国信息化教学模式的建议，为高校教育改革提供参考。

二、传统教学模式的弊端

长期以来，人们一直认为，教学是学校教育的中心，课堂是学校教育的主渠道。因此，传统教学是以课堂教学为中心的。在传统的课堂教学中，教师的教授与学生的学习常是通过以下三种教学模式来开展的：（1）"教师讲、学生听"的模式，又称为"满堂灌模式"。这种教学模式是最常见的。大多数教师的教学都采用这种模式。在这种课堂上，教师的讲解占用了课堂的绝大部分时间，在教师讲授的基础上，留出一点时间进行课堂练习，以便让学生巩固老师当堂所传授的知识。（2）"教师提问、学生回答"的模式。这是"满堂灌模式"的一种变式。改革开放以来，随着国外先进教育理论的引进，人们开始反思我国的教育模式，反对"满堂灌"，提倡启发式教学。但许多老师对何为启发式教学并不清楚，误以为多提问、多让学生回答问题，就是启发式教学。这样，教师的教学由"满堂灌"变成了"满堂问"。（3）"教师板演、学生模仿"的模式。这种教学模式一般是教师在讲例题或实验课上运用的。讲例题时，教师一边讲解例题，一边在黑板上板演；而后，由学生照老师演算例题的样子，学生做练习。上实验课时，由于条件和教师观念的制约，一般由教师在讲台上演示，学生在下面观察，他们很少有亲自动手的机会。

传统的课堂教学模式具有以下弊端：

（1）传统教学模式根深蒂固。传统教学主要依据奥苏贝尔的"学与教"理论，其内容涵盖"有意义接受学习"理论、"先行组织者"教学策略，以及"动机"理论。教师按照自己的思路讲课，完成教学任务，学生处于被动接受的状态，教学过程中缺少有效教学策略激发学生的学习兴趣，导致学生丧失了获取知识的能力和创新能力。

（2）教学目标单一。传统教学效果快而明显，且易于教学的开展。但由于目前高校教育资源有限，导致人才培养的同质化现象严重，较大程度上限制了对学生创新能力的培养。

（3）以教师为中心的教学结构固定化，学习结果的评价标准模式化。传统教育评价的主体是教师，主要考核学生对知识的掌握程度，一般以学科知识考试的形式来进行，这种模式主要关注对学生学习结果的评价。学习结果的评价机制单一化现象严重，评价内容、评价方式单调，而且缺乏个性和弹性，评价信息片段化，缺乏可靠的判断依据且过于依赖经验判断或者主观评价。

（4）信息化学习环境的质量及其可用性均有待改善。由于硬件、软件和管理维护问题，高校的实验教学中心和自主学习中心对学生学业的贡献度并不高，形成了"高科技、低效率"的尴尬局面。

三、大数据时代下的教育改革历程

大数据促进了思维方式和工作方式的变革，为信息化教学的变革创造了现实条件。翻转课堂、MOOC和微课程就是大数据变革教育的第一波浪潮。

（一）翻转课堂触摸教育的未来

翻转课堂起源于美国，孟加拉裔美国人萨尔曼·汗在实验中发现了产生"学困生"的真实原因。在传统的教学模式环境中，学生经历听课、家庭作业、考试后，无论得70分还是80分，得90分还是95分，课程都将进入下一个主题。即使得到95分的学生，也还有5分的困惑没有解决。在原有的困惑没有解决的情况下，进入下一个概念将增加学生的困惑。那种只要学生快速向前，而不管他们所面临问题的传统教学模式，往往难以达到教学目标。

翻转课堂创造了人性化的学习方式。学生在家观看教学视频，可以根据个人需要自定学习进度，即按照自己的节奏、步骤、速度或方式，随意地暂停、倒退、重复和快进。如果忘记了较长时间之前学习的内容，还可以通过观看视频进行重温。萨尔曼·汗发现，那些在某个或某些概念上多用一点点额外时间的孩子，一旦理解了概念，就会进步很快。

翻转课堂展示出大数据促进信息化教学变革的重要性。关联物之间的相关关系分析方法被萨尔曼·汗成功移植到教育领域，他开发软件帮助教师发现需要帮助的学生，这就是大数据预测的成功范例。

（二）MOOC风暴来袭放大翻转课堂

受翻转课堂"用视频再造教育"的启发，2012年，MOOC（Massive Open Online Course，大规模开放在线课程）开始井喷，领军的三驾马车是源于斯坦福的Coursera、Udacity，以及由麻省理工学院与哈佛大学联合创办的edX，目前三家主流机构的课程加起来已经超过230门。英国一份题为《雪崩来了》的报告指出，全球高等教育领域正在发生一场前所未有的革命。面对全球性的MOOC浪潮，中国的大学也开始行动。2013年5月，清华大学、北京大学陆续加盟edX，申报课程达到14门，覆盖文理多个学科门类，面向全球开放，受到普遍好评。MOOC的兴起，使萨尔曼·汗"用视频再造教育"的学习模式迅速推广到高等教育，并在全球范围内迅速发展。

（三）微课程兴起：回应翻转课堂和MOOC浪潮

与MOOC一样，微课程灵感来源于可汗学院的翻转课堂实验。利用微课程资源，学生可以在家自主学习。如果学有困惑，可以暂停、倒退、重放，这种模式方便个性化地达成学习目标。实在不能解决的问题，可以记录下来，方便教师提供指导。在课堂上则可以通过作业、实验、工作坊等活动内化所学知识，很有翻转课堂中国化的味道。微课程灵感还与视觉驻留规律有关，一般人注意力集中的有效时间在10分钟左右。MOOC的制作者借鉴萨尔曼·汗的成功做法，通常把视频的长度限定为8到12分钟，并且会在中途暂停数次，穿插测试与互动，以避免视觉、听觉疲劳。

微课程迅速发展与大数据创新发展的方向是一致的。目前，广东、上海、江苏、浙江、山东、山西等十多个省、市、自治区纷纷开展微课程实践。微课程实践的积累，将促成微课程群的形成，微课程群的应用又会形成新的应用数据，将有利于大数据分析与挖掘、发现与预测的创新应用。可以说，贯彻党的教育精神，促进教育领域的综合改革，促进教育质量的提升，首当其冲的就是大数据变革信息化教学。

四、大数据时代下我国的信息化教学模式

随着互联网大数据的应用与发展，教育资源形态正在拓展和变迁。随着数字化教学资源的使用，教学资源已经打破教育中的时空限制，数字化教学资源的开放共享成为可能，数字教学资源的受众没有了边界，教学资源形态由传统的封闭式走向全球数字化共享的新模式。为此，本人针对大数据时代下我国的信息化教学模式，提出几点建议。

（一）建立网络学习学分认定与学分转换制度，构建新型O2O教学模式

学分是用于衡量学习者学习成果、学习量和学习价值的计量单位，学分是可以携带和累积的。学分并非一个新概念，大数据时代下的信息化教学模式需要进一步完善网络学分认定与学分转换制度，构建新型O2O教学模式，有了这样的学分制度，学习者就可以弹性学习，同时方便学习者选课及选校。这一教学模式促进了线上与线下教育的相互融合，实现了"跨界学习"，教育将可以"量身定制"，学校也打破了围墙限制。

（二）实行混合学习、定制学习、定制教育，形成"定制式"人才培养新模式

1.运用大数据技术和智能算法，完善教学设计与教学辅导，实现"定制式"教学

我国已明确提出全面实施大数据发展行动，在教育方面，大数据应用能够揭示传统技术难以展现的关联关系，推动教育数据的开放共享，促进教育事业的数据融合和资源整合，将为有效处理复杂教育问题提供新的手段。从微观上来讲，我们还可以利用大数据技术和智能算法对学生的学习进行个性化分析，根据学生在学习中反映出来的薄弱问题，定向推送学习内容和测试题目，有效提升学生学习效率，同时教师可以根据数据分析结果进行更有针对性的教学设计，实现针对个人的"定制式"教学模式。

2.将移动互联网与传统教学深度融合，通过混合式教习，实现"定制式"教学

据CNNIC报告，截至2015年12月，我国网民规模达6.88亿，手机网民规模达6.2亿，互联网用户从PC端向移动端迁徙已经成为定局，这使得个性化推送和随时随地学习成为可能。充分应用移动技术的数字化学习环境，线上与线下教育融合，将个性学习、小组讨论、导学助学、团队学习相结合，真正实现混合式的教学模式，构建"以学生为主"的新型教学模式，推进"定制式"人才培养模式改革。从更深入、更具体的意义来看，真正将移动互联网与传统教学进行深度融合，通过混合式教学，必将带来人才培养模式的新变化。但互联网与传统教育的融合并不是简单的教材、教学资源的搬家，更不是"人灌"改

"电灌"；而是要实现移动互联网与传统教学的深度融合，从而形成多媒体、交互式、个性化、自适应、以学习者为中心的"定制式"人才培养新模式。

（三）利用互联网、云技术，实现数字化教学资源"共享开放"

要实现互联网大数据背景下高校新型教学形态的改革与创新，优质教学资源的数字化是核心，坚持用互联网思维进行创新、整合、改造以及开发多来源、多层次、多类型数字化教学资源，以实现资源的共建共享；要充分利用互联网、云技术及其所带来的合作模式，保证教学资源的高可用性、高可靠性；要加速开发面向学生的优质教育资源，使资源中心既面向教师又面向学生。通过激励制度实现"一师一优课、一师多优课""一课一名师、一课多名师"，进一步整合、汇聚优质的数字化教育资源，大力促进优质数字化教育资源在全国特别是广大农村、贫困地区和薄弱学校的共享、共用覆盖面。

五、结论

大数据变革信息化教学的实践表明，一个信息化教学创新的时代已经到来，信息化教学前移就是云计算和大数据时代的信息化教学在基础教育领域的创新与发展。它将唤起人们关于改革畸形高考方式的紧迫性的思考，推动"以教师为中心"的教学方式向"以学生为中心"的教学方式的转变，推动"演员型"教师向"导演型"教师的转型，为实现中华民族的伟大复兴培养更多创新型人才。

参考文献

［1］徐鹏，王以宁，刘艳华，张海．大数据视角分析学习变革——美国《通过教育数据挖掘和学习分析促进教与学》报告解读及启示［J］．远程教育杂志．2013（6）：11-17.

［2］国务院促进大数据发展纲要：培育10家核心龙头企业［EB/OL］．（2015-09-05）．http：//finance.sina.com.cn/china/20150905/162923162810.shtml.

［3］王靖，刘志文，陈卫东．未来课堂教学设计特性：具身认知视角［J］．现代远程教育研究，2014（5）：71-78.

［4］甘容辉，何高大．大数据时代高等教育改革的价值取向及实现路径［J］．中国电化教育，2015（5）：70-76.

［5］金陵．大数据与信息化教学变革［J］．中国电化教育，2013（10）：8-13.

［6］刘旭健．传统教学模式与信息化教学模式的分析比较［J］．电子世界，2014（5）：182-183.

［7］姜强，赵蔚，王朋娇，王丽萍．基于大数据的个性化自适应在线学习分析模型及实现［J］．中国电化教育，2015（1）：85-88.

［8］金陵．中美"翻转课堂"比较及其思考［C］．徐福荫．教育技术协同创新与多元发展．北京：北京邮电大学出版社，2013.

[9] WEST D M.Big Data for education: data mining, data analytics, and web dashboards [R]. Governance Studies at Brookings.Washington: Brookings Institution, 2012.

[10] 王左利. MOOC：一场教育的风暴要来了吗[J]. 中国教育网络，2013（4）：12-14.

[11] 清华、北大加盟 edX 将建我国在线教育平台[J]. 中国教育网络，2013（6）：10.

[12] 金陵. 从联系中看 MOOC、微课和微课程[J]. 中国信息技术教育，2013（6）：33.

[作者单位：理工学部信息工程学院]

从大数据教育论坛看大数据教育的发展现状

李春芳　石民勇

摘　要：第一届大数据教育论坛（北京大学）和第一届大数据教育高端论坛（桂林）的专家报告总结了截至 2017 年 5 月我国大数据教育的发展现状，本文将其与中国传媒大学计算机科学与技术（大数据技术与应用）专业的开设情况做了对比，以洞察当前大数据教育的发展趋势，把握大数据专业的招生、培养和就业指导方向。

关键词：大数据教育；人才培养；课程设置

一、两次大数据教育论坛概况

（一）数据科学与大数据技术专业的发展背景

2015 年 8 月 31 日国务院发布了《促进大数据发展行动纲要》，意味着中国大数据发展受到顶层重视，正式上升为国家战略。《纲要》在"政策机制"中指出，鼓励高校设立数据科学和数据工程相关专业，重点培养专业化数据工程师等大数据专业人才。鼓励采取跨校联合培养等方式开展跨学科大数据综合型人才的培养，大力培养具有统计分析、计算机技术、经济管理等多学科知识的跨界复合型人才。

当前大数据人才总量缺口大，人才质量有待提高，表现在：能讲的多，能做的少；转行的多，专业的少；单挑的多，组团的少。在行业应用上表现出热钱多、商业模式少等问题。就业指导网 CareerCast.com 统计显示，大数据科学家（Data Scientist）在 200 个行业职位中综合排名第一，其职业定义为链接信息技术、统计分析和其他行业知识，能从数据中解读趋势。Gartner 预测 2016 年全球新增 440 万个与大数据相关的工作岗位。麦肯锡咨询预计，到 2018 年，大数据科学家的缺口在 14 万至 19 万，大数据分析师和经理的岗位缺口则将达到 150 万。CSDN 预测未来 3 到 5 年，我国大数据人才需求共 180 万人，缺口 150 万人。目前，各级企事业单位急需大数据系统架构、数据分析与可视化，以及熟悉该领域业务的复合型大数据人才。

2016 年 2 月，教育部发布《2015 年度普通高等学校本科专业备案和审批结果》，首次增加了"数据科学与大数据技术专业（080910T）"，共有 3 所大学获批，即北京大学、对外经济贸易大学和中南大学。2017 年 3 月，教育部又批准 32 所高校开设"数据科学与大数据技术专业"，包括中国人民大学、北京邮电大学、复旦大学、华东师范大学、电子科技大学、北京信息科技大学、中北大学、晋中学院、长春理工大学、上海工程技术大学、上海纽约大学、浙江财经大学、宿州学院、福建工程学院、黄河科技学院、湖北经济学院、佛山科学技术学院、广东白云学院、北京师范大学—香港浸会大学联合国际学院、广西科技大学、重庆理工大学、成都东软学院、电子科技大学成都学院、贵州大学、贵州师范大学、安顺学院、贵州商学院、贵州理工学院、昆明理工大学、云南师范大学、云南财经大学、宁夏理工学院。

中国传媒大学于 2014 开始招收计算机科学与技术（大数据技术与应用，080901）专业本科生，调整原来计算机科学与技术本科专业方向，着重培养大数据技术与应用方向人才，目前已招生 3 年，在校本科生共计 98 人。中国传媒大学的招生情况可以说走在了全国数据科学与大数据技术专业招生的前列，体现了我校在新专业发展上的预见性。

（二）第一届大数据教育论坛

2016 年 12 月，北京大数据研究院、北京大学元培学院、高等教育出版社和博雅大数据学院联合组织召开第一届大数据教育论坛，论坛以"数据科学与大数据人才培养和体系建设"为主题，上百家高校和企业参会，探讨大数据专业的人才培养路径。

鄂维南院士认为，高校已经建立起相对完善的大数据专业本硕博培养体系，但是面对复杂的大数据应用需求，需要体制内外人才培养模式的结合，防止教学脱离实践和社会需求。北京大数据研究院为此成立了博雅大数据学院，专门负责体制外多元化大数据人才的培养。

与会专家从政府、高校、企业的角度阐述了如何实现大数据人才需求与大数据人才培养的"无缝对接"，分享了在专业申报、课程体系建设、人才评价体系标准、实训平台建设、教材研发计划、校企合作等方面的经验。北京大数据研究院与北京大学元培学院、高等教育出版社发起成立了"大数据教育联盟"，由鄂维南任理事长，以推进大数据"产学研用"的结合，为国家大数据战略的实施营造良好的学术生态体系。

（二）第一届大数据教育高端论坛

2017 年 4 月，第一届大数据教育高端论坛在桂林举行，论坛由教育部高等学校计算机类专业教学指导委员会、中国信息通信研究院、清华大学数据科学研究院联合举办，共有 500 多人参会。会议议题包括：大数据专业学术前沿专场报告、专业申报经验分享、精品课程建设经验、教育大数据革命、利用云计算搭建大数据环境及平台、校企合作共建大数据教育的新生态、大数据开放流通的挑战与机遇、大数据人才认证体系规范、大数据与区块链、高校大数据开放实验室建设等。

二、国内大数据教育专业开设概况

（一）大数据教育本科专业开设课程概况

大数据技术和大数据教育是一个新事物，分析国内顶尖大学的相关专家报告不难发现，这些学校对大数据教育也都在"边学、边做、边看",相互借鉴经验,有很多学校也在筹划申请这个专业,迫切需要了解各学校大数据专业的开设课程情况。表1中对3所大学开设的相关课程进行了比较。

表1 数据科学与大数据技术专业(080910T)课程设置比较

学校	首次招生	学分	课程
北京大学	2016年依托元培学院、大数据研究院招生	无	**基础课**:高等数学、矩阵运算、线性代数、大数据数学基础、概率论、数理统计、大数据统计基础、C程序设计、Java程序设计、操作系统原理、数据结构、数据库理论、大数据分析Python基础 **核心课**:数据科学导论、机器学习、最优化算法、数据采集、分布式计算、大数据应用导论 **选修课**:大数据分析的算法、云计算与大数据平台、Web技术概论、人工智能导论、数字图像处理、文本数据分析等
北京邮电大学	2017年依托计算机科学与技术专业招生	159.5	**基础课**:电路与电子学基础、离散数学、概率论与数理统计、矩阵理论与方法、统计学基础、数字逻辑与数字系统(含课程设计) **专业课**:数据结构(含课程设计)、数据科学导论、计算机导论与程序设计(含课程设计)、计算机系统基础(含实践)、计算机组成原理(含课程设计)、计算机网络(含课程设计)、面向对象程序设计实践Java、编译原理与技术(含课程设计)、算法设计与分析、程序设计实践、数据库系统原理(含课程设计)、操作系统(含课程设计)、下一代Internet技术与协议、软件工程(含综合设计与实验)、计算机体系结构、Linux开发环境及应用、移动互联网技术及应用、人工智能原理、机器学习、计算机图形学、智能终端与物联网应用、无线通信技术、物联网技术、服务科学与服务工程概论、Web开发技术、计算机视觉、数字图像处理、数据仓库与数据挖掘 **大数据**:大数据技术基础(含课程设计)、Python程序设计、NoSQL数据库技术、并行计算与GPU编程、信息与知识获取、数据可视化、数据驱动的管理与决策、信息与网络安全、流数据分析技术、网络科学、多模态信息处理
中国人民大学	2017年	158	**基础课(38学分)**:数学分析、高等代数、普通物理、数学与信息科学概论、程序设计导论、数据结构、数据科学导论 **必修课(37学分)**:离散数学、概率与统计、算法分析与设计、数据库系统概论、数据计算智能、非结构化大数据分析、计算机系统基础、并行体系结构与编程 **选修课**:数据科学算法导论、数据科学实践、数据科学专题、互联网实用开发技术、抽样技术、统计学习、随机过程、回归分析

(二)人才培养模式

2015年5月,国务院办公厅发布《关于深化高等学校创新创业教育改革的实施意见》(简称《两创意见》),针对改革教学方法和考核方式指出:各高校要广泛开展启发式、讨论式、参与式教学,扩大小班化教学覆盖面,推动教师把国际前沿学术发展、最新研究成果和实践经验融入课堂教学,注重培养学生的批判性和创造性思维,激发创新创业灵感。《两创意见》成为各高校人才培养模式改革的指导性文件,可以为课堂教学改革提供有力的政策依据。

1. 从翻转课堂实践到群智课堂 WikiClass

中国传媒大学的"大数据技术导论"课程近 1/3 的内容采用翻转课堂的形式，每次课教师讲授 1/3 的时间、采用互联网视频学习 1/3 的时间，学生分组讲授 1/3 的时间。这门课程作为 2015 级和 2016 级大数据专业新生的专业入门课，以大数据案例、行业动态、最新技术成果、互联网杰出人物和科学家为核心，把行业划分为大数据概述、教育大数据、电商大数据、媒体大数据、影视大数据、智慧城市、大数据交通、数据安全与隐私保护八大模块进行讲解，实行师生交互资料互补、课前作业、翻转课堂、讨论互评等形式，课堂气氛活跃，学生热情饱满，基本达到了"教得轻松、学得不累"的效果。我们初步定义这种互动式课程为 WikiClass，即群智课堂。

教学初期，该课程的课堂形式的确给教师带来不小的压力，一方面害怕教学督导的批评，另一方面害怕学生评教时打低分。经过一段时间的教学实践，课题组积极寻找国家教育政策、教育部文件和学校教改规章材料的支持，翻转课堂的实施压力逐步减少，教师们对课堂改革的信心倍增。

2. 基于 MOOC 的混合教学模式

大数据课程内容的交叉性和前沿性，决定了大数据核心课程的挑战性，从学堂在线和华文慕课等慕课平台的大数据相关课程中不难发现，清华大学和北京大学等顶尖高校的大数据教学实践说明，大数据的课程内容仍处于探索之中，而且靠单个教师难以胜任，更需要团队合作来描绘大数据的整体框架。因此，利用好 MOOC 教学资源，丰富课程内容和提供多样化的讲授方式来开展大数据混合课堂教学，成为解决大数据专业师资短缺、课程难度高等问题的一种有效方案。

中国传媒大学的"大数据技术导论"课程中，教师在慕课学堂在线学习了"微软亚洲研究院大数据系列讲座""大数据系统基础"等课程，部分教学内容取自以上课程，或者课上与学生一同观看视频片段，辅以教师对内容的点评。这样不仅丰富了教学内容，同时让学生们感受到顶尖高校的课堂教学模式以及企业技术专家的研发实践。

3. 企业导师授课

培养学生大数据工程的能力离不开企业参与和工程实践，清华大学的学堂在线 MOOC 平台提供了一组企业大数据课程"微软亚洲研究院大数据系列讲座"。清华大学大数据工程专业的企业案例课程中，采用 BAT 服务系统/平台授课，免搭建实验环境，并由研发一线的专业人士讲授企业的实际案例教学。

重庆邮电大学的大数据课程采取更直接的方式，派教师脱产到企业工作学习 6 个月，已选派教师到北京奇虎 360 科技、中冶赛迪重庆分公司、四川电信、重庆钢铁集团等大数据相关企业挂职学习。

中国传媒大学的大数据本硕培养一直注重与传媒大数据应用的紧密结合，2016 年带领学生到歌华有线大数据中心、尼尔森网联、上海星红桉等广电大数据公司参观学习，让学生亲身感受大数据应用的场景。

（三）大数据教育硕博人才培养概况

1. 清华大学大数据教育实践

2014年4月，清华大学数据科学研究院成立，同时推出多学科交叉培养的大数据硕士项目，其指导方针为：学校统筹、问题引导、社科突破、商科优势、工科整合、业界联盟。该研究院提出RONG理念，促进跨院系、跨资源和跨学科的研究方式，围绕大数据科研课题进行沟通交流和校内外科研合作。该研究院指出大数据的核心价值在于应用，明确了培养π型大数据人才，即具备行业技能、数据认知和跨界视野的人才。自2014年起，清华大学大数据相关专业的学生每年从新入学或在读的硕士及以上学生中录取，每届120人到150人，大约两三个学期完成培养计划，要求大数据方向的基础理论课不少于6学分（大数据算法基础、大数据机器学习、数据可视化），公共必修课不少于10学分，学生通过学习可获得"大数据能力提升项目"证书。

2015年5月，清华大学发布"数据科学与工程"专业硕士学位项目，旨在培养数据存储、运行监管、智能分析挖掘及战略决策等依赖大数据资源和平台的专门人才，这些人才可胜任数据存储管理师、数据分析师、数据系统架构师、数据科学家、首席数据官、商务分析师、战略管理者等岗位。在硕士招生考试上，除了参加研究生入学考试外，该项目采用学堂在线的在线课程学习代替专业考试，再加上实践能力面试，2016级第一届大数据工程硕士专业招收了66名新生。采用基于MOOC的混合式教学，定制短教学视频、设计课前练习题、在线辅导与助教、教学评价与反馈，实现随时随地学习。

2. 中国人民大学等五校组建协同创新平台联合培养大数据分析硕士

2014年5月，大数据分析硕士培养协同创新平台在中国人民大学启动，中国人民大学、北京大学、中国科学院大学、中央财经大学、首都经济贸易大学与政府部门和产业界签署合作协议，联合培养大数据分析应用型人才。他们在调查了近20所美国顶尖大学的大数据人才培养方案后，确定该专业的核心内容为面向大数据的统计分析和挖掘技术，必修课集中授课，共18学分，为统计学与计算机技术的交叉部分，选修课各个学校自己授课，共18学分。必修课内容包括：大数据分析计算机基础（操作系统、程序设计、数据库）、大数据分布式计算（Hadoop、MapReduce、Storm等）、大数据分析统计基础（描述、多元、时序、空间、可视化）、大数据挖掘与机器学习（抽样、分类、预测、聚类、关联等）、非结构化大数据分析（文本挖掘、社交网络、数据流等）和大数据分析案例。每门课配备5人以上的教学团队，学生分别配备学术导师和企业导师。

三、大数据教育实验平台概况

高校要加强专业实验室、虚拟仿真实验室、创业实验室和训练中心建设，促进实验教学平台共享。大数据企业瞄准大数据教育的现实需求，解决软件部署难度大、实验教学门槛高的问题，开发了一批大数据实验平台，另有部分高校利用开源项目自建了实验平台。

（一）数据嗨客大数据实验平台

数据嗨客（hackdata.cn）是线上大数据实战演练平台，为高校大数据教学和企业数据人才培训提供线上实训环境及教学资料，学生通过线上自主学习及实战演练，理解大数据科学的原理，掌握数据科学的体系，真实体验大数据建模分析的实际操作与演练过程。

北京大学博雅大数据学院采用数据嗨客进行实训，"数据科学导引"等课程率先在北京大学和南方科技大学开设，并开设"大数据师资培训班"为院校、企业、机构培养大数据专业讲师，为学生提供结合真实案例的练习、考试、竞赛、交流服务，弥补了大数据教学实训资源的不足。

（二）西普教育大数据实验平台

西普教育联合阿里云共同推出集教学、实验、培训于一体的大数据实训平台，整个平台由实验教学、案例实训、技能演练与实战三个部分组成，实验教学系统主要为学生提供多梯度、多层次的系列实验，助力学生知识点的掌握和基础技能的培养；案例实训系统部分主要为教师与学生提供毕业设计、课程设计以及科研的基础支撑，为教师与学生提供良好的大数据演练环境；技能演练和实战部分为学校大数据专业人才的选拔提供支撑。

（三）犀牛大数据实验平台

犀牛大数据实验平台是提供编程语言（Pandas、Hadoop、Spark、Python、Hive、Hbase等）、大数据技术、数据爬虫、数据分析、机器学习、深度学习、数据可视化的系统性数据实验平台。

（四）亚马逊大数据实验平台

亚马逊全球项目（AWS）支持在教学中使用云计算，让学生毕业即成为具有云计算技术能力的工作者。AWS提供云端虚拟课堂、虚拟机房、虚拟实验室，教学上提供云计算课程（数据结构、操作系统、网络等课程教学资源），AWS Academy全球教学交流社区、各行业免费公用数据集。实验平台提供了课后实验、公共机房、创业孵化和全球联合的实验环境，科研平台提供了高性能计算、大数据分析、物联网、人工智能等前沿研究的在线工作环境。

（五）北京邮电大学大数据实验平台

北京邮电大学基于OpenStack云技术，建立了共61台服务节点的云计算资源，可满足上百名学生同时实验，通过虚拟机提供自由定制的实验环境，通过web页面进行交互。实验课程包括：安装部署类、程序设计类、大数据并行挖掘算法和高级运维与调优，涉及的具体技术包括：Flume、Kafka、HDFS、HBase、MapReduce、Storm、Spark、Hive、Mahout、Zookeeper，Sqoop、Oozie、数据可视化等。

（六）电子科技大学漓江学堂

电子科技大学建立了广西漓江学堂，探索四位一体的课程教学新模式——在线课程+虚拟仿真+综合实验+课程竞赛，构建一个线上线下互动、虚拟与现实结合、学校企业协同的课程教学新模式，实现了知识课堂到能力课堂的转变。

四、结语

通过两次大数据论坛，可以看出大数据人才培养存在技术前沿、交叉复杂、师资短缺、实训高难等问题，但经过讨论与实践分享，大数据教育的路径逐步清晰，即实行一流高校示范、校内外资源互补、线上线下结合、理论实训融合、多学科交叉实践应用的教学方式。在大数据人才培养上，高校应该找准定位，学生要分类培养。综合专家观点，培养目标可以大致分为三类：大数据系统分析师、大数据系统架构师、数据科学家。此外，大数据教育一定要与行业结合，与高校的特色结合，就中国传媒大学来说，大数据教育要与媒体大数据、广电大数据、影视大数据和文化大数据结合，方能做出自己的特色。我们的大数据教育定位为以培养大数据系统分析师为主，以培养大数据系统架构师和数据科学家为辅。

参考文献

［1］国务院.促进大数据发展行动纲要［EB/OL］.［2015-09-05］http：//www.gov.cn/zhengce/content/2015-09/05/content_10137.htm.

［2］教育部关于公布2015年度普通高等学校本科专业备案和审批结果的通知［EB/OL］.［2016-03-30］http：//www.moe.edu.cn/srcsite/A08/moe_1034/s4930/201603/t20160304_231794.html.

［3］教育部关于公布2016年度普通高等学校本科专业备案和审批结果的通知［EB/OL］.［2017-03-29］http：//www.moe.edu.cn/srcsite/A08/moe_1034/s4930/201703/t20170317_299960.html.

［4］国务院办公厅关于深化高等学校创新创业教育改革的实施意见［EB/OL］.［2015-05-29］http：//www.gov.cn/zhengce/content/2015-05/13/content_9740.htm.

［5］贺斌，曹阳.SPOC：基于MOOC的教学流程创新［J］.中国电化教育，2015（3）：22-29.

［6］吴一尘，张亮，赵文进.翻转课堂在数据结构课程中的应用［J］.计算机教育，2016（2）：55-57.

［7］顾容，张蜜，杨青青，卢丽，徐静波.基于SPOC翻转课堂的探讨：实证与反思［J］.高教探索，2017（1）：13.

［作者单位：理工学部计算机学院］

移动互联网对现代高校教学方式的影响与作用

王 也 李 芳

摘 要： 本文从移动互联网的特点及优势入手，讨论了移动互联网在现代高等教育教学中的应用。同时，本文简单讨论了现代高等教育的现状，阐述了移动互联网高速发展背景下现代高等教育改革的必要性。最后，本文对移动互联网的应用进行了举例说明。

关键词： 移动互联网；现代高校教学方式；交互教学

一、引言

移动互联网，是一种利用智能移动终端，并结合移动通信与互联网而产生的不同于传统互联网的服务模式。随着传统 PC 端互联网发展趋于平缓，移动互联网越来越受社会关注。同时，互联网相关技术不断成熟，无线局域网不断普及，覆盖区域扩大，移动互联网高速发展。截至 2016 年 6 月，中国手机网民已超过 5.56 亿，而作为青年人，正在接受高等教育的学生在网民中所占的比例更高。在这种形势下，推进高等教育改革以适应新时代的移动互联网发展，利用移动互联网新科技作为高等教育的工具，完善传统教育教学方式，对提高教学效率有着非同寻常的现实意义。研究移动互联网迅速发展对现代高等教育改革可能产生的影响，对如何保留原有高等教育的长处大有裨益，利用移动互联网推进高等教育的改革理应受到各界重视。

二、移动互联网与高等教育的对接

（一）移动互联网的优势

通过移动互联网获取数据的效率很高，具有可移动性，服务类型种类繁多，用户可以随时随地通过互联网获取信息，获取数据也更加便捷可控。这为师生之间的沟通提供了便利，老师和学生不再受上课地点、上课时间的限制，这无形之中拉近了师生之间的距离，提高了教师教学、学生学习的积极性。移动互联网的基础网络是立体的，GPRS、EDGE、3G、4G、WLAN 和 WIFI 构成的无缝覆盖，使移动终端具有通过上述任何形式方便联通网络的特性。

由于移动设备体积小、便于携带，使用时间一般远高于 PC 端的使用时间。这个特点决定了使用移动设备上网，具有 PC 端上网无可比拟的优越性，即沟通与资讯的获取远比

PC 端设备更方便。如果利用移动互联技术，提供学习资料和相关资讯，则无形之中会使学生的学习时间相对充裕，也更加自由。学习时间可以由学习者自由选择，地点可以由学习者自己决定，学习课程与学习进度都可以根据学习者自身的情况自由选择和随时调整。除学习者自身所学的专业以外，还可以按照自己的兴趣学习其他专业的课程，并通过这种方式学习双学位课程。

移动终端界面简洁，操作易上手，无需专门学习，而 PC 端界面复杂，输入方式单一，移动终端有多种输入方式，如键盘、鼠标、触摸屏、送话器和摄像头等，并可以根据需要进行调整输入，利于师生双方协同交互。同时，移动终端往往具有多种输出方式，如受话器、显示屏等，也可以根据需要进行调整。所以，将移动互联网应用于教学，与传统互联网相比，有着不可比拟的优势和非同一般的便捷体验。

（二）移动互联网在教学上的应用

移动设备上的互联网服务具有精准性。无论什么移动终端，其个性化程度都相当高。尤其是智能手机，每一个电话号码都精确地指向一个明确的个体。移动互联网能够针对不同的个体，提供更为精准的个性化服务，高校可以利用这个特性为每个受教育者提供更加个性化的教育方案，而且可以反馈给用户更多的信息，便于学校的教学监管。大部分移动设备还可以提供位置定位服务，这一功能可以为教学提供方便。

互联网支持资源共享，这一点在移动互联网上体现得更为明显。移动互联网的这种特性可以利用在教育资源、优秀教师、优秀课程的共享上。实际上，现在已经有了实际应用的案例，例如，大规模开放网络课程 MOOC。MOOC 已经实际应用于很多西方大学和多所中国大学，最多时可以有 16 万人同时选修同一门课，这是对教育资源高度利用的革命，是传统教育教学难以达到的。利用移动互联网对教育资源进行共享，可以实现教学对象数量的不受限制，充分调用教学师资，以达到最优化匹配。学习者之间的交流互动从限制在一个班、一个专业，到可以与所有学习者自由交流。教学评价可以从传统人为评价转变为分析反馈数据评价。教学范围更加广阔、多样、自由，系统化的一整套高等教育与教学目的明确的专门教育可以自由搭配。

（三）移动互联网对教学的创新

更重要的是，移动互联网不但可以做到将教学资源分发给学习者，还可以作用于完成与学习者的交互过程，学习者进行在线练习、检测将变得非常容易，学习者可以及时得到对自身学习情况的反馈，更容易了解对所学内容的掌控情况。而且，这种不同于传统教学的及时且准确的反馈，会极有利于学习者自信心的建立，以及产生对所学内容的兴趣，学习效率也会大大提高。不仅如此，学习者之间的相互交流也非常容易，对学习内容的讨论会帮助学生建立知识体系。传统的网络教学形式单一，学习者之间没有交流，学习者与教师者之间也没有交流，长此以往，学习者的困惑得不到解决，只靠自己学习很难坚持下去。

三、移动互联网高速发展背景下高等教育改革的必要性

（一）当前高等教育模式可以改革和补充的内容

长期以来，只有一部分学习者能接触优秀的教学资源。从全国范围来看，优秀教育资源集中在大中城市，而中小城市教育资源相对贫乏。在一定程度上，这也加剧了学生升学压力、中小城市人才流失，以及大城市人口过度增加的问题。即使仅仅从某个高校来看，同一院系、同一专业的相同课程，因授课教师不同也会产生一定差异。由于传统模式的局限性以及教师精力有限，不是每一个学生都能接受相同的教育的。

利用移动互联网技术共享教育资源是当前高等教育改革应当考虑的问题。一旦教育资源得到共享，不但可以解决当前部分地区出现的师资力量不足问题，而且可以把教育师资水平整体提高一个台阶，新模式下的授课者将接受学校教学管理层面对所授课程的考核管理，新平台下广大学习者的大量上课数据将直接反映教师的授课水平和特点，这种不同以往的大数据反馈将折射出教学课程现状，也将反映出教育教学内容上应当改进的方向，有利于整个行业的进步。

在传统教育教学中，主要采取由一名教师负责一门课程的模式，这样做有利于教学进度的安排，课程设置更灵活方便。虽然有各种各样的好处，但在当前瞬息万变的社会中，信息高速传播、仅由一名教师时刻为学习者提供最新、最准确的学习信息是不容易的。在移动互联网的支持下，可以实现多名教师集体讲授，每个模块可由最擅长此部分的教师讲授，教师之间还可互相监督，这样不易出现失误。而且，这种教师之间互相探讨的授课模式，有利于培养学生严谨的求学态度，以及用批判的眼光看问题、从多角度看问题的能力。

（二）移动互联网下的高等教育改革符合教育创新转型的需要

深化高校创新创业教育改革，是国家实施创新驱动发展战略、促进经济提质增效升级的迫切需要，是推进高等教育综合改革、促进高校毕业生更高质量创业就业的重要举措。我国的经济发展正处于转型阶段，转型发展要求我们加快对高等教育的创新型改革。只有高等教育逐步实现创新型改革，才能培养出更多发展所需的各类优秀创新型人才，而这也是高等教育的职责所在。

对高等教育的接受者——学生而言，在接受高等教育阶段打下扎实的基础，掌握更多本领，学到更多技能，成为比前辈们更优秀的创新型人才，无疑会在之后竞争激烈的职场上得到更多机会。

如今，由于我国不断推进创新创业的成果显著，各种以前没有的新型产业不断涌现，而这些岗位更需要新型人才，培养新型人才要求我们更新教育模式。

总而言之，创新型教育改革是国家转型发展对高等教育的要求，也是高等教育发展

的正确方向。对于推进创新型教育改革来说，移动互联网是很好的工具。互联网所具备的优良特点，正迎合了创新型改革的需要，研究移动互联网对现代高等教育改革的影响很有必要。

（三）利用移动互联网可以完善现有高等教育

如上文所述，利用移动互联网可实现学习者在任何时间、任何地点自由学习所选课程，还可以自由选择学习伙伴。这意味着，即使学习者不时刻身处提供课程的学校，也不影响其完成对课程的学习。这可以为不便在学校学习的学生提供便利，如在职学习者、外国学生、出国的学生、请假的学生等。同样，授课者也不一定要在学校进行授课。利用移动互联网的特性，可以实现跨学校、跨地区，甚至跨国家选课。移动互联网还可以扩展高等教育：从传统的学历证书教育，到专门教育、继续教育，以及面向各类人群开展的特殊教育。移动互联网还能更容易地实现学校与学校之间，学校与科研机构之间，学校与企业之间的联合教育，培养出适合各种单位的多样人才，培养专业化、综合化、国际化、合作化，以及动手能力强的各种新型人才。

四、移动互联网在高等教育中的应用举例

MOOC（互联网大规模开放网络课程）这个术语是 2008 年由加拿大爱德华王子岛大学网络传播与创新主任与国家人文教育技术应用研究院高级研究员联合提出来的。MOOC 即 Massive Open Online Courses，是一种在互联网上以开放课程授课的应用，在传统 PC 端、移动设备上都可以使用。

MOOC 与传统课程不同，上课的学生不仅仅只有几十人上百人，MOOC 的一门课程最多可容纳 16 万人，几万人同时上一门课程的情况十分常见。而且在 MOOC 上课不受学校或地区的限制，全球任何对课程感兴趣的人都可参与，只需申请一个账号，非常简单。MOOC 将世界各地的授课者与学习者联系起来，学习者之间可以互相交流，也可以将问题反馈给教授者。MOOC 课程的视频大多在十几分钟左右。世界各地的授课者会为 MOOC 特别录制视频课程、教案、课件等资料会由授课者或助教等准备。学习者长时间集中精力是很不容易的，由于 MOOC 视频时间短，所以不易分神。这样还利于人们利用生活中那些碎片化时间来学习。通常视频结束后会有小练习，利于学习者对所学知识的巩固，加深记忆。而且，学习视频加上练习一共也不需要太长学习时间，抽半个小时就可以完成。除了这些练习之外，经常还有一些小测验，甚至会有期中、期末考试。试卷由同学互相评分，评分过程也可以加深同学们对课程的理解。

MOOC 不同于传统网络公开课，传统网络公开课一般时间很长，由于都是提前安排好的，而且学生教师之间无法交流，传统公开课甚至有长达三四个小时的。要抽出这么长的时间来看视频是不容易，而且人的注意力很难一直保持，所以学习效率不会太高。另

外,一下子看这么多内容而不做练习,不自己看书巩固,很多内容是很难被吸收的。更重要的是,传统网络公开课无法实现学习者与授课者之间的互动。打开视频,我们像场外观众观看影片一样看老师讲课,学习后我们关上视频,课上的老师和同学与我无关。然而,在 MOOC,我们可以与老师和同学们进行互动。假如你有任何困惑,可以向授课者、助教、一起上课的任何人求助;如果有建议,同样可以及时反馈给授课者。

参考文献

[1] 黄震.在线课程:重塑高教版图[N].中国教育报,2013-4-8.

[2] GANG CHERT, RUIMIN SHEN, JIAJUN WANG, ZEYU CHEN. Collaborative education model and its application in E-learning [C]. 6th IEEE / ACIS International Conference on Computer and Information Science:856-860.

[3] 邦克.世界是开放的:网络技术如何变革教育[M].焦建利,译.上海:华东师范大学出版社,2011.

[4] 严继昌.加快发展继续教育的八点建设性意见[J].继续教育,2012(1):3-7.

[5] 莫梅锋,刘漾楯.论移动互联网时代新闻类课程的教学互动[J].现代远距离教育,2010(4):36-38.

[6] 李大力,杨成丽.基于移动互联网的高校教学方式变革探讨[J]中国电力教育,2014(11):53-54.

[7] 吴吉义,李文娟,黄剑平,章剑林,陈德人.移动互联网研究综述[J].中国科学:信息科学,2015(1):45-69.

[作者单位:理工学部理学院]

浅析大学生课堂教学中成就感和责任感的协同培养

苏志斌

摘　要：为提高大学课堂的教学质量，本文从德育引导和教学方法的角度出发，简要分析了在专业课学习中协同培养学生成就感和责任感的意义与对策，主要介绍了教师根据学生学习习惯和知识掌握情况主动调整教学内容，根据专业特色设计案例，增强学生在学习中的角色代入感，把握不同年级大学生的性格和心理特点，进行有针对性的心理引导等具体方法。课堂教学是大学教育中的重要环节，本研究对培养学生学习理念、激发学生学习兴趣、实现有效教学都具有重要的意义。

关键词：大学生；课堂教学；成就感；责任感；培养

一、研究概述

课堂教学是大学生培养中的重要环节。在教育部与财政部联合实施的"高等学校本科教学质量与教学改革工程"（教高［2011］6号文件）文件中明确指出，提升人才培养水平必须注重整体推进，始终坚持育人为本，牢固确立人才培养在学校各项工作中的中心地位以及本科教学在大学教育中的基础地位，紧密围绕优化结构布局、改革培养模式、创新体制机制、健全质量保障体系等方面全面深化教育教学改革，把教育资源配置、学校工作着力点集中到强化教学环节、提高教育质量上来。课堂教学不仅是教师单方面授课和学生单方面接受知识的过程，更是传递学习精神与教学理念，以及师生之间进行教学交流和互动的过程。在这个过程中，学生不但能够通过系统的学习获得各项专业技能，还能通过日常的积累提高注意力，开发大脑的思维和分析能力，形成属于自己的学习方法。在学习的同时，学生的个人素养得到全面提升。作为教学环节的主导性角色，教师的教学方法和培养模式成为影响学生听课效果的关键因素。一些院校对大学生听课效果的调查结果显示，在教师的教学过程中，课堂教学的科学性、有效性不强会导致学生听课时消极对待。对于学生个人而言，消极的听课效果和缺乏约束力的行为（例如，玩手机、做与课堂无关的事情）互相作用，形成负循环学习状态，严重情况下还会形成对专业知识的厌倦以及产生对所学专业的逆反情绪。因此，作为一名教师，在根据教学培养大纲传递基本知识的同时，还应当努力寻找改善学习风气和学习态度的有效引导方法。

在此基础上，笔者针对大学专业课的课堂教学问题，通过对教学实践的经验总结，从学生的角度来思考教学中应包含的德育和智育引导的基本方向，提出将课堂中成就感和责任感的协同培养作为改善教学质量的具体对策。这里所说的成就感,主要指从听课过程中习得不同专业技能而感到愉快或成功的感觉;责任感主要是一种驱动学生自觉主动掌握专业知识,以回馈社会作为前提,努力克服困难的情感。两种感情产生的激励因素,也能互相促进、互相制约。如果能在专业课的教学环节中注重这两种感觉的协同培养,就能够大幅度提高学生对专业知识的消化能力,促进教学目标的实现。以下主要针对协同培养提出的意义和具体方法展开讨论。

二、协同培养的意义

(一)有利于个人的健康发展

在实用主义和功利化社会风气的影响下,大学生积极的学习心态正在受到愈加猛烈的挑战。作为独立人格形成的关键阶段,责任感的培养在这一时期显得尤为重要。教师应通过对责任感的正确引导,让学生心平气和地接受、思考和学习有关知识,以及掌握技能与努力奋斗的意义,这有利于帮助学生对抗社会浮躁心理和急功近利的目的心。然而,责任感的有效形成还需要成就感作为激励,当学生发现在课程学习中发挥了自己的特长,某些优势在学习的过程中逐渐得到展现,或者学生通过学习具备了某些能够发挥作用的技能,这本身就是一种积极的成长体验。因为多数人的耐心、关注力和潜力都是在成就感的基础上被激发的。两者相互结合、相互作用,对改善学生精神世界,帮助个人健康发展具有重要意义。

(二)有利于和谐教学环境的形成

良好的教学环境是学生接受专业知识、提高个人能力的必要条件。我们常常感慨欧美国家在大学教育中能够培养出很多杰出的人才,其中一个重要的原因在于良好教学氛围的形成和保持。这些都和学生的正确学习动机、学习态度是不可分割的。当具有相同学习理念的学生人数增多时,学生与学生、学生与老师之间的交流和对话也会逐渐增多,课堂气氛也必将活跃起来。成就感和责任感对于这种集体氛围来说无疑是更好的催化剂,也是提升团队合作意识的重要心理基础。

(三)有利于适应社会发展的需求

根据对现代大学生课堂学习状态的多方了解,我们发现很多专业,尤其是理工类专业,由于学习难度较大,学生很容易在学习过程中失去信心,从而降低了学生的学习成绩,减少了本专业在当前环境下的发展机遇和影响力,减少了创建一流专业的可能性。这一现状甚至会导致学生产生一种对待理工类专业的逃避情绪,影响学生就业和研究生专业的选择,导致国内专业人才稀缺,影响到相关行业的健康发展。在当代大学生的毕业去向中已经显现出这种现象的隐患，这是一个应当引起我们重视的问题。因此，大学课堂上我们要注重培养学生的专业成就感和责任感，增强大学生学习本专业的兴趣与主动意识，这也是符合社会和谐发展要求的。

三、培养方法

（一）调整教学内容，清晰教学思路

在现代教学模式中，"以学生为中心"的教学方法逐渐成为新的教学思路之一。这要求教师在设计课程内容的过程中，及时同学生进行交流和沟通，发现他们所掌握的知识中存在的问题。在笔者同多名对专业课程有厌倦感或疲劳感的学生的交流中发现，很多学生学完了一门课程，但到复习的时候却毫无头绪，只能模糊地记住几类题型，对课程中各个知识点也几乎没有自主的关系推理与连贯思考意识。这极大地影响了学生的学习动力，更不用说获取成就感了。因此，教师在课前应设计合理的教学方案，根据学生的理解进度和思维习惯调整教学内容，选择可读易懂的教材，推荐学生阅读参考资料，并且在日常学习和复习中为学生理清思路，帮助他们尽快理解所学知识及其关联性，这是培养学生成就感和责任感的基础。

（二）根据专业设计案例，增强角色代入感

学生对专业知识掌握不足所带来的另外一个严重问题是，他们不知道自己学这个专业是学什么，也不知道将来能做什么。尽管在现行的学业安排中，已经按照先概论后专业知识的流程进行了课程设计，然而对学生专业兴趣的培养却缺乏有效的手段。笔者认为，在教学过程中增强学生的角色代入感是一种有效的方法。具体表现在，首先从一开始就告诉学生，本课题的培养目标是输送什么样的人才，该人才能够进入什么样的工作岗位，承担什么样的社会职责。强调为了胜任这份工作，学生应当在本课程中学习哪些专业知识，以及它们分别从哪些方面培养人的专业技能。这种专业角色感能够吸引学生主动进行学习。同时，为了巩固这种感觉，教师还需要在随后的课程中定时向学生进行强调，并配合教学思路展开说明，引导学生从职业人员的角度积极思考问题，使学生逐渐产生收获阶段性进展的成就感。另外，还需要教师注重语言表达方式上的技巧，注重鼓励学生形成"我已经学会了某种知识和技能"的感受，并且肯定这种学习成果对于日后成为一名合格的专业技术人员的重要性。最后，教师应当把握角色建立的时机，向学生强调，既然课程学习的背后关联着一个或多个重要的技术人员职位，学生就无法摆脱其社会属性和社会责任。例如，电气类工作人员的操作背后很可能背负着重大的生命和财产安全，如果他们掌握的专业知识不够牢靠，或者轻视对专业知识的学习，这就会带来严重的后果。这就是一种典型的责任感和成就感联合培养的手段。

（三）注意时效性，把握学生的性格和心理特点

对学生心理上的认知培养是和教学永远无法分割的重要内容。在大学课堂的教学过程中，大一大二的学生应当作为心理认知的重点培养对象，在设计课程时尤其需要谨慎把握学生的心理特点，塑造学生的良好性格，帮助他们顺利度过燃烧学习激情的关键时期。很多学生在刚刚进入大学的时候，都对自己的专业抱有美好的幻想，也很愿意努力学习。然而，连续且让人寒心的课堂听课体验会在很短的时间内使这种原本的憧憬大打折扣，学生容易陷入消极循环的状态，等到大三大四时再补救只会更加困难。因此，成就感和责任感的培养最好能从刚入学的学生开始，这样不仅能够帮助学生从入学起就塑造正确的学习观和价值观，还能从侧面积极影响学生品德的形成，使他们从其他方面也能自主追寻成就感和责任感的协同发展。

四、总结

总体而言，综合考虑大学生在理论知识体系上的培养需求和客观的学习时间分布情况，我们发现课堂教学无疑是大学教育的主体，而教育的各项任务与目标主要通过大学课堂进行传播和实现。因此，只有将大学精神贯穿于课堂中，才能使教育理念从一点一滴的传播过程中得到巩固与发展。在我校的大学精神中，立德是大学生的基本素养。成就感和责任感的培养，不仅符合智育教学的客观需求，也是向学生传达立德理念的重要手段。实际上，真正的成就感和责任感不仅要从学生的角度培养，我们作为教师也应当尽可能地发掘这种情感，做到"寓教于学"，从课堂教学中的一言一行向学生传达积极的学习态度和思想观念，这样才能实现真正有效的教学，提高学生对学习内容的兴趣，使学生更加努力地投身到专业课的学习当中去。

参考文献

[1] 詹婷.本科生课堂听课效果浅探[J].山西青年，2016（18）：18-22.

[2] 刑林燕.选课机制下大学英语课堂教学中德育渗透的研究[J].文理导航，2016（10）：8-9.

[3] 李建祥，唐虹.高等数学教学质量提升途径与策略研究[J].高教学刊，2016（20）：131-132.

[4] 张苗苗.浅谈大学中的教学模式[J].文理导航，2016（9）：5.

[5] 包耘.基于翻转课堂的高校理工科概论类课程教学模式实证研究[J].高教学刊，2016（19）：98-100.

[6] 于颖，杨曦光，范文.浅谈大学课堂组织与管理中的教师角色[J].教书育人：高教论坛，2016（10）：3.

［作者单位：理工学部信息工程学院］

"育人为本"理念在"电路分析基础"课程教学中的融入

周德扬

摘 要：本文从"育人为本"的角度出发，提出"电路分析基础"课程应在深入了解学生学情的基础上，有针对性地改进教学观念、目标、内容和方法，真正做到以学生为本，落实素质教育，并给出几点方法和建议。

关键词：电路分析；育人为本；教学改革

"育人为本"是以人为本的科学发展观在当代教育中的集中体现，是目前我国教育体制改革的核心指导思想和办学理念。高校课程的教学改革应遵循这一科学理念，只有高度重视、强化教学的育人功能，以培养符合要求的专业人才为最终目的，才能少走弯路、取得成效，否则很容易陷入"换换形式、增减内容、生搬硬套"的误区。因此，教学改革要首先从授课对象的学情分析着手，进而有针对性、有系统性、有发展性地去进行课程教学改革，做到因材施教，全方位培养学生的学习、实践、创新能力。

一、电气信息类学生学情分析

"电路分析基础"是面向电气信息类本科生开设的一门必修专业基础课，其特点是授课面广、知识点多、理论性强，是电路理论的基石性课程之一。要学好该课程，学生在必备的数学、物理知识基础上，应具有或培养一定的分析问题、解决问题的能力。该课程的教学改革也应先从分析授课对象知识基础、专业要求、学习态度等多方面问题入手，继而设计合理、高效的课程教学环节，才能最终实现教学目标，大批次培养高质量专业人才。

通过总结发现，目前我校电气信息类学生学习"电路分析基础"课程有以下几个突出特点和问题，而且大多数问题在其他同类课程的学习上和其他高校同类学生中具有一定的共通性和代表性。

（一）功利性学习

"功利性学习"是指以功利原则为依据，为追求眼前的功效和现实利益而进行的学习，其判断的标准是学习的有限目的性。持有这种学习态度的高校学生的比例逐年递增，已经严重阻碍和危害到高等教育"培养创新性人才"战略的进程与质量。

"电路分析基础"属于基础性和理论性较强的课程,使得缺乏前瞻性的功利学习者们在学习该课程时学习兴趣不足,导致出现缺课、迟到、早退、抄袭、课堂分心、主动性差、平时不学、考试突击等现象。状态稍好的学生也或多或少存在着学习自律性差、专注度低、持久度低、不愿主动思考、畏难心理严重等情况。

(二)唯"公式"是瞻

这是高中题海战术的遗留问题——教师代替学生完成认知的过程,直接将解答步骤总结成各种"简明公式",学生只需要通过大量、反复地做同类型的题目,强化此类公式的机械化应用即可。这恰恰与高等教育培养学生自主学习能力和创新能力的宗旨背道而驰,即所谓的"应试教育"与"素质教育"之间的矛盾。

在"电路分析基础"课堂测试和考试环节中我们发现,部分学生有"乱套公式"的习惯。比如,对"直流二阶动态电路"的分析题目中套用"RLC谐振电路"的公式。部分学生则出现"重结论、轻过程"的现象,只强调答案对错,而不去思考解题过程。更有甚者采取背诵答案的方式应付考试。

(三)学习方法缺失

在大学学习阶段,由于缺少家长监督及其他主客观原因,大部分学生将"计划、预习、听课、复习、总结"五个学习环节,删减成"听课、作业、考前突击复习"三个环节。这种学习方式不符合科学的认知过程,使得课堂利用率低、学习效果差。如果不及时更正,学业问题将呈滚雪球式的增长,导致学生无法完成学业。

(四)其他问题

除了以上三点主要问题之外,还存在其他一些问题和现象。例如:数学理论基础参差不齐;惯性延续高中物理思维方式;缺乏系统性学习理念;优、差两极分化严重;成绩优异者中女生占比高于男生;相同课堂不同班级考试成绩差异大;学生课外事务处理优先于课堂学习。

二、将"育人为本"融入"电路分析基础"课程建设

目前,各大高校的"电路分析基础"课程教学改革主要的措施包括:加强教材内容建设、引入Matlab辅助学习、重视改进实验环节、采用"翻转课堂"教学模式、建立网络教学平台、完善课程考核评价机制等。但从实际情况来看,由于各高校的课程建设进度、授课对象学情、教学硬件、师资配备等差异,"电路分析基础"课程建设很难直接照搬其他高校的改革举措。我们应围绕"育人为本"的教育理念,具体问题具体分析,设计符合自身情况的课程建构。

（一）教学观念、目标的融入

"电路分析基础"课程建设要坚决贯彻"育人为本"的教育理念，要在观念上确立学生在课程教学中的主体地位，一切教学活动围绕学生展开，激发学生学习的主动性、积极性，以提高学生学习能力、实践能力、创造能力为目标。具体可从下两个方面入手：

1. 教学团队建设

作为整个教学的主导者，教师不但应积极完善教学手段和方法，提高自身理论水平和科研水平。更应从观念上认识到"育人为本"的重要性，在课堂教学中言传身教，给予学生知识、能力、德行等全方位的科学引导。"电路分析基础"课程组采用定期开展集中培训、相互听课、老教授督导、校内外名师示范等方式提升教学水平和业务水平；认真学习国家最新教育方针政策、定期举行教学经验交流讨论以提升教学理念和育人意识。

2. 提高学生主观能动性

学生作为教育的接受者，其主观能动性的强弱直接决定着整个教学过程的效率和质量。教师不应只以知识传授、解惑答疑为教学目的，更要关注学生的学习状态及成因，要及时纠正学生的错误心态和观念，引导学生自主地明确自身价值、关注自身成长、树立人生目标，即将"德育"融入课堂。教师可以借鉴学生管理的相关经验，通过问卷调查、课后面谈、学业困难帮扶、与班主任沟通等方式充分了解学生学情并开展学风建设，将课程教学和学生管理有机结合起来，同步推进、相互促进。另外，鼓励任课教师兼任班主任工作。

（二）教学内容、方法的融入

为提升学生学习积极性和兴趣，培养学生分析问题和解决问题的能力，打好电路理论专业基础，形成工程思维雏形，可以在自身学情分析的基础上，有针对性地开展以下几方面的改进。

1. 完善教学内容

删减与其他课程重复的内容，如二极管、运算放大器等；引入 Matlab、Multisim 仿真软件辅助教学；加强实验教学环节；电子教案中增加图片、Flash 动画、音视频等多媒体内容；增加开放式作业、思考题的比例，减少学生对"答案"的依赖，引导学生对知识内容的深入思考，如"画出本章内容思维导图""网孔分析法是如何实现方程简化的""相量分析法的提出思路"等；增添生动举例，类比解释抽象概念；每章节补充相关数理知识的内容，如"网孔分析法和节点分析法"中图论的基础知识、"直流动态电路"中微分方程的求解等。

2. 专业能力的培养

首先，重视关键的"第一课印象"，要从趣味性、常见性、感知性开始举例导入，进而讲清楚课程的性质、地位、作用、与其他课程的关系、主要内容、知识结构、学习方法和应用领域等方面。让学生有一个宏观上的把握，增强学习自信。如给出"电路分析基础"课程知识是由电阻电路、动态电路、正弦稳态电路三大块构成的内容体系。并指出以

"两类约束"为主线，进而对三大板块利用"等效""叠加""换路""相量"等概念从易到难进行分析的整体思路。引入"参考方向"，帮助学生做好从高中电磁物理到"电路分析基础"的过渡，打破思维定式，比如，"电流一定是从电源电压正极流向负极"等。

其次，在课堂教学过程中一定要强调科学的思维过程，所有概念、定理、公式不只讲内容，而是要从为何提出、有何难点、如何解决、适用范围等几个方面进行启发式教学。培养学生主动提出问题、解决问题的能力，做到授之以"渔"。例如，讲解"换路定理"时，先说明此问题是为了求解"动态电路"换路前后电压、电流变化而提出的，难点在于"动态电路"相对于电阻电路新增了"动态元件"，通过分析"动态元件"的特性发现其电压（电流）具有"连续性""直流稳态通断性"，从而可以利用"直流稳态通断性"先求出换路前达到稳定时"动态元件"的初始状态，再利用"连续性定理""置换定理"求出换路后的初始值。

最后，将"计划、预习、听课、复习、总结"融入日常的教学要求中，提高学生的学习效率。例如，每堂课复习前段学习的内容、布置预习思考题、定期归纳章节结构、习题课精讲精练等。按照"艾宾浩斯记忆遗忘曲线"的规律，将重点、难点知识定期在课堂教学中重现。

（三）教学形式、评价机制的融入

1. 教学形式的尝试

为提升学生的主动性和参与度，教学形式可以循序渐进地采取"小班授课""分组讨论""翻转课堂"等模式，逐步让学生成为课堂主导，主动学习，提高课堂利用率。课堂应与时俱进，积极建设"互联网+"时代的教学模式，如慕课、微课、网络教学平台、移动学习平台、教学直播等，为学生创造更广阔的学习空间。

2. 评价机制的改革

改变以"试卷成绩"为唯一标准的考核考察机制，建立合理的评价标准，注重对学生能力、素质的考核。可以增加平时测验考试的次数，将"结果"考核变成"过程"考核，增加平时分比例用于对课堂纪律、作业水平、随堂测验和课堂互动的评判。课程考核不应只看是否能准确填写标准答案，更要看学生的学习能力、实践能力、创新能力，看他们是否掌握了发现问题、解决问题的关键能力。

三、结论

我校"电路分析基础"课程改革在深入了解电气信息类学生学情的基础上，展开各项改革措施，将"育人为本"的理念初步融入课程教学的观念、目标、内容、方法中去，力求做到以学生为本，落实素质教育。改革的不足之处在于，文中部分方法和举措还有待完善及落实。

参考文献

［1］翟博.育人为本：教育思想理念的重大创新［J］.教育研究，2011（1）：8-14.

［2］李会转.大学生功利性学习调查与危机分析［J］.黑龙江高教研究，2014（6）：37-39.

［3］金波."电路分析基础"课程教学改革初探［J］.电气电子教学学报，2010，32（6）：19-20.

［4］李凤莲，张雪英，史健芳."电路分析基础"课程教学方法探究［J］.电气电子教学学报，2009，31（1）：14-15.

［5］窦建华，潘敏，郭铭铭."电路分析基础"课程教学改革与实践［J］.合肥工业大学学报，2007，21（6）：131-133.

［6］汪源，等.电路分析基础课程改革研究［J］.实验科学与技术，2015（3）：158-160.

[作者单位：理工学部信息工程学院]

高等数学与线性代数教学的关联性探讨

梁瑞梅

摘 要: 高等数学、概率论、线性代数作为工科数学的三门重要基础课程,三者除了知识先后的衔接外,还存在非知识性的衔接。本文主要探讨了高等数学与线性代数的非知识性衔接的关联性。从课程脉络的关联性、一些定义的一致性与关联性、解题方法的关联性、概念命名的一致性与关联性、思维关系及运算的关联性五个方面对两门课的关联性进行探析。本文讨论了关联性教学的意义与作用,能给学生耳目一新的对比感,使学生的学习变得轻松。本文还探讨了关联性教学的课程设置要循序渐进、遵循科学规律、统筹科学安排。教学的关联性对教师提出了更高的要求,除了熟悉本学科外,还需熟悉各相关学科,注意教学中各学科的互相渗透。

关键词: 高等数学;线性代数;关联性

一、关联性教学在数学学科中的意义与作用

数学中各学科之间从来都不是孤立的,许多学科之间是有高度关联性的。高等数学、线性代数、概率论作为考研数学的三门基础课程,它们的关系是怎样的呢?说起高等数学与概率论的关系,大家一定会想到概率论中已知分布函数求密度函数要求导,已知密度函数求分布函数要积分,求连续性随机变量取值的概率时要用到定积分与二重积分等,两者之间的关联性非常强。排课时高等数学先于概率论,基本上是先学完高等数学,再学概率论。但说到高等数学与线性代数,一般都认为它们之间没什么关系,课也排在同一学期,确实这么安排也是比较科学的。本文要探讨的是它们之间的非知识性的先后衔接,是另一种意义上的关联,这种关联具有互补性,有利于课堂讲解及学生的理解,对学生学好相应的数学课程有很大帮助,可以提升学生的学习兴趣,帮助学生理清相应学科的脉络,拓宽学生的数学思维,学生学后对所学学科有一种柳暗花明的感觉——原来数学可以这么关联理解。这种思维方法有助于学生对后续课程的学习,也为将来的进一步学习与工作提供方法论上的帮助。

二、高等数学与线性代数的关联性探析

(一)课程脉络的关联性

高等数学的研究对象是函数,给出函数讨论它的连续性、可导性、可积性,利用导数

判定函数的单调性、凹凸性、求切线的斜率、求曲线的变化率、求曲率、求极值等，利用积分求曲边图形的面积、求曲线曲面的质量、求曲面的面积、求立体的体积、求流量、变力做功等。所有这些问题的解决都是围绕函数展开的，函数贯穿问题的始终。线性代数的研究对象是矩阵，它定义了矩阵的线性运算、矩阵的乘法、方阵的逆矩阵、矩阵的初等变换，利用矩阵的初等变换求矩阵的秩、求矩阵的逆矩阵、求解线性方程组、化二次型为标准形等。所有这些都围绕矩阵展开，矩阵的运算与初等变换是这门课程的主线，借助矩阵解决了线性代数的主要问题，即求解线性方程组及化二次型为标准形。在这两门课的教学中要注意对比，理清脉络、讲清基础，让学生从中感受到数学的一脉相承，进而提高学生学习数学的兴趣。

（二）一些定义的一致性与关联性

首先来看一致性方面：高等数学中有函数的线性相关与无关的定义及用定义判定函数的线性相关性，并且有两个函数 $\alpha(x)$ 与 $\beta(x)$ 无关的充要条件是 $\dfrac{\alpha(x)}{\beta(x)} \neq C$；线性代数中有向量的线性相关与无关的定义及用定义判定向量的线性相关性，并且有两个向量 α 与 β 无关的充要条件是对应分量不成比例，在这个概念上两学科的定义与判定是高度一致的。

对于 n 个函数 $\alpha_1(x), \alpha_2(x), \cdots, \alpha_n(x)$ 线性无关的充要条件是：

$$\begin{vmatrix} \alpha_1(x) & \alpha_2(x) & \cdots & \alpha_n(x) \\ \alpha_1'(x) & \alpha_2'(x) & \cdots & \alpha_n'(x) \\ \cdots & \cdots & \cdots & \cdots \\ \alpha_1^{(n-1)}(x) & \alpha_2^{(n-1)}(x) & \cdots & \alpha_n^{(n-1)}(x) \end{vmatrix} \neq 0 。$$

这里判定函数线性无关的判别法是线性代数中的行列式给出的，这又充分反映了两者的高度渗透性。

再看关联性方面：高等数学中有奇偶函数的定义及相应的结论，即任何一个函数都可表示为一个奇函数与一个偶函数的和，证明的方法是用奇偶函数的定义采用构造法得出的，设 $f(x) = \dfrac{f(x)+f(-x)}{2} + \dfrac{f(x)-f(-x)}{2}$。线性代数中有对称矩阵与反对称矩阵及相应的结论，即任何一个矩阵都可以表示为一个对称矩阵与一个反对称矩阵的和，证明的方法是用对称矩阵与反对称矩阵的定义采用构造法得出的，设 $A = \dfrac{A+A^T}{2} + \dfrac{A-A^T}{2}$。这里的定义、结论及证明方法是何其相似，这揭示出高等数学的研究对象函数与线性代数的研究对象矩阵地位的对等性、性质的类同性。

（三）解题方法的关联性

高等数学中有求两个函数乘积的 n 阶导数，所用的方法是莱布尼兹公式，其形式类似于二项式定理，展开是 $n+1$ 项的和。当 n 很大时，可使用莱布尼兹公式，条件是其中一个函数的$k(k<n)$阶导数为零，如：

$$(x^2 e^{ax})^{(n)} = a^n e^{ax} x^2 + 2xna^{n-1}e^{ax} + 2\frac{n(n-1)}{2}a^{n-2}e^{ax}。$$

线性代数中有求特殊的m阶方阵的n次幂，方阵A可表示为$A=E+B$，而的B的$k(k<n)$次幂为零矩阵，则$A^n = (E+B)^n$可用二项式法则展开求出，如：

$$A = \begin{bmatrix} 1 & 1 & 0 \\ 0 & 1 & 1 \\ 0 & 0 & 1 \end{bmatrix} = \begin{bmatrix} 1 & 0 & 0 \\ 0 & 1 & 0 \\ 0 & 0 & 1 \end{bmatrix} + \begin{bmatrix} 0 & 1 & 0 \\ 0 & 0 & 1 \\ 0 & 0 & 0 \end{bmatrix} = E + B，可知 B^2 = \begin{bmatrix} 0 & 0 & 1 \\ 0 & 0 & 0 \\ 0 & 0 & 0 \end{bmatrix}，B^3 = 0,$$

所以，$A^n = E^n + nE^{n-1}B + \frac{n(n-1)}{2}E^{n-2}B^2 = \begin{bmatrix} 1 & n & \frac{n(n-1)}{2} \\ 0 & 1 & n \\ 0 & 0 & 1 \end{bmatrix}。$

这里求解问题的思路与方法是完全相似的、高度关联的，数学课如果利用这种关联性讲授内容，学生就能理解得既轻松又透彻，会为学生的学习提供一种方法上的帮助。

（四）概念命名的一致性与关联性

高等数学中在求常系数线性微分方程组的通解时的做法是把微分方程转化为代数方程（也叫特征方程），求出特征根（也叫特征值），根据特征根写出微分方程的通解；线性代数中在求方阵A的特征值与特征向量时，写出A的特征方程$|A - \lambda E| = 0$，求出特征值与特征值对应的特征向量，进一步判定矩阵是否可以对角化。这里两门学科概念的叫法一致，求解问题的方法及步骤又是关联的。

高等数学中线性微分方程讨论解的结构问题，即非齐次线性微分方程的通解可以表示为齐次线性微分方程的通解与非齐次线性微分方程的一个特解的和，其中齐次微分方程通解的表示又与函数的线性无关有关；线性代数中非齐次线性方程组也讨论解的结构，即非齐次线性方程组的通解可以表示为齐次线性方程组的通解与非齐次线性方程组的一个特解的和，其中齐次线性方程组通解的表示又与向量的线性无关有关。这里概念的叫法完全一致，结论的形式也完全一致，反映了两门学科的高度关联性。

（五）思维、关系及运算的相互关联性

高等数学的数学思维是以函数作为研究对象，以极限作为研究工具，循着函数借助于极限这条主线讨论一元及多元函数的可导性、可积性及其应用；线性代数的数学思维是以矩阵作为研究对象，以矩阵的初等变换作为工具，循着矩阵及其初等变换这条主线讨论矩阵的秩、逆矩阵、判定线性方程组的解及求解方程组、求矩阵的特征向量、矩阵的对角化、讨论二次型的标准形，同时将向量的线性相关性判定转化为利用矩阵的初等变换判定，借助向量引进线性空间。两门学科折射出的数学思维是相互关联的。

两门学科的许多关系及运算也是高度关联的。高等数学中的函数与反函数互逆、求导数与求积分互为逆运算，线性代数中的矩阵与逆矩阵互逆、线性变换与逆变换互逆、初等变换也是可逆变换。

教师在教学中要充分揭示两者之间的关联性，培养学生的思维方式，这样学生在学习两门课时就能相互补充，可以实现教学相长、相得益彰。

三、关联性教学对课程设置及教师的要求

要将关联性教学灵活运用到课堂上，对每个专业课程的设置是有要求的。各门课程在时间安排上要做到知识的前后衔接，有时会碰到一些课程的讲授需用到另一门课程的知识，而这门课程还没开，显然这样排课是不科学的，建议修订教学大纲时最好是一个专业所开课程的各位老师在一起讨论，尽量科学地安排课程。除了知识上的前后衔接外，对于重叠的内容可以删去。对于非时间衔接的知识性关联，希望后开课的老师能在自己的课上有所体现，这样既复习了旧课，也预习了新课，讲起来会更得心应手。在实际中要做好这一点往往不容易，一是受课时限制，二是受任课教师自身对课程理解的限制。这就对我们的任课教师提出了新的要求：如何在有限的课程时间内，将相关学科关联起来，帮助学生理解透所学课程知识。这就要求基础课老师打牢学生的知识基础，也许今天坐在台下的学生明天就会走上讲台，老师为他们打好基础很重要；专业课老师精准运用关联性教学无疑会事半功倍，要做到科学、统筹、精准，就要求老师精通本专业所涉及的各种研究方法。当我们的老师能准确运用关联性教学时，相信课堂教学质量会有很大提高，这样教出的学生可以系统地理解本专业的知识体系，而不是支离破碎、碎片式地掌握知识，相信恰当运用关联式教学会为提高教学质量做出应有的贡献。

四、结语

本文就笔者所讲授的几门课程进行了思考，希望这种思考能够为我们的教学提供一些帮助。

参考文献

[1] 同济大学数学系.高等数学（第七版）[M]，北京：高等教育出版社，2014.
[2] 同济大学数学系.线性代数（第六版）[M]，北京：高等教育出版社，2014.

[作者单位：理工学部理学院]

程序设计类课程翻转课堂教学模式研究

郭晓梅

摘　要：翻转课堂是激发学生学习兴趣的有效手段，它可以为研讨式教学提供环境与平台，真正体现了"以学生为中心"的教育理念。程序设计类课程具有很强的实践性，在教学中采用翻转课堂的教学模式，学生可以课前自主学习理论、课堂开发项目，这样将大大提升学生的思维能力、实践能力和创新能力，还可以提升课堂教学效果。

关键词：翻转课堂；教学模式；自主学习；程序设计

一、翻转课堂的起源

翻转课堂（flipped classroom）是指教师不占用课堂上的时间来讲授知识，这些知识需要学生在课后自主学习完成，在课堂上，学生把精力集中在完成练习以及与教师、同学的交流上。这种做法颠倒了传统学校"课上老师讲授，课后完成作业"的教学安排，也叫"颠倒课堂"。翻转课堂的思想来源于美国林地公园学校（Woodland Park）的两位化学教师乔纳森·伯尔曼（Jonathan Bergman）和亚伦·萨姆斯（Aaron Sams），2007年，考虑到总是有一些学生因故不能按时上课，两位老师把授课用的课件加以讲解录制成教学视频，传到网上供这些学生补习使用，取得了非常好的效果。在这种模式下，学生的参与度更强，学习更加灵活、主动，两位教师的开创性教学实践得到了越来越多的教师的关注，使这种方法成为一种新的教学模式。如今，翻转课堂已成为全世界广为采用的新型教学模式。

二、程序类课程翻转课堂教学模式设计

程序设计类课程实践性强，在传统教学模式中课堂理论讲解较多、实际操作少、理论脱离实际，部分学生难于理解、学习主动性低、积极性差，掌握知识的水平也不高。运用翻转课堂教学模式，学生课下可以自主学习理论、开发案例，课上进行讨论与交流，这样能够提高学生的实际操作能力、创新能力，实现高校人才培养与企业需求的无缝对接。

（一）课前

教师在课前要准备教学资源，教师根据课程特征、学生情况，根据每一堂课的知识点提供视频、参考书籍、电子课件和教案等。学生可以根据自己的方式与节奏，进

行自主学习，完成知识点的训练。在自学的过程中学生会有很多问题，带着问题进入课堂，可以获得更好的学习效果。

（二）课堂上

教师根据课前的学生反馈情况有针对性地讲解相关知识点，针对学生课前的问题答疑解惑。然后组建项目开发小组，小组成员分工协作，完成一项开发任务，由教师抽查各组进度状况。在各组项目的开发过程中，同学之间可以互相学习、共同商讨，教师可以进行一对一或一对多的指导，教师可以引导学生进行更深层次的设计开发及思考，使知识得到提升，学生及教师可以更好地进行交流。教师应注意培养学生积极探索和交流协作的精神，这样可以在潜移默化中提高学生的自学能力和解决问题的能力。按照这种方法，课堂成为解决问题的场所，学生能更好地掌握运用相关知识。

（三）课后

课后教师针对课堂情况进行总结，学生也可以通过课程视频复习所学知识，并上传自己的作业到网上教学平台，教师通过网上教学平台进行修改、反馈。

三、翻转课堂教学模式的意义

（一）翻转课堂教学模式具有灵活的教学环境

翻转课堂可采用小组合作、汇报和互评等多种教学模式。因教学环境灵活，学生可以自主选择学习的时间和地点，可以是教室、校园一角、图书馆等。教师对学生的学业考评也比较灵活。

（二）翻转课堂教学模式重在培养学生自主学习的能力

教育不是简单的知识传授，学生是教育的主体，教师的教是为了"不教"，自主学习具有无可替代的价值。"自主学习能力"的培养并非通过教师讲授习得，而是要在教师的"引导"与学生的"自学"共同作用下形成。在教学活动中，教师应当认真组织教学资源，用咨询、启发等方式激发学生的学习兴趣。

"翻转课堂"教学活动的目的在于激发学习者的学习动机，课前的教学活动不再是枯燥无味的阅读课本，而是通过教学视频、问题回答等方式自主学习，即便课前学习存在问题与困难，学习者也能够在课堂中得到教师的指导、同学的帮助，问题能够及时得到解决。课堂教学中，学生也不再是"安静"的听众，而是在讨论中获得知识，在小组讨论与合作中迸发创新思维。这样的教学活动无疑提高了学习者的兴趣，满足了学生真正的学习需求，培养了其自主学习的意识和能力。

（三）翻转课堂可以增加师生间的互动

翻转课堂上，课堂变成教师与学生之间互动的场所，主要用于解答疑惑、汇报讨论，教师和学生的角色转变了：教师由传统的知识传授者转变为学生学习的推进者和指导者；学生由传统被动的知识接受者转变为学习的主体，成为学习过程的中心。这种学习方式给予学生很大的学习自由度，又能进行很好的监管，弥补了传统教学的不足之处。

四、总结

翻转课堂实现了传统课堂中知识传授与知识内化的颠倒，体现"以学生为中心"的教育理念。翻转课堂教学模式有利于弥补传统教学的不足，高校应积极营造适合实施翻转课堂教学模式的有利条件。

参考文献

［1］张金磊，王颖，张宝辉.翻转课堂教学模式研究［J］.远程教育杂志，2012（4）：46-51.

［2］赵志梅，张帆.计算机语言类课程教学中的问题与对策［J］.河南教育学院学报，2012，21（1）：66-67.

［3］王娟，祝孔涛.软件开发类课程教学方法探讨［J］.当代教育理论与实践，2011（3）：60-61.

［4］龚怡祖.论大学人才培养模式［M］.南京：江苏教育出版社，1999.

［5］陆昉.推进课程共享与教学改革全面提升大学教学质量［J］.中国大学教学，2014（1）：8.

［6］常宝英，李玉.大学生自主学习状况的调查与思考［J］.计算机教育，2010（4）：27-30.

［7］王晓萍，刘向东，刘旭.课程实验在工程创新人才培养中的作用及实践探索［J］.中国大学教学，2012（1）：74-76.

［作者单位：理工学部计算机学院］

"计算机网络协议基础"课程的特点以及思维导图的应用

杨 成

摘 要："计算机网络协议基础"作为工科生的必修课，对学生充分理解网络的本质及其在社会经济建设中的价值具有重要意义。本文介绍了中国传媒大学的教学团队关于该课程的教学理念、教学目标、内容特点，并对课程教学中采用的方法进行了介绍和阶段划分。本文对各种我校已采用的教学方法进行概述，并着重对思维导图在课程教学中的应用目的和实施过程进行介绍。从课程教学实践和对学生学习情况的匿名调查反馈来看，该方法取得了良好的效果，提升了课程"教"与"学"的有效性和互动性。

关键词：计算机网络；课程建设；教学方法；思维导图

一、"计算机网络协议基础"课程的特点

（一）课程简介

"计算机网络协议基础"课程是工科专业本科学生的重要专业基础课之一，也是中国传媒大学的优质示范课程。该课程对计算机网络的协议模型、计算机网络的关键概念及性能指标进行介绍，详细分析网络层次结构和分组交换的特点。在此基础上，该课程自下而上系统地介绍了计算机网络技术的基本原理、协议、方法：在物理层主要介绍传输媒体、信道复用、宽带接入；在数据链路层主要介绍局域网通信的基本问题和解决方法，介绍广播信道的协议原理、帧结构、扩展方法等内容；在网络层介绍网络地址编址方法、因特网路由选择协议等；在传输层介绍进程通信的概念与方法，介绍可靠传输、流量控制、拥塞控制、连接管理等；在应用层介绍 DNS、FTP、DHCP 等网络应用协议；此外，课程也将对网络安全、视音频服务、无线网络的协议与基本方法进行介绍。

（二）课程教学理念

本课程的建设发展，遵循"重基础、重实践、重方法"的教学理念，具体如下：

（1）面向学生专业基础能力的培养，强调对问题的分析和对原理的讲解，引入专业领域内的国际新成果，注重对学生专业基础素质的培养。

（2）作为后续相关专业课程学习的基础，强调对专业课程的引领作用，激发学生学习本课程和后续课程的兴趣，提升学生的自主学习能力。

（3）以学生为中心，鼓励课堂互动，改变传统的以教师为中心的课程模式，强调

"导"学，注重培养学生的创新思维能力。

（4）使学生感到学有所用，尽早接触学科发展前沿，为学生日后的专业学习及工程实践打好基础。

（5）强调实践，通过演示、实验、扩展训练等方法，将专业基础与实际应用结合起来，并培养学生的实践能力。

（三）课程教学目标

本课程的教学把培养学生的学习能力、实践能力、创新能力作为目标，具体如下：

（1）专业基础的学习目标：通过本课程的学习，使学生系统地掌握计算机网络及其协议的基本原理、相关理论和技术方法，掌握通信协议的分析和设计方法，建立计算机网络相关基本概念与层次结构模型，学会基本的网络编程开发，使学生了解计算机网络与其他电信网络、广播电视网络的异同和联系。

（2）专业基础的实践目标：通过课堂演示、上机实验、课程设计等实验环节使学生深入体会基础知识的内涵和外延，掌握基本的协议分析方法和工具，掌握网络应用的基本开发方法，并结合对现有网络应用的分析和监测，了解网络应用内核的基本开发过程。

（3）思维与学习方法目标：通过对网络体系结构的讲授，并通过在解决实际问题和学习扩展知识中的应用，使学生熟悉层次化、问题分解的思维和学习方法；同时，通过梳理课程章节的逻辑关系及其与现实应用的关系，使学生熟悉问题驱动、任务驱动的思维和学习方法；通过扩展课程外的学习内容，培养学生利用网络资源进行技术交流和查新的能力。

（4）对后续课程学习的指导目标：针对各专业学生的专业课程和学习特点，对学生进行本课程学习指导，使学生了解课程对其后续相关专业课程的影响、了解后续相关专业课程的相关知识点，为学生进一步学习后续相关专业课程奠定良好的基础，培养学生进一步学习后续相关专业课程的兴趣。

（5）创新目标：结合日常生活的问题和应用实践，鼓励学生进行专业技术创新，培养学生分析问题和解决问题的能力，以及综合应用创新能力，进一步推动关于本课程关于专业基础的学习。此外，也鼓励学生开展科研工作，进行较深层次的理论思考和创新尝试，使学生了解科技创新的基本思路。

（四）教学内容的特点

我们在教学内容的选择上主要有三个主要特点：

1. 教学内容的基础性

从学生的实际特点出发，我们把课程的多学科知识划分成理论基础、具体技术和实际案例三个大模块，在课程设计上使这些知识有机结合，发挥信息工程学院学生以基础技术为基础的特点，并且结合他们之前所掌握的计算机基础知识，紧跟新技术的步伐，培养学生"宽口径、厚基础、强能力、高素质"等多方面的能力和素质。

2. 教学内容的前沿性和时代性

本课程在计算机网络协议基本概念、基本理论和基本流程的框架内，追踪计算机网络的新进展，不断融进最新的信息网络解决方案以及网络技术的变化发展，体现了本学科强烈的时代感。在教学过程中，教师注重实时网络技术发展的新趋势、新技术和新方法，使教学内容资源和研究方向方法与世界接轨，与时代发展同步。

3. 教学与科研相结合、科研促进教学

课程教学团队高质量的科研工作使"计算机网络协议基础"能够更加适应计算机网络技术的变化和学术研究的最新发展，提高了本课程的教学质量和深度，使"计算机网络协议基础"课程一直保持着旺盛的生命力。由于课程教学团队一直处在本领域研究的前沿，因此能够时时保持对新科技、新技术的敏感，保证课程的创新性和时代性。

（五）教学方法概述

1. 基于话题讨论的教学方法

强化问题驱动和应用驱动的教学方法，引导学生自主提出问题并寻求解答，落实"导"学模式。

2. 基于思维导图的教学方法

强调对学生学习思维模式的实践，充分利用思维导图方法和工具提升课程"教"与"学"的有效性和互动性。

3. 基于项目/课题的教学方法

从网络技术综合应用实践出发，结合科学方法论，指导学生进行网络热点调研、激发学生的网络应用创意、引导学生进行技术可行性论证与创新实践。

4. 课外扩展学习

在课堂教学的基础上，对各章节增加课外扩展内容，使学生摆脱课程的束缚，进一步了解现实中的网络技术及其应用焦点，激发学生参与应用实践和创新的愿望。

表1给出了上述几种教学方法在课程教学各环节中的应用情况。

表1 教学方法在课程教学各环节中的应用

学习阶段	教学环节	基于话题讨论的教学方法	基于思维导图的教学方法	基于项目/课题的教学方法	课外扩展学习
认知性学习	教案、备课		Y		
	知识点讲解	Y			
	板书		Y		
	知识点关联		Y		
	学生笔记		Y		
	学生复习	Y	Y		

续表

学习阶段	教学环节	基于话题讨论的教学方法	基于思维导图的教学方法	基于项目/课题的教学方法	课外扩展学习
实践性学习	演示、实验	Y		Y	
	学生调研	Y		Y	Y
	学生实践	Y		Y	Y
创造性学习	学生创新	Y		Y	Y

此外,在"计算机网络协议基础"的教学过程中,应从构建知识体系的角度,重视专业基础核心课对后续相关课程的引领作用,提升学生的学习兴趣。针对不同专业,通过介绍课程体系架构,并在相关支撑点介绍后续课程的知识点,提升学生学习的兴趣,并对后续相关课程的教学进行铺垫。从加强学生能力培养的角度,鼓励学生提出质疑,并引导学生思考,在课上实现"教"与"学"的互动,积极鼓励学生大胆提出新见解和新问题,强化学生对课程内容和实际问题的理解。提供课堂讨论时间,交流和讨论有助于创造师生互动的课堂气氛。

二、思维导图在教学中的应用

思维导图,也称作"脑图"或"心智图",创始人是英国人东尼·博赞。思维导图被广泛应用于记忆、学习、思考、规划、设计等许多方面。

(一)思维导图方法的实施目的

充分利用人类思维模式的特点,采用层次分支的形式对课程内容进行描述,提升课程"教"的有效性,并在课堂教学中,与问题驱动的"导"学模式相配合,以层次分支的形式进行思维串联,提升"学"的有效性和课堂的互动性,改变学生思维不清晰、对课程没有整体认识的问题。

(二)思维导图方法的实施过程

以网络概述为例,实施过程如下。

(1)思维导图工具的选择:课程选择MindManager为思维导图工具,该工具有丰富的内置模板,提供方便的手写输入建立思维导图,其生成的思维导图可以方便地导入Word、Powerpoint等文档编辑工具,方便教案和课件的制作。

(2)教案设计:网络概述部分涉及内容多,应从实际应用问题出发,围绕问题驱动,通过思维导图建立层次化的内容关系图。

(3)课堂实施:在课堂上,按照思维导图中的教案设计,进行课堂内容教学,注意记录学生在各部分互动中的反应和思考情况，以便课后进一步调整。把提出的问题、讲授的知识点及其关系以思维导图的方式写在黑板上，方便学生随时注意课堂进程、把握课程脉络，学生的思考也以思维导图层次分支的形式进行描述。

（4）课后回顾与后续课程调整：课后对教学过程进行回顾，将与学生的互动过程整理为思维导图，并找出其中学生关注的问题，指导后续章节教学过程的设计。图1给出了网络概述部分讲述完毕后整理的学生互动情况，其中包括学生关注的问题和教师的批注。

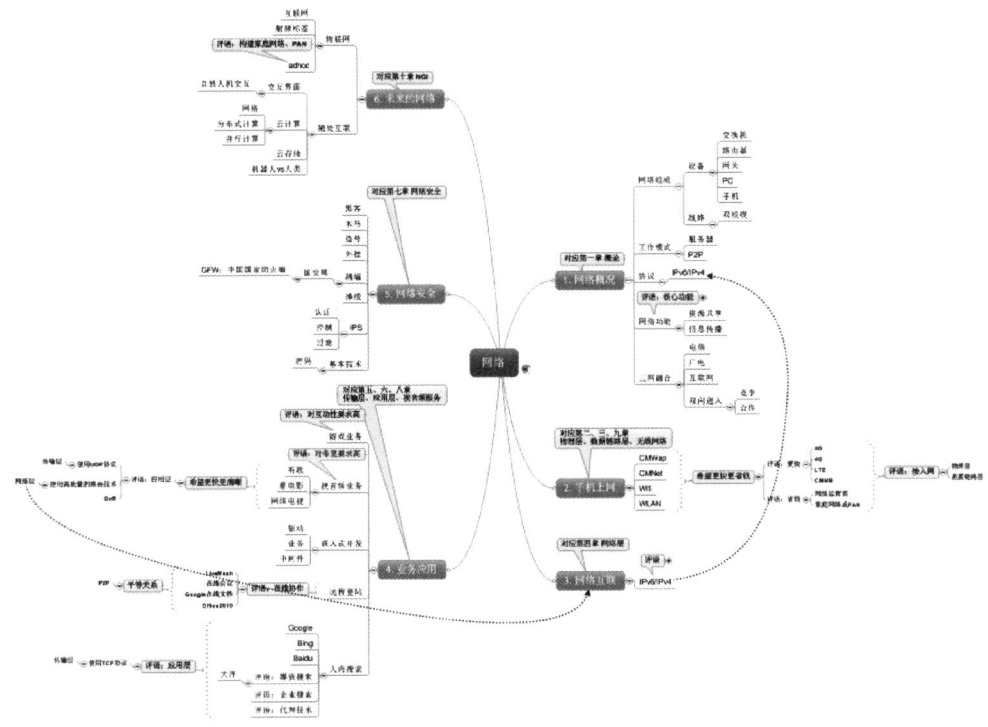

图1　学生互动情况

三、课程教学效果调查

（一）发放调查表

为了提高学生对课程建设的参与程度，我们采用第一人称学习小结的方式进行调查，以2011年秋季发放的课程调查表为例：

> **"我的课程我做主,我的网络我设计"**
> **"计算机网络协议基础"课程的学习小结**
> 2011 年 10 月
>
> 在"计算机网络协议基础"课程的教学过程中,为了提高学生的学习兴趣和主动性,我们和老师已经用到了"基于思维导图的教学方法""基于话题讨论的教学方法""基于项目/课题的教学方法""基于方法论的教学方法",学期近半,我感觉有话要说:
>
> (1)我在想老师在课上使用"基于思维导图的教学方法"提高了我对课程的系统性认识吗?能使我更容易理解知识点之间的关系吗?这种方法在教学过程中的使用还存在问题需要我们和老师一起去完善吗?
>
> (2)到现在,我们已经使用"基于话题讨论的教学方法"讨论学习了"网络是什么?""宿舍局域网如何设计和搭建?""如何部署应用服务器?"等,这种方法增强了我学习的兴趣和探索的欲望吗?这种方法在教学过程中的使用还存在什么问题需要我们和老师一起去完善吗?
>
> (3)老师为我们设立了两个课外实践训练课题,希望能够将"基于项目/课题的教学方法"应用到课程教学中来,以培养我们的各种能力(按照老师的说法就是学习能力、实践能力、创新能力)。目前,围绕两个课外实践训练课题我们自发地设立了 5 个小组。我参加了吗?参加了哪一个课题小组?我希望从课外实践训练中学到什么?得到什么锻炼?

(二)思维导图的应用效果

综合学生的反馈可知:"使用思维导图知识脉络清楚了,上课理解顺畅了""提高了对课程的系统性认识""更有利于记忆""复习、记笔记很方便""将很多分散的点、知识都联系在了一起,虽然对课本上知识的理解很含糊,但经过串联讲解知识脉络清晰了,使学生更容易理解知识点之间的关系""知识框架很清晰,脉络完整,有助于学生从总体上把握知识结构"。

此外,经过课堂上对思维导图的使用,学生也学会了应用思维导图来开展科研活动。图 2 给出了学生利用思维导图进行的课题设计样例。

思维导图这种方法的实施有效地降低了教师准备教案的难度,将教师对知识点的理解自然地融入到课程教学的过程中,避免了因为过多关注教案的形式,而忽略了对课程内容的教学部署。通过课后对课堂情况的回顾,在思维导图中,我们可以很轻松地完成对教案的调整和对后续课程教学的设计。同时,针对具体问题,在课堂上利用思维导图的分支层次结构进行互动思考,学生和教师的互动可以轻松进行融合,还可以强化知识之间的关联。

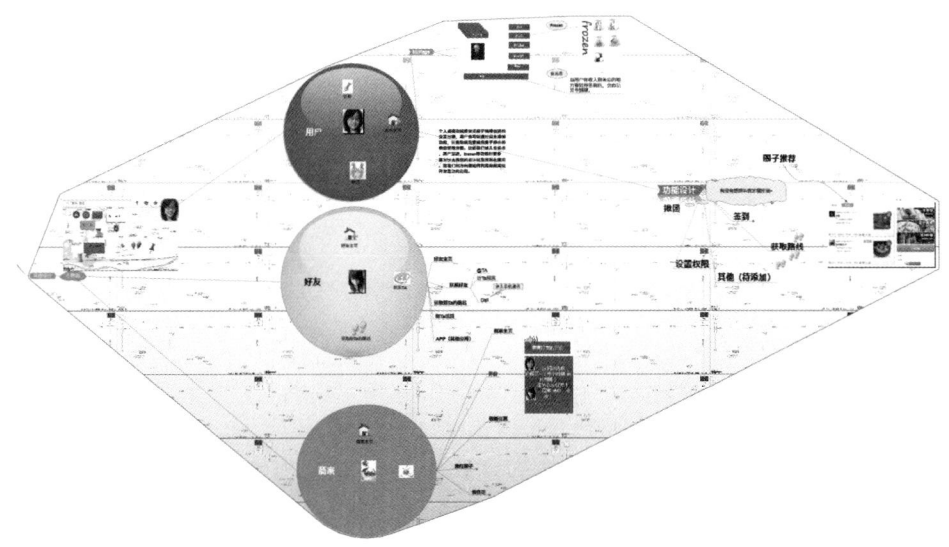

图 2 学生利用思维进行的课题设计

四、结论

本文对"计算机网络协议基础"课程的教学方法进行了介绍,包括课程教学理念、教学目标和内容特点等。其中,作为主要教学方法之一的思维导图被引入课堂,这对提升课堂"教"与"学"的有效性和互动性,增强课程知识的结构性和系统性,以及推动课程思想性的建立,都具有良好的辅助作用。基于思维导图的教学方法,非常适合"计算机网络协议基础"这种知识点庞杂的课程,目前对思维导图的使用还可以进一步从个性化、与其他方法的有效衔接、探求知识本质和方法论等方面进行优化,为构建下一步课程改革方案形成重要的技术支点。

参考文献

[1] 中国传媒大学网络教学综合平台[EB/OL].[2017-01-21].http://jxpt.cuc.edu.cn/meol/jpk/course/welcome.jsp?courseId=1707.

[2] 李学锋,郑毅.问题驱动的计算机网络教学改革研究[J].电脑知识与技术,2016,12(6X):113-114.

[3] 赵国庆.概念图、思维导图教学应用若干重要问题的探讨[J].电化教育研究.2012(5):78-84.

[4] 百度百科·思维导图[EB/OL].[2017-01-20].https://baike.baidu.com/item/思维导图/563801?fr=aladdin.

[5] 思维导图[EB/OL].[2017-01-18].http://www.mindmanager.cc.

[作者单位:理工学部信息工程学院]

不忘初心　　不辍耕耘
实践教学

媒体融合形势下高校节目制作技术类课程设置与实践教学方法探索

杨　宇　王鸿涛

摘　要：互联网的发展催生了多种媒体的融合，这种趋势不可阻挡。高校在节目制作类课程的教学改革中，不可避免地要让学生进入行业互通、资源共享的制作环境。本文面向高校节目制作课类程，对新环境下的节目制作人才需求进行了分析，介绍了广播电视工程专业"电视编辑与数字合成技术"课程开展教学改革的方法和思路。根据当前的专业培养方案，我们将新媒体、多机位编辑、云非编等内容引入学生的课内和实验环节，提高了教学效率，同时避免了增加硬件成本，降低了实验管理的要求。

关键词：高校教学；实践教学；节目制作；媒体融合；云非编

一、背景

（一）媒体融合带来机遇与挑战

随着全球 OTT 业务的开展，任何信息业务（包括电台、因特网、通信业务等）都需要大量的视频资源，传统媒体机构不再是内容的唯一生产者。为此，除了广电行业，有大量的单位，如网络运营商、电信运营商、文化产业相关公司和政府相关部门都自己的节目制作部门。"内容为王"成为相关行业不可争辩的规则。而在数字化、网络化的今天，信息传播技术突飞猛进，云技术的应用和新媒体融合成为当下的热门话题。掌握新技术的优秀节目制作技术人员对于各种媒体单位来说都是炙手可热的争夺对象。

行业的发展给高校学子带来了大量就业机会，同时也对他们提出了新的要求。当前，互联网发展迅速，各种媒体迅速融合，这也推动着信息传播方式的革新，这些都要求从业人员能够掌握最新的、最快捷的节目制作手段，从而满足更广泛的社会需求。互联网时代，培养创新型节目制作技术人才，需要学生掌握基本的节目制作技术和艺术创作方法，还要能够快速掌握新的媒体推送技术，并具备一定的相关技术开发能力。这就要求高校在人才培养的过程中，重视学生在新技术方面的实践环节设计。然而，新技术的引入不仅需要教师及时更新教学内容，也对高校硬件平台的更新提出了更高的要求。如何在不增加教学成本的基础上，引入基于新技术的实验环境，成为高校亟待解决的问题。

(二)教学改革势在必行

中国传媒大学理工学部信息工程学院广播电视工程系的数字电视节目制作方向,是专门为广播电视业务培养专业技术人才的专业方向。在过去的一段时间中,我们一直力求培养艺术与技术相结合、理论与实践相结合的综合性人才,也取得了不错的成效。我们培养的学生不仅具备一定的艺术创作能力,还具备较强的学习新技术的能力,能够掌握节目制作软硬件的使用技术,具备一定的软件编程和硬件开发能力。不过,面对当前互联网思维的冲击,媒体融合已成为必然趋势,我们需要对广播电视工程数字电视节目制作方向的课程建设和培养方案进行改革。"电视编辑与数字合成技术"是该方向的核心专业课之一,其教学目的是让学生掌握节目制作中线性、非线性编辑系统和数字合成设备的基本原理和使用方法,并将这些技术知识运用到实际的艺术创作中。从教学目的可见,该课程与节目制作直接相关,所以成为这次教学改革的重点课程。

二、新媒体时代下的思考

在"互联网思维"的推动下,智能手机、平板电脑、智能电视成为大众流行的媒体接收设备,更多新型词汇如大数据、云技术成为大众耳熟能详的词汇。在这种大环境下,节目制作出现了以下变化:

(1)媒体融合来自于全媒体资源整合、全媒体资源分发和传播。目前用于制作节目的全媒体内容资源,可来自电视、移动平台、网站、微博、微信、APP等多种平台。节目传播的方法更加丰富,节目类型更加多样化,节目内容也具备了更多的互联网元素。

(2)传统模式下,观众会在家中通过电视节目得到信息。但是现在,越来越多的人在上班途中、工作之余,打开手机,使用各种APP来获取信息。这类信息大多短小精悍,却切中要害。这是因为,互联网提供了海量数据,用户的选择越来越多,用户因为流量、时间、精力等因素的限制,也变得越来越"不耐烦"。在节目视频的制作中,也应避免冗长拖沓,力求短时间内吸引用户眼球,实现高效的信息传输。

(3)信息传播速度快、时效性强,观众会通过多种渠道获得最新的信息,并急切期望更加有深度的报道。在这种环境下,节目制作的效率必须更高,否则一旦错过热点话题的热议期,节目价值将大幅下降。

由于我们的课程以基本节目制作技术与创作方法为主,创新型媒体制作技术方面的教学为辅。我们希望经过这样的改革,学生不会"丢掉根本",却能掌握新的创作思维方式。因此,在课程改革筹备中,我们根据目前节目制作出现的上述变化进行了进一步分析:

(1)由于信息传输方式的多样化,在节目内容创作时,应引入新的视听语言。在节目后期制作时应加入适当的特技包装,令新传播模式下的故事能使观众心领神会。

(2)当前流行的真人秀综艺节目采用多摄像机长期跟拍的手段,其节目制作过程比较特殊，由于纪实性强，表演不可再现，很多摄像机的拍摄是不间断的。对于这样的海量素材，后期制作网络需要与多通道记录网络相连，通过多机位切换才能高效完成粗编工作。

（3）对于互联网时代下媒体人的创作工具，我们认为，它必须是能够支持媒体人在任何有网络的环境下能进行高质量节目制作的工具。无论制作人员身处何地，比如刚刚回家，或是在下班的路途中，只要有节目创作的需要，借助智能手机、笔记本电脑也能立刻完成工作。

三、利用现有条件，对课程进行最佳优化

在实施教改的过程中，我们需要考虑成本，结合现实情况，尽量利用学校提供的软硬件资源完成教学改革，避免造成不必要的浪费。另外，还要以教学大纲为框架，合理安排课时。我们的主要工作包括以下几方面。

（一）引入手机元素

手机是目前大众使用最多的移动平台。在通常情况下，它是用户用于信息浏览和播放的工具，手机拍摄的素材压缩比较高，但画质满足网络播放的要求，它也可以成为信息采集、处理和发布的设备。我们的课程对手机元素的引入主要在以下两个方面。

第一，生活中用手机短信或微信聊天成为常态，人们的沟通方式发生了巨大变化。因此，在节目创作的故事情节处理中，学生设计了更多的现代元素。我们在特技制作实验环节，增加了相关元素的包装处理方法。从课后作业反映的效果来看，很多学生在视频作品中加入了动感而清晰的"微信"元素，令节目内容更符合现代人的生活习惯。

第二，在对话剪辑实验中，引入手机拍摄的素材。多数人在使用手机拍摄时，不注意构图，因而我们要求学生在拍摄素材时，应摆脱原有的使用手机的习惯，采用画面利用率更高的构图方法。每位同学都有手机，可让多位同学手持手机，以多个角度、多种构图来同时拍摄，最后采用多机位编辑来剪辑。从课后实验的效果来看，同学们用这种方法拍摄多机位素材的效率非常高，不用重复拍摄，也减少了穿帮镜头的出现。

（二）引入多机位编辑的概念

多机位编辑是真人秀综艺节目中比较常用的非线性编辑形式，最适合处理多机位的同步素材。多机位编辑又称"软切换"，或"软切"，就是把多个机位对应的素材在后期进行快速非线性剪辑的某种特殊功能。软件在提供该功能时，一般会提供多个机位素材的浏览界面，且多个素材可同时同步重放。编辑时，用户只需按下讯道号码的快捷键，或用鼠标点击一下软件界面上相应讯道的浏览窗口，即可完成一次镜头的编辑，不需要传统非编的素材挑选、打入点、打出点、逐镜头帧对齐等操作。虽然，目前很多电视台会采用索贝或新奥特的工作站来完成多机位编辑，但考虑到成本的原因，我们不得不放弃使用这些昂贵

的工作站进行教学。不过,我校计算机机房里的设备上安装有 Adobe 系列软件,该软件也具备多机位编辑功能,操作方法与前述系统相似。因此,我们在实验环节中,利用 Adobe Premiere 软件的多机位编辑(Multi-Camera 功能)进行学习与实验。学生们用手机拍到的多机位素材可用于这个部分的学习。利用这种方法进行节目粗编,每位同学都好像在使用切换台切换画面。

(三)引入云非编

很多集成商将云计算应用在非线性编辑网络应用中。这种云媒体制作系统一般由软件(即服务层 SaaS)、平台(即服务层 PaaS)和基础设施(即服务层 IaaS)组成。其中,SaaS 层是以基于互联网的浏览器为交互平台,可为远程用户提供服务器端口的非编软件。如果编辑人员利用这种平台进行非线性编辑,在编辑过程中,存储在云端的高清原素材及其对应的低码率副本都没有被修改,编辑人员的所有操作过程是通过 EDL 文件进行保存的。EDL 文件通过网络传送至后台计算机集群,后台则可根据 EDL 表使用高清源文件进行高速数据处理,最终生成高清节目文件。后台还可对高码率节目文件进行压缩,用于生成在线观看使用的低码率文件。编辑人员只要携带普通的笔记本电脑,同时身边有宽带网络,就可以凭借账号登入云非编平台,进行高效的编辑工作。

云非编的配置成本可高可低,如果建立私有云服务,就可提供更安全、更丰富的教学工具,但由于成本过于高昂,我们暂时无法配置。但是作为教学工具,我们仅需要购买云非编账号,这样教学成本较低,使用灵活方便。因此,我们选用了索贝 MediaX 云非编,该云非编账号可以让学生在一个月之内随时使用。学生们不需要再去约机房,也不用找工作站,只需要带着自己的笔记本,在一个有宽带的环境就可以完成节目制作实验。从教学效果来说,这种模式确实降低了对实验室配置的要求,同学们可以更灵活地分配时间,在自己的宿舍或咖啡厅,集中精力完成作品。不过有不少学生反应,该云非编软件比较新,使用起来会遇到一些小问题。

(四)优化课时

面向媒体融合的课程改革,我们需要对现有的课程体系和实践环节增加多媒体节目制作内容。同时,我们必须保证课程符合教学计划,符合学生的培养方案,所有课程调整不能破坏整体教学大纲。考虑到新内容所需的课时,我们将原有教学内容中较老旧的部分进行淘汰和课时压缩。比如,当前各电视台和媒体机构的整体系统都在朝着文件化、无磁带化方向发展,虽然基于磁带的线性编辑目前仍被使用,但已经开始面临被淘汰了。所以,我们将线性编辑实验的课时进行了压缩,为其他新技术授课提供了更充裕的时间。另外,我们要求学生在创作作品时,尽可能短小精悍。这一方面可以减少单次实验占用的时间;另一方面,当前的社会节奏快,人们更喜欢看时间短、效率高、观点明确并吸引眼球的节目,这样的作品训练也能提高学生"用画面讲故事"的能力。

四、未来之路的探索

通过这次教学改革的尝试，我体会到，各种新生技术的不断出现，对我们教育工作者的知识更新能力提出了新的要求。不仅如此，教育机构的各种软硬件也应该跟上社会的变化。在教改筹备过程中，我见识到云技术对媒体发展起到了极大的推动作用。在理工科学生的培养过程中，多门课程都能运用这些技术，如果我们能投入更多资源，建立用于教学的私有云系统，不但能让该资源用于正常的教学活动，也能让本科生和研究生参与到云系统的维护与开发工作中，相信这会在教学方法、教学手段方面带来更多的变革。

参考文献

[1] 李北北. 全媒体背景下OTT TV产业链各方的博弈与重构 [J]. 科技传播，2015（16）：88-89.

[2] 马文颖. 浅谈融合媒体环境下的云平台规划和设计 [J]. 视听界：广播电视技术，2016（1）：88-89.

[3] 赵新宇. 在非编软件中模拟简单切换台功能——多机位编辑的实现方法 [J]. 现代电视技术，2013（10）：26-28.

[4] 余军. 融合媒体业务环境下的公有云服务及云基础资源平台特点 [J]. 现代电视技术，2016（7）：40-42.

[作者单位：杨宇，理工学部信息工程学院；王鸿涛，理工学部实验教学中心]

"光纤传输技术"实验教学改革研究

李树锋　杜怀昌

摘　要：我们针对现代光纤通信实验发展的新趋势，结合中国传媒大学网络工程专业的培养方案，完成了相应的实验教学内容、实验教学方式的改革，我们在现有光纤通信实验基础上，做好了基础光传输实验，加深了学生对基本概念的理解，增设了扩展性及前沿性实验，拓展了学生的视野和知识面。实践证明，这种理论加实验的教学方式可以使学生更好地掌握光纤传输理论的基本概念，提高学生的实际动手能力，较好地完善整个实验教学体制和实验教学内容，为学生掌握光传输系统及工程应用方面的知识打下了良好的基础。

关键词：光纤传输；实践教学；教学改革

一、引言

自光纤通信的概念被提出以来，在世界范围内得到了广泛的应用和研究，尤其是近几年来其发展极为迅速，新的理论和技术不断产生。"光纤传输技术"是网络工程专业广播电视网络技术方向的课程，为了提高学生的动手实践能力，本课程增设了实验教学环节。

在理论方面，本课程主要介绍了光纤传输与网络技术的一些基本知识和实际应用，以及光纤传输新技术的一些最新研究进展。教学内容主要包括：光纤与光缆；光源、光调制与解调；光放大器；光无源器件；光纤传输系统。通过对这些内容的讲授，使学生可以更深入地了解光纤的理论知识，为后面的实验课程打下坚实的基础。

在实验环节，为了让同学们在实验室里掌握光纤传输领域中的主要先进技术，在一些验证性和设计性实验的基础上，添加一些开发性实验。这样不但能够加深学生对理论知识的理解，还能够提高学生的动手能力和对实验设备的掌控能力，提高学生的学习积极性。通过本课程的学习，使学生掌握光纤传输技术领域的基本概念和基本原理，培养学生分析问题、解决问题的能力，以及严谨的科学作风，打下坚实的光纤技术基础，为社会输送优秀的毕业生。

二、传统教学方法中存在的弊端

网络工程以及通信工程专业的专业课程是建立在数学、物理等理论性较强的课程的基

---

* 本文属于"教育部－百科融创产学合作协同育人项目网络工程专业课程体系研究与建设"成果。

础上的，尤其是光纤传输、光通信、光网络等课程的理论更是涉及波导光学、激光原理和计算机网络等更为难懂且交叉性较强的课程，理论性比较强。对于理论知识基础相对薄弱的学生，掌握这些课程更是不易，很容易进入听不懂、学不会、跟不上、厌学的恶性循环状态，学习质量以及学习兴趣都会大大降低。同时，光纤传输技术作为一门新兴的科学技术，发展十分迅速，课本上的知识过于固化，很难涵盖相关领域的最新技术。这就使传统的理论教学更为枯燥，不能激发学生的学习兴趣，与社会相关行业脱节，不利于学生毕业后从事相关领域的工作。因此，学校理工科专业中传统的理论教学模式很难继续进行，所以，如何探索"光纤传输技术"课程的教学改革模式是本文要讨论重点。

三、实验仪器选择和实验内容设计

　　光纤通信课程的内容主要包括：光纤和光缆的结构与类型；光纤的传输原理和特性；光纤特性的测量；光源、光检测器、光无源器件的类型、原理和性质；光调制和解调；光端机的组成和特性；数字光纤通信系统；模拟光纤通信系统；光纤通信新技术；光纤通信网络。从课程内容可以看出，"光纤传输技术"是一门实验性很强的课程，除了理论教学之外，还需要实验教学与之配合。很多大学都较早地开设了光纤通信课程，但当时光纤通信的实验器材都很贵，教学主要是课堂理论教学。近几年，国内光纤通信产品的制作技术逐步成熟，产品价格逐渐降低，光纤通信实验教学才逐步开展。由于受学时和实验条件限制，光纤通信课程中实验教学的学时大多集中在 8 学时至 12 学时。本课程的实验教学希望保持在 16 学时，这样可以做大约 8 个至 10 个光纤传输实验，更好地将理论与实验进行结合，提高学生的理解能力。

　　实验教学内容的选取既要与理论教学内容相互协调，又要便于学生操作实验或进行演示实验；既要兼顾基础性，又要具有系统性和先进性，使学生在实验中通过验证、观察、分析、操作、运用和科研等实践，掌握光纤通信课程的基本概念、基本理论和基本技术，为进一步学习相关专业课程及从事通信技术类工作奠定一定的基础。我们把光纤通信综合实验箱、工程用光纤通信仪器、工程用光纤通信产品等作为实验教学工具，根据各自的特点来设计实验教学内容。

　　随着国内光纤通信技术的发展，一些工程用仪器仪表实现了国产，产品性能完全满足教学要求，产品价格也逐步降低。目前，实验箱使用的是百科融创教学仪器设备有限公司生产的 RC-GT-V 型光纤通信教学实验系统，该实验箱采取模块化设计，灵活搭线，可以实施多个实验，并可以自己灵活搭接组成其他实验。实验箱上配有光纤跳线的接口模块，可以自由加入光纤无源器件，使用多种仪表等进行观测。此外，本实验箱可以扩展实验模块，还可以同时配合 Cortex-M3/M4 综合实验开发系统完成光纤网络、通信原理等实验，加强了同学们对光纤传输理论的认识。本实验箱可以做与光纤传输有关的 20 多个实验，并保持 4 次基本的光纤传输实验：

（1）模拟（数字）信号电—光、光—电转换传输实验。这个实验可提高学生对光纤整体的认识，同时熟悉整个光纤实验箱的主体。

（2）电话语音光传输系统实验。利用光纤实验箱与电话机的配合，增强学生的参与感，同时使学生了解自己的声音是如何通过光纤实验箱传输的，这也增加了教学的趣味性。

（3）光纤无源器件特性测试实验。这些器件包括连接器、分路器、耦合器、衰减器，通过这部分实验，使学生掌握理论知识讲解的各个无源器件的模型，通过对这些器件的测量，增加他们对各种器件的认识。

（4）波分复用光纤通信系统实验。这个实验是比较重要的一个，通过这个实验，使学生对最新的分集技术有了更加清楚的认识，在掌握理论的同时加深了他们对知识的理解。

正是由于上述 4 个实验的重要性，所以上述 4 个实验是本课程要求网络工程以及通信工程专业的学生都需要了解和掌握的。在此基础上，在每次教学过程中，通过将学生进行分组，利用后面的几个实验机会，比如光纤传输特性测量、数字终端实验等实验部分，安排不同组的学生做不同的实验，利用每次上课时的部分时间段，让学生分别讲述各自实验的原理和分析结果，通过这种理论、实验和课堂讨论的方式，加深同学们对这部分知识的认识。

四、教学方法研究与改革

网络工程专业作为理工学部的一个新专业，在本文成稿前刚好有两届毕业生，如何将学生的就业问题与学生的课程实验进行结合，并且提高学生的实践动手能力，成为我们高校工作者的重要工作。传统的实验教学模式是以实验教师为核心来组织教学活动，从编写实验指导书、准备实验设备、讲解实验到指导学生做实验、批改实验报告，这一过程始终以教师为核心，学生处于被动服从的地位。在这样的教学模式下，压抑了学生参与实验学习的自主性和积极性。

在上述基础上，针对"光纤传输技术"的实验课程，我们应该借鉴目前理论教学中的 MOOC 模式，将 MOOC 教学方法引入"光纤传输技术"的实验课程中，这样可以采取开放式教学，即以学生为主体、教师为主导的教学模式，在完成教师安排的光纤传输基础性实验的基础上，学生尽可能地结合自己的兴趣各自选择完成几个综合性或设计性的实验，提高学生参与的积极性。实验方法学生自定，教师负责启发和引导学生解决实际问题。此外，通过这种方式，为理论基础好、动手能力强的学生提供较好的实验平台，将他们吸纳进入课题组并参与更多的科研活动，以提升学生的综合素质和竞争力。

五、结　语

通过本项目的研究，我们丰富了教学实验内容，拉近了教学与工程实践、科研的距离，提高了学生的参与积极性，使学生能够更好地掌握该课程的基本概念、基本理论，并提高了学生的实际操作能力。同时，"光纤传输技术"的实验教学可以让学生在学习中进行研究，一定程度上学生的就业能力、创业能力和创新能力均得到了锻炼和提高，大大增强了学生综合应用专业知识的能力。

参考文献

[1] 杜云刚，李继军，刘闽华. 光纤通信实验教学的改革实践[J]. 实验技术与管理，2012（8）：168-170.

[2] 周建华，邱琪，周晓军.《光纤通信》实验教学改革探讨[J]. 电子科技大学学报，2003（2）：89-91.

[3] 邓月明，王玲，周志彬. 现代通信实训平台建设与实验教学改革[J]. 实验室研究与探索，2007（12）：122-125.

[4] 石庆兰，王忠义，董乔雪，段颖晰. 通信技术实验课教学新方法研究[J]. 中国现代教育装备，2011（17）：75-76.

[5] 孙捷，杨佳，任德昊，谭毅. 光纤通信实验教学的改革实践[J]. 实验技术与管理，2009（7）：122-124.

[作者单位：理工学部信息工程学院]

关于宽带网络实验课程改革的探讨

张乃谦　苗方　金立标

摘　要： 实验课是宽带网络技术课程的必要教学环节，然而在实际教学中，我们发现宽带网络实验课还存在着一些不足之处，因而需要对其进行教学改革。本文从分析宽带网络技术课程的特征着手，分析了现阶段实验课程存在的不足，并且对不足之处进行了探讨，给出了一些教学改革的思路。

关键词： 高校教学；宽带网络技术；实验；教学改革

一、引言

"宽带网络技术"是理工学部网络工程系非常重要的一门专业基础课。该课程主要讲述干线网及用户接入网的网络架构、传输机理和协议算法等方面内容。该课程的一个重要特点就是理论与实践相结合，在理论学习之余还要有大量相应的实验课程相配合，没有理论教学就无法建立宽带网络的知识体系，而没有实验课程，宽带网络也就成为纸上谈兵。所以，"宽带网络技术"的实验课程不仅可以验证理论教学的内容，还可以让学生直观地、更加深入地理解网络架构、传输协议等方面的知识。因此，精心设计宽带网络实验课程、完善实验体系成为该课程教学改革中非常重要的内容。

二、"宽带网络技术"课程现状

（一）理论课现状

"宽带网络技术"是网络工程系学生大三下学期的一门专业必修课程，理论讲述部分主要以教师口述讲授和视频演示为主，内容包括：SDH、ATM、宽带IP网络、光网络、用户接入网和无线宽带网络等。该课程的特点是知识点多、专业词汇多、内容相对枯燥，若教学方法和学习方法不得当，很容易令学生感到抓不住重点、无从下手。多年来，该课程一直延续着传统的教学内容和模式，有些知识点较为陈旧，因此，教师会在书本知识的基础上结合当前宽带信息网发展的最新技术和动态添加一些内容。但是，仅凭口头讲述是无法达到学以致用的目的的，更达不到培养高级专门人才、建设一流学科的目标。因此，该课程必须要有实验课相配合，以学以致用为导向，突出该门课程的技术实用性和知识性，解决学生动手能力和解决实际问题能力不足的缺陷。为此，"宽带网络技术"课程专门开设了实验课，由专门教师担任实验老师，根据书本理论知识设计实验内容，旨在加深学生对书本知识的理解，了解实际网络的运作状况和操作技术。

（二）实验课现状

目前，网络工程系的宽带网络实验由专门教师任教，根据书本主要内容设计了一些针对性的实验，总实验学时为 16 学时。为此，我们在学部支持下成立网络工程实验室作为实验教学场地，并购买了一批实验设备。新建成的宽带信息网络技术实验室应用了目前主流的网络技术和设备，包括具有 4 个城域网节点的 2.5Gbps 多业务光传输平台，1G/2.5Gbps 上下行带宽的 EPON/GPON 接入网系统，采用 Homeplug AV 标准的 EOC 接入系统、用户管理计费系统，以及由路由器、交换机组成的实验室局域网络。此外，实验室还购置了应用于物联网和嵌入式课程的实验箱等设备。通过这几年的教学实践，我们发现目前的实验课程还存在以下问题。

1. 实验设备数量不够

由于宽带网络技术主要应用于运营商的承载网络之中，所使用的设备如城域网光节点、接入网局端设备，以及网管设备等都属于高值的专用设备，实验室没有足够的资金来配备多套设备。因此，目前只有一套可供演示和操作的城域网和接入网系统。对于本科教学而言，一个班级的学生通常为 30 人左右，轮流使用实验设备的话，那么在有限的课时内没有时间让每一位同学在设备上进行实地操作。

2. 教学方式单一，学生动手能力没有得到充分锻炼

由于受场地、设备、课时等条件所限，目前的实验课教学仍然以教师的讲解和演示操作为主，学生动手的机会不多，因而学生可能对实验课的兴趣不够高。而且专用设备的操作步骤并不具有通用性，比如实验室配备的华为设备与思科、中兴等品牌的同类设备在管理软件、指令系统等方面都有不同。有关实验操作可能对理解相关原理有所帮助，但对学生而言并没有必要完全掌握一种设备的配置方式，老师也没有足够课时完成专业的培训。

3. 教学内容陈旧

网络技术的发展日新月异，几年前编写的教材中有部分内容已经和业界技术的发展现状脱节。例如，ATM 网络现在在实际应用中已不再部署，但由于 ATM 系统的很多网络建设思想仍然值得现在的网络借鉴，因此，在理论教学中还需要酌情讲授，但在实验教学中应当区分对系统工作原理性质的理解和对实际应用现状的了解。

鉴于以上 3 点原因，我们需要对宽带网络实验课程进行改进。

三、关于宽带网络实验课程改革的基本构想

（一）实验课程设计具有时效性

"宽带网络技术"这门课程的特征在于时效性很强，网络技术的发展日新月异，新技术不断涌现，现有技术淘汰速度快。因此，这门课程的实验设计要充分考虑到这一点，所设计的实验要紧跟网络发展的步伐，尽量将业内一些最新的、最实用的网络技术渗透到实验教学环节，不要一味抱着老传统、老技术不放。比如，现在已经进入光接入时代，PDH、SDL等技术已经过时，在设计实验时就应该舍弃这方面的实验内容，转而添加关于PON方面的实验内容。

（二）实验课程要形成体系

目前，宽带网络实验课教学体系还不够完善。该课有具体的教学大纲，但是没有专门的实验教材以及考核指标。尤其对于知识更新快速的"宽带网络技术"这门课而言，不够完善的实验教学体系将无法很好地配合理论教学，导致学生在实践领域出现短板。另外，没有具体的考核指标，将无法量化学生在实验过程中对实践操作的掌握程度，无法对学生形成督促作用。因此，我们需要根据教学大纲以及现有的实验条件，制定切实可行的实验教学方案，在实验中体现和贯穿理论知识，保证实验的可操作性和先进性，打造多层次、灵活的实验项目，完善实验考评体系，让教学成果不会白白流失。

（三）多利用仿真实验教学

宽带网络实验对实验环境要求较高，实验设备昂贵并且实际中对设备的操作具有一定的风险性。比如，每次上完实验课后教师都需要花费大量精力恢复设备的原始配置，重新连线等。如果恢复有误，则会影响整个实验室网络的正常运行。因此，仿真实验教学是一个很好的选择。首先，仿真教学仿真程度高，与实际操作设备区别不大，学生依然可以很好地锻炼实践能力；其次，仿真软件的恢复要比设备恢复容易得多，可以减轻教师的课外负担；最后，实验设备比较昂贵，仿真软件的使用可以弥补硬件设备的不足，使学生有更多上手实验的机会。而且，经过仿真验证后的操作再应用到实际设备上的时候，可以在一定情况下避免失败的风险。

（四）实验教学要与科研创新相结合

没有教学的科研是无本之木，没有科研的教学则无法带给学生最前沿的知识。所以，宽带网络实验的教学也应和教师的科研相结合，一方面可以促进教师科研的进展，另一方面可以让学生体验到最新的前沿技术，提升学生对这门课程的兴趣。除此以外，除了书本上规定的实验之外，还可以鼓励学生通过与老师沟通交流甚至自主设计实验内容，或者与

教师的科研内容相结合设计实验。这些都可以让实验课内容更加丰富，符合可持续发展的教学理念。

四、结语

实验课在"宽带网络技术"这门课程的教学中具有十分重要的地位，进行实验教学的改革和探索，目的是为了提高教学质量，使学生能够深刻理解理论知识并能做到学以致用。随着网络技术的日新月异，教师的知识储备也要时常更新，实验教学也是如此，要不断完善实验教学体系、更新实验教学内容、改进实验教学方法，遵循可持续发展的教学之路，为社会培养更加优秀、更加全面的人才。

参考文献

[1] 秦斐，郭鑫. 计算机网络实验教学改革与实践［J］. 软件导刊，2015（6）：214-216.

[2] 李梓铭. 计算机网络实验教学改革研究［J］. 知音励志，2016（17）：50.

[3] 李志远，胡金洪. 基于软件的计算机网络实验教学改革［J］. 科技信息：学术研究，2008（24）：542-543.

[4] 姚庆. 基于网络环境的大学计算机课程实验教学改革探讨［J］. 课程教育研究，2016（29）：28.

［作者单位：理工学部］

高校工科本科毕业设计的改革与探索

杜建和

摘　要：工科本科毕业设计是高校工科类专业培养方案中的最后一个环节，也是培养大学生工程和理论创新能力的一种重要教学手段。因此，完善工科本科毕业设计的管理工作，对提高工科专业的教学水平具有十分重要的意义。本文首先对高校工科毕业设计的现状进行分析，指出现阶段存在的一些问题；其次，本文结合电子信息工程专业的特点，对工科本科毕业设计进行探讨，给出一些具体改革方案；最后，本文对全文进行总结并展望未来。

关键词：工科；本科毕业设计；现状；问题；改革方案

本科毕业设计是高校按照培养计划实现教学目标的重要教学手段，是大学生对本科四年专业知识学习的运用、检验和总结。对于工科生而言，本科毕业设计是其综合运用工科专业知识解决实际工程或者学术问题的一次锻炼，也是其即将走上工作岗位或深造的一次练兵。因此，对于工科毕业生而言，毕业设计不仅仅是简单地完成一篇论文的写作，其重点更在于培养自身独立解决实际工程问题和学术问题的能力。圆满地完成毕业设计，能够为学生将来参加工作或者深造打下坚实的理论和实践基础。

一、工科毕业设计的现状及存在的问题

近年来，高校本科毕业设计出现了很多问题。例如，毕业设计安排的时间与学生应聘工作的时间冲突；导师指导学生的时间不够充分以及毕业设计的题目单一乏味；学生很难在短期内完成毕业设计等一系列问题。下面笔者对高校工科毕业设计的现状进行剖析，并指出其中存在的一些主要问题。

（一）高校对于毕业设计的时间安排及存在的问题

目前，在国内大多数高校的工科专业培养计划里，毕业设计被安排在本科阶段的最后一个学期，即被安排在第八学期。而对于工科生来说，很多毕业设计涉及一些工程实践和实验。例如，电子信息和通信类学生的毕业完成需要理论分析、仿真、实践验证和论文撰写等一系列工作。而在大四的最后一个学期，学生面临着毕业、就业等压力，大部分学生都把重点放在简历投递、面试和实习等环节。其他一部分参加研究生考试的学生，把精力放在了准备考试、面试和与未来导师进行沟通等环节中。因此，很少有学生能够真正静下心来完成毕业设计。

（二）教师时间与精力不足的问题

高校工科教师每年不仅被要求完成固定的教学任务，还被要求完成一定量的科研任务。在高校中，为了上好一节课，教师平均需要花费4到8个小时的备课时间，普通教师每周通常要完成4到16节课。而科研更是耗费了高校教师的课余时间，若一名教师想要在一到两年之内产出一篇高水平的学术论文，那么这名教师的课余时间几乎都花在这上面，教师很难花大量精力和时间来指导单个学生，更何况许多高校都是一名教师指导多名学生的毕业设计。因此，自然而然地出现了学生从选题到答辩只与指导教师见过一两次面的"奇怪"现象。没有教师的精心指导，即使学生足够优秀和努力，也很难出产优秀的毕业设计。再者，由于教师的时间与精力有限，没有花费较多时间来搜寻和设计新颖的毕业设计题目，再加上部分导师对毕业设计的重视程度不够，因此，有些教师的毕业设计课题内容重复出现，这使部分学生产生了投机取巧的心理，导致本科生毕业设计抄袭等不良现象的产生。

（三）学生不重视以及自身能力有限的问题

部分学生在思想上不重视毕业设计，在这些学生看来，因为已经是大学最后一个学期，毕业设计与奖学金没有什么关系，只要混个及格就行。很多学校对待毕业设计是非常"宽松"的，在这些学校，学生的毕业设计只要做了，无论做得怎么样，有没有达到预期目的，学校最后总会想方设法通过。正是由于这样的"事实"存在，毕业设计很难受到学生的重视。

工科生的毕业设计是学生综合运用专业知识解决实际工程或者学术问题的一次训练。而在此之前，学生更多是被动地接受教师课堂讲授的知识和完成一些简单的实验。先前已经分析了由于毕业设计的时间安排问题，学生真正用于毕业设计的时间不足。想要在非常短的时间内做好毕业设计，对于这些从来都没有进行过系统工程实践或学术研究锻炼的学生来说，这超出了他们的能力范围。

二、提高工科毕业设计质量的措施

电子信息工程是一门通过使用计算机等现代化的信息技术达到对电子设备的控制以及信息处理的学科。电子信息工程主要是用来研究信息的获取和处理，以及电子设备和信息系统的设计、开发、集成与应用等。随着我国现代化建设的飞速发展，电子信息技术在社会的各行各业中发挥了愈来愈重要的作用，具有举足轻重的地位，电子信息工程的发展已经成为一种不容取代的趋势。高等院校作为电子信息工程师的摇篮，它的培养方案将直接影响电子信息工程师的成长。而毕业设计作为高等院校工科专业培养计划中的一个关键环节，具有非常重要的意义。下面笔者将针对毕业设计中存在的问题，结合电子信息工程专业的特点，在已有研究成果的基础上，探索建立创新型的本科毕业设计模式。

（一）树立正确的毕业设计观念

想要做好毕业设计，首先要在思想上重视毕业设计。对于学校来说，要在学生中普及毕业设计的相关知识，强调毕业设计的重要性；对于教师来说，在工作和科研之余，需花一部分时间与精力来完成本科生毕业设计的指导工作，做好精心选题、细心规划和耐心指导的思想准备。对于学生来说，要加强对毕业设计的认识，明白毕业设计的价值，从而重视毕业设计。

（二）教师的科研与学生的毕业设计相结合

若只想利用大四下学期的时间来做好毕业设计，对于大多数工科生来说，这是很困难的。因此，工科的学生需要提前进行毕业设计相关方面的准备。以电子信息工程专业为例，每个该专业的教师都有自己相关的研究方向（应用研究或者理论研究），学生可以在大二或者大三时就对每个教师的科研方向进行了解，联系其感兴趣的研究方向的教师，然后跟着教师做一些科研工作，培养自己的科研兴趣并了解科研过程。这样，到了大四进行毕业设计时，学生可以很快地进入状态，有些学生甚至可以直接将已有的科研成果当成自己毕业设计中的一部分。

（三）加强管理和严格把关

学校和教师定期对学生的毕业设计进行检查，对进度过慢的学生进行警示，并督促其加快进度。例如，采用让学生提交毕业设计周报和定期进行报告等方式。学校和教师要对学生的毕业设计严格进行把关。主要在两个阶段对毕业设计进行严格把关：一是中期检查，对于中期检查不过关的论文勒令相关学生进行修改，由其指导教师负责指导和监督，并延期重新进行中期答辩；二是终期答辩，终期答辩决定了毕业最终是否通过。因此，应由学校统一规划，制定完善的答辩规则，组织多名相关领域的专家对毕业设计进行评审和答辩，以确保毕业设计的质量。

三、结语

本科毕业设计是学生对其大学本科生涯所学专业知识的一次"实战演习"，是实践性和综合性很强的一个重要的教学环节，同时也是培养创新能力和提前适应社会工作的一次锻炼机会，因此具有非常重要的现实意义。然而，本科毕业设计是一项"复杂"的工作，很多学者也一直致力于研究毕业设计的改进工作，提出了很多行之有效的方案。笔者在前人的研究基础上，针对当前工科毕业设计所存在的问题，提出了上述改革措施。希望通过以上措施，提高本科生毕业设计的质量，提升高校的办学水平，为社会培养更多优秀的人才。

参考文献

[1] 柯颖. 高校本科毕业论文教学改革的对策思考[J]. 学术论坛，2008（10）：203-205.

[2] 张治安. 浅议工科本科毕业论文教学改革与实践[J]. 科技创新导报，2008（17）：241-242.

[3] 徐治. 工科专业本科毕业设计教学改革的探讨[J]. 大学教育，2015（5）：144-145.

[4] 罗怡. 基于本科毕业设计的工科类专业教学改革探讨[J]. 中国电力教育：上，2013（2）：152-153.

[5] 孙雪景，魏立明. 高等院校工科专业毕业设计教学改革与探讨[J]. 中国电力教育，2009（21）：128-129.

[6] 杨湄，万鸣. 工科类毕业论文的教学模式改革与创新[J]. 教育教学论坛，2015（13）：112-113.

[7] 刘志煌，刘海苑. 工科本科生毕业论文教学改革的探讨[J]. 广东工业大学学报，2010（1）：103-104.

[8] 吴会杰，李元，李庆，王明光. 浅谈高校工科毕业论文教学改革的实践与探索[J]. 教育教学论坛，2015（6）：85-86.

[9] 李国林. 电子信息工程的现代化技术探讨[J]. 硅谷，2012（4）：140.

[作者单位：理工学部信息工程学院]

"数字电视演播室技术"实验教学改革初探

杨 宇　王鸿涛

摘　要：媒体融合的形势下，电视节目制作的形式也发生了变化。作为广播电视节目技术人才的培养者，高校在相关课程的教学和实验环节要及时做出改进，让学生适应全媒体环境下的技术需求。本专业在开展"数字电视演播室技术"课程的过程中，将移动拍摄、航拍、4K超高清技术引入教学和实验环节，并取得了良好的教学效果。

关键词：高校教学；实践教学；演播室；媒体融合；航拍

一、新媒体带来新思考

随着"互联网+"时代的到来，各种各样的新媒体终端不断出现，传统媒体在这种冲击下开始调整自己的姿态，主动出击，积极与新兴媒体进行融合。传统媒体原本就具有强大的资源储备和稳固的传播渠道，在融入新媒体后，原有平台得到了更加多样化的视频内容和丰富的信息数据。传统媒体与新媒体相互带动和渗透，全媒体时代即将到来。全媒体在媒体对象、获取途径、加工方式、发布渠道和展现方式5个方面具有显著的多样性，被称为具有"5多"的特点。媒体对象既包括传统对象，又包括广大的移动用户和网络用户，媒体信息则来自传统渠道、移动渠道和网络渠道，还有大数据信息等。在全媒体节目制作中，信号源融合了传统基带信号带来的音视频内容，以及互联网传输的来自音视频网站、微信、微博、移动客户端等平台的多种信息数据。其节目发布的形式也多种多样，可提供线性或非线性的传播方式，用户无论在传统屏幕还是移动端都能看到适合该媒介的内容形式，满足了受众的信息需求。全媒体制作还提供了与用户互动的渠道，并引入大数据分析进行融合媒体的数字运营，及时了解用户需求，及时调整业务满足用户需求。全媒体节目的制作思路也发生了改变，传统节目制作是单渠道输出，融合媒体环境下的节目是通过多节点交织成的网进行发布的，这些节点包括传统渠道、网站、微信、微博、APP等。因此，节目制作时，需要考虑各节点的收视类型，以每个节点为中心进行创作，多节点相互竞争、相互合作、相互带动。

融媒体时代的媒体人要想用户之所想、急观众之所急，及时通过多种渠道向受众提供多媒体信息。融合媒体带来了媒体生态环境的改变，也带来了人才需求的变化。我们作为培养广播电视人才的教师，面对新媒体浪潮的到来，必须快速调整思路，积极应对人才需求上的变化。

二、广播电视工程专业的人才培养

中国传媒大学理工学部信息工程学院广播电视工程专业的培养目标是以数字视音频技术为基础，面向广播电视、现代传媒和多媒体通信等领域，培养具有扎实的学科基础和专业基础知识，能在广播电视、现代传媒和网络视频等相关领域从事科学研究、系统设计与集成、技术开发与应用等方面工作的高级技术人才。我们一直在力求培养艺术与技术相结合，理论与实践相结合的综合性人才。在信息爆炸、科技发展加速的今天，人才培养的需求更进了一步：学生需要适应未来技术迅速变化的世界，具备快速学习新知识体系的能力，因此我们一直在不断完善课程体系。

我们选择了"数字电视演播室技术"课程作为教学改革的试点课程。在融合媒体环境下的节目生产方式虽然多种多样，但是能提供最高质量的节目摄录环境的便是演播室，无论是电视台还是网络节目提供商，只要创作高质量的视频，就仍然需要演播室。演播室在设计和建造时就预先考虑到了彩色视频内容制作的各种技术要求，它提供了最佳的音响效果、完备的灯光照明系统和布景，并且配置了最高档的节目制作设备，在全媒体时代，演播室又成为多种信息的汇聚中心，配合在线包装系统，演播室可以通过背景大屏、上游键、下游键将文字、图片、二维、三维、虚拟的和实景的画面融合在一起，这完全满足融合媒体的制作要求。"数字电视演播室技术"课程是广播电视工程专业各个方向都必须学习的核心课程，我们将该课程的实验环节作为这次教学改革的重点目标。

三、课程实验环节的改革

过去，我们已经将"数字电视演播室技术"课程内的部分内容进行了教学改革，完成了课程内容上的更新。在2016—2017学年，我们主要完成此课程的实验环节改革。以往，我们的实验环节共安排16学时的实验任务。其中：第一部分，信号接口实验，共1学时；第二部分，二对一编辑系统的连接和使用，共4学时；第三部分，非线性编辑实验，共3学时；第四部分，演播室结构与设备功能，共4学时；第五部分，演播室节目制作实践，共4学时。

对于第一部分，由于目前行业中还在使用基带信号视音频接口，新引入的IP化制播系统由其他课程讲授，所以这个部分的实验没有做太大的改动。

对于第二部分，根据当前技术发展的需要，磁带化节目制作已经被淘汰，我们把二对一编辑系统的连接和使用实验学时进行了缩减，并把以往在该实验中的线性编辑应用部分去除，将实验改为2学时的直播系统连接与应用实验，重点训练学生对信号源、切换设备、路由设备、监看设备的连接和应用，要求学生掌握视频系统、音频系统、同步系统的结构。由此，我们节约出2学时留给新的实验教学内容——移动摄影和航拍实验。

对于第三部分，由于演播室节目制作中的视频素材目前仍然需要非线性编辑制作，所以这部分实验没有做太大改动。

对于第四部分，在演播室的结构和设备功能上，由于我们和学校电视台联合摄制了相关设备的使用方法教学视频，学生可以在课余时间预习和复习。原来 4 学时中包括的 2 学时讲授、2 学时设备实操缩减成了现在的 2 学时有辅导的设备实操。节省出来的 2 学时，用于带领学生到我校新建的 1400 平 4K 超高清演播室进行实验。

对于第五部分，演播室节目制作实践的课时和内容没有修改。这是因为，该环节非常重要，学生需要足够的时间熟悉团队合作，跟上节目制作的节奏，即使在全媒体演播室制作，最基本信号流程控制和工作人员的配合也是必须掌握的。

四、抓住机遇，利用资源

在实施教改过程中，我们需要完备的实验环境。近年来，中国传媒大学在教学硬件方面的投入非常大，理工学部教学实验中心购买了最新的移动拍摄设备和航拍设备，并组织实验教师进行相关技术的培训。校园中也建立了越来越多用于学生学习实践的实验室、机房和制作中心。2016 年 10 月 18 日，我校 1400 平 4K 超高清演播室验收成功，该演播室成为亚洲首座建设在大学中的演播室，并且主要用于面向本科学生的教学实践活动。新媒体时代已经到来，学校为我们提供了良好的教学环境，"天时"已至，"地利"已成，剩下的就要看我们教师的了。我们以教学大纲为框架，合理安排课时，所做的改革主要包括以下几方面。

（一）引入移动摄影

移动拍摄可以带来运动视角下的画面，适合新闻、体育、综艺等各种类型节目的制作。移动拍摄中，除了使用昂贵的轨道、云台、斯坦尼康架设演播室级摄像机以外，还可以使用小型运动摄像机。伴随着互联网的发展，直播类节目制作中的素材来源越来越广泛。素材的采集已经可以跨越演播室的范畴，只要有网络的地方，我们都能够实现视音频信号的采集。虽然，相比演播室摄像机而言，运动摄像机的画质一般，镜头和图像可调节的范围也很有限，但是这类摄像机体积小、重量轻、价钱便宜、可遥控、操作简便，十分适合户外的视频采集，可满足更加灵活、更具时效性、现场感更强的节目制作。

在移动拍摄实验中，我们使用了实验教学中心提供的 GoPro Hero 5 运动摄像机。我们向学生介绍了这款运动摄像机的基本使用方法以及电子防抖、语音控制、基本的画面调整和编辑功能。利用好这类运动摄像机，即使在骑行中、车上、水下等各类不利于传统移动拍摄的环境下，都可完成低成本的视音频采集。

（二）引入航拍技术

利用民用无人机搭载移动摄像机可以拍摄到高空中鸟瞰的镜头。使用这种技术拍摄，摄像机移动便捷，能支持长距离的移动飞行直播。在特殊情况下，比如交通堵塞或在危险地区，航摄可不受地理因素限制，适合拍摄电视专题片、大型新闻直播、综艺互动等多种高质量的节目。在全媒体时代，航拍的成本低，又具向更强的时效性，必然会被广泛使用。不过，在各种移动拍摄技术中，航拍可以算是最有难度的一种。相比其他拍摄方法，航拍具有特殊性，飞行器无法做到即调即飞；在信号对接上，航拍涉及信号的长距离无线传输，信号的稳定性直接影响到整个航拍的安全性与成败；不仅如此，航拍还受到天气、设备重量、人员调度、法律法规等多种因素的影响。

在实验教学中，教学实验中心提供了一台四旋翼飞行器，我们向学生们介绍了旋翼升力流体力学的原理、飞行器的结构、直流无刷电机的控制结构和飞行器控制方法等。我们不但向同学们介绍了航拍中的难点和要点，还着重强调了航拍带来的法律法规问题。近年来，使用无人机航拍已成为越来越普遍的事情，伴随而来的是各种无人机"闯祸事件"。对学生进行安全教育是非常必要的，学生需要了解如何消除航拍带来的公共安全隐患。课程组中负责实验的教师经过专业培训，并考取了相关证照。课程中，我们强调航拍需要遵守民航局的规定，教育学生安全使用飞行器是重中之重，并严格按照有关规定，保证课程在室内进行。

（三）4K 演播室实验

中国传媒大学于 2016 年建成中国首个大型 4K 超高清演播室系统。由于该演播室是开展全媒体人才培养实践教学共享平台的一部分，学校采用高规格、高水平的要求进行系统规划与建设，从而满足教学实践、科学研究、人才培养的要求。该演播室充分考虑到媒体融合的趋势，采用了光纤网、万兆以太网、千兆以太网组网，视频系统则具备 4K 和高动态范围（HDR）直播能力。不仅如此，该系统还可实现新媒体的制作和发布功能，实现多种移动平台的节目接收以及微信、微博等社交媒体与电视媒体的互动。

我校超高清演播室代表着当前最前列的技术水平，该演播室一经验收，我们马上联系相关负责人，筹备了"数字电视演播室技术"超高清演播室实验。我们把超高清演播室放在演播室课内教学部分之前，这样学生们在第一次进入演播室时，就会留下比较深刻的印象，在脑海中预先建立起先进的演播室系统架构的框架，带着疑问和好奇，继而更有兴趣完成后面的系统学习。学生们在这次实验中需要了解演播室的主要组成及视频、音频、灯光和 VSM 等系统架构，学习摄像机讯道、可控轨道、切换台、调音台、在线包装、虚拟合成服务器等关键设备的功能和作用，还要学习新媒体系统中融合媒体采集、生产、发布的基本方法。

五、结语

"数字电视演播室技术"实验改革后，我们取得了良好的教学效果，学生对新加入的实验课程非常感兴趣。当学生们进入实验室、触摸到移动摄像机和飞行器时，眼神中流露出求知的欲望与兴奋之情。当同学们进入 4K 超高清演播室时，他们都为演播室技术发展的速度所震撼。学生们表示，希望有更多的机会接触这些新事物，亲身参加实验，有助于更好更快地学习和掌握新知识。

融合媒体时代的到来给我们教育工作者带来了不小的挑战——技术更新迅速，工作流程发生变化，系统设计的思路也与以往不同。我们必须紧跟时代，不停地学习与实践。课程的革新是非常必要的，而且，未来我们还需要根据实际情况不断改善课内和实验课程的内容。面对各种新技术的不断出现，教育机构的各种软硬件条件还需要继续跟上，教师们也需要更多的机会参加新技术的研讨和培训，教育事业需要在波涛汹涌的新技术发展洪流中高速前行。

参考文献

［1］于丽莎．"互联网+"下的媒体融合发展研究［J］．经济师，2017（3）：23-25．

［2］史鹏程．全媒体融合生产业务和技术应用探讨［J］．电视技术，2014（2）：72-76．

［3］李岩泽．全媒体演播室的功能定位与技术策略［J］．电视技术，2016（3）：89-92．

［4］杨宇．谈谈"数字电视演播室技术"课程的教学与实践［C］．张鹏洲，等．融合创新，立德树人．北京：中国传媒大学出版社，2016．

［5］黄棕，李玉珠．航拍在电视新闻直播中的使用［J］．视听界，2014（4）：117-118．

［6］梁巍．无人机在电视制作中的应用及存在问题［J］．西部广播电视，2016（15）：199-200．

［7］刘杰峰，张俊．中国传媒大学 4K 超高清演播室建设与分析［J］．现代电视技术，2016（8）：81-85．

［作者单位：理工学部信息工程学院］

完善本科生境外暑期项目的思考与建议

——来自大同大学暑期项目的经验与启示

钟丹丹

摘　要：境外暑期项目是发达国家在本科教育中实施国际化战略的普遍经验。本文以中国传媒大学理工学部本科生境外暑期项目为例，叙述暑期访问团在台湾省大同大学的学习概况，总结大同大学国际化教育的借鉴经验与启示，进而从项目运行与管理视角提出持续推进与完善本科生境外暑期项目的相关建议。

关键词：境外；暑期项目；本科生；大同大学

境外暑期项目是高校实践教学中的一种新型教学模式，其特点在于依托境外名校的国际化教育平台与全球化视野、先进的教学管理水平与良好的实训设备、高水平的教师队伍与独特的多元文化氛围，推动国内高校的教育教学改革，探索高校国际化教学的模式与途径。

为探索推进理工学部本科教学的国际合作机制与新型模式，理工学部启动了国际化战略"境外高校工程实践"项目，于2016年7月16日至2016年8月3日从理工学部选派13名本科生到台湾省大同大学进行为期19天的学习和实践。本文回顾与总结了我校学生在台湾省大同大学暑期学习的概况，以及教学特点、方法、借鉴经验与启示，提出推进与完善本科生境外暑期项目的相关建议。

一、境外暑期项目概况

在台湾省期间，理工学部的同学参加了两个专业营队，分别是电机信息运营合并营的物联网系统设计课程和无线通信专题实作与设计营的设计实务课程，主要包括三大类形式：

（一）专题报告

来自大同大学工程学院、电机资讯学院、设计学院的众多专家教授共同举办各类专题报告活动，如工程领域之机电系统设计及实作、移动电话应用与创新，以及创意无限的设计产业等。系列专题报告旨在让学生深入浅出地了解理工类专业各领域的国际前沿和研究热点，提升学生的专业知识和专业能力。

（二）参观体验

暑期项目中，设计营的老师带领同学们参观考察了台北迪化老街、台北县莺歌陶瓷博物馆、陶瓷老街等几处具有当地文化特色的地方，要求学生对考察的内容进行归纳整理，总结出自己的观点。大同大学校内的 Future Ward（未来产房）是目前全台最大的创客空间，面积超过 300 平方米，同学们通过手工工具、数控设备等分享创造经验。参加这些体验活动激发了学生的专业学习兴趣，提高了学生的科学素养与综合素质。

（三）讨论沟通

教学互动是境外高校教学的特色之一，通过各类演讲、汇报等活动，让学生与高校教授充分交流，在自主学习的过程中培养学生对专业知识的应用能力，对科学问题的发现与分析能力，以及综合性的思考、沟通和表达能力。访学团通过学习、体验、交流三种形式，将课堂学习、专题研讨、实地考察与文化交流有机地融为一体，使学生得到了充分有益的锻炼。

二、经验与启示

总的体会是，大同大学的办学理念非常先进、国际化程度很高，而且具有基础科学研究长期持久、科学研究深入细致、科研积累十分厚重、学科交叉优势明显等突出特征。

（一）自然学科与社会学科的有机结合，重视战略问题研究

大同大学高度重视自然学科和社会学科的有机结合，高度重视基础研究和应用研究的贯通。高度重视学科交叉，围绕解决全球性、基础性的重大科学和实际问题，开展问题驱动型的科学研究。大同大学始终立足于国际前沿研究领域，突出重大创新，获得了重大科技成果。大同大学通过整合学科资源、突出创新，促进优势学科与交叉新兴学科协调发展；通过营造全方位、常态化的国际交流环境，保持大学办学理念的先进性和科学研究的超前性、前沿性，进而在激烈的人才竞争、创新竞争中保持其持续发展和优势地位。

（二）产—学—研有机结合，科研服务社会

大同大学由大同公司创办，其教育特色是理论与实践并重，按企业实际需求培养学生，注重提高学生将来就业时所应具备的专业素质，其培养出的毕业生岗位适应能力较强。这种务实致用的能力培养首先体现在课程设置上。学生从大学一年级下学期就开始循序渐进地接受专业课的学习，低年级的课程安排是专业基础课与专业课交替进行，且在大学二年级上学期就开始安排产品设计课程，这种课程顺序使学生能更早地形成对本专业的认知，更加明确专业学习的目标。除此之外，大同大学工业设计系的许多老师至今仍活跃在业界，有的是知名公司特聘设计师，有的拥有自己独立的设计团队，有的为政府项目特聘设计顾问，他们保持着最敏感的设计触觉和最务实的设计思维，能够深切了解社会所需

设计、企业所需人才,以及大学生所需的就职竞争力。教师在业界的人脉也能够为学生争取更多的校企交流空间,如更多的参观、实习、就业等机会。

(三)体验式、引导式教学,寓教于乐

大同大学是一所位于台北市中山区的私立大学,前身为大同工业专科学校、大同工学院。总校区位于中山北路三段 40 号,紧临大同公司,双方具有建教合作关系。大同大学的特色教学部门"自造者空间"实践教学中心,提供金工、木工、车床、激光雕刻、3D 打印和 CNC 设备,以提升学生的设计、自造能力为目标,培养学生"发挥所学、回馈社会"的精神。各特色"自造者空间"中,创意设计中心运作领域的功能为 3D 模型制作、传统工艺、皮件等;机械梦工厂领域重点支援全校相关课程,例如:机电整合、模型制作的创意设计、机械加工制作与整合测试所需的加工机具与技术;电子梦工厂运作领域支援全校相关课程的试验,提供程式设计、电子电路实操与整合测试时所需的测试仪器与场所,让教学实现学习与实践之间的零落差。我在交流期间数次对"自造者空间"进行访问,发现实践中心的利用率很高,管理很规范,学生申请后可以 24 小时使用。辅导技师对机器使用讲解详细,机器均有使用流程与注意事项标牌。"自造者空间"内部有综合服务中心、交流休息区,可以及时满足学生各种需求。"自造者空间"也承接对外社会服务,使学生可以近距离观摩实际项目的制作过程,真正践行了大同大学"动手做,实境学"的教育理念。

三、建议

根据理工学部选派本科生赴大同大学暑期学习的经验与启示,从持续推进与大力提升本科生境外暑期项目的角度出发,本文拟提出以下建议。

(一)加强国际合作,项目常规化、品牌化

参与本次境外项目的师生,无不深刻地感受到,高等教育国际化趋势明显。对外交流已经是世界一流大学普遍采用的教育模式,也是世界一流大学发展的必然结果。践行高等教育国际化战略,选派优秀的本科生代表到境外感受国际一流名校的教学理念、教学方法和社会文化生活,是推动本科生国际交流较为可行的路径。因此,建议高校大力推进与国外名校之间的校际合作,对本科生暑期项目给予持续资助,创造机会让优秀的本科生参与境外暑期项目,将境外暑期项目做成高校本科国际化教育的精品项目和品牌项目。

(二)运作规范,总结提高

选派本科生暑期赴境外学习是项探索性的创新型教育工作,需要根据学科和专业特性,结合学生的发展需求,并借鉴国外高校高等教育的特点,探索有效且为学生所乐于接受的教学模式、教学方法和教学内容。本次在大同大学的暑期专业学习,整体方案设计、

日程安排、具体内容、教学方式都非常合理,得到师生的一致认可,为后续暑期项目的开展提供了有益的借鉴。

(三)研究生与本科生共同参与、相互促进

由于多数本科生刚刚接触专业领域,专业知识有限,学识结构较窄,往往难以完全吸收与消化国外高校专业领域的科研设计。研究生参与境外暑期项目可以起到如下作用:第一,短期境外学习有助于研究生进行留学决策。通过参加暑期项目,研究生本人有机会在相对充裕的时间内了解国外高校学习、生活的方方面面,帮助研究生更好地进行留学决策。这种体验,使得研究生的决策更具可行性和价值。第二,研究生可以为本科生起到示范和引领的作用。相对于本科生来讲,研究生已经开始接触或已从事相关领域的科学研究,既可以从更深层面与境外知名高水平大学的教授进行交流,也可以通过暑期营队的内部讨论、沟通,帮助本科生更好地学习;同时,研究生的学业规划可以为本科生的学业发展起到有益的借鉴和激励作用。

参考文献

[1] 毛雅萍. 浅谈国际化战略发展对当代高校人才培养的影响与意义 [J]. 教育前沿, 2015 (5): 287.

[2] 刘师贤、郑强. 试论学生思想政治工作者在推动本科生国际化中的作用 [J]. 科教导刊, 2014 (8): 77-78.

[3] 刘军弟. 完善本科生海外访学项目的思考与建议 [J]. 科教导刊, 2012 (11): 82-83.

[作者单位:理工学部学生工作办公室]

面向大学生就业能力培养的实习基地建设与管理模式探析

钟丹丹

摘 要：校外实习基地是高等院校教学计划的重要组成部分，是培养学生实践能力和创新能力的重要环节，也是提高学生职业素养和就业竞争力的重要途径。高校应深入企业进行调研，了解企业用人需求，同时，采用规范化管理实习项目、积极争取资金扶持以及建立校外实习基地等长效机制，以此建立高质量与稳定的校外实习基地，为学生将专业知识转化为就业能力提供重要平台支撑与制度保障。

关键词：就业能力；实习基地；高等教育

近年来，我国高校毕业生的人数不断地刷新着记录，高校毕业生的就业问题也逐渐成为一个社会问题，而随着社会的发展，用人单位对于高校毕业生的实践能力也提出了更高的要求，高校要想使毕业生的就业率提升，就需要建立以就业为导向的实习基地，从而可以增加高校毕业生的就业机会，使高校毕业生能够在激烈的市场竞争中占据优势地位。

校外实习基地是高等院校教学计划的重要组成部分，是培养学生实践能力和创新能力的重要环节，也是提高学生社会职业素养和就业竞争力的重要途径。实习基地建设是锻炼实践本领的重要课堂和走向社会的必经之路。针对当前高校校外实习项目单一、管理松散、师资不足等问题，本文着重分析校外实习基地的特点，阐述完善校外实习基地建设与管理的重要性。本文通过走访社会用人单位、毕业生，并发放问卷，收集有关实习基地的调查数据和资料，从源头上找出实习基地建设与管理中存在的问题，最后给出针对性的建议。

一、面向大学生就业能力培养的实习基地建设的意义和目的

相关调查资料显示，用人单位对于高校毕业生的要求在逐渐提升，用人单位不仅注重高校毕业生的专业基础知识功底，而且更注重高校毕业生的实践动手能力。我国目前的高校毕业生现状是高校毕业生人数多、就业率低、综合技能差等。这种情况出现的最主要因素就是高校没有建设以就业为导向的实习基地，大学生无法得到有效的实践锻炼，导致其技能的应用相对较为死板和僵硬，无法适应用人单位的需求。因此，加强以就业为导向的实习基地建设就显得尤为必要。我国的高校毕业生实习模式一直沿用传统模式，而这一模式已经无法有效地适应现今社会发展的需求，该模式中存在的问题也逐渐地暴露出来。根据相关的实践研究可以了解到，基于就业导向的实习基地的建设，能够使学生的综合实践能力得到提升，帮助大学生实现就业，使高校毕业生能够更好地适应社会。

（一）实习基地是高校实践教学的一个平台

很多高校为了适应社会发展的需求，出台了一系列人才培养计划，重视开展实践教学，积极地提升大学生的实践动手能力，使学生具备较强的创新能力，从而使学生能够进一步适应用人单位的需求，达到提升大学生就业率的目的。就业导向实习基地的建设是高校理论教学与社会实践的有效结合，实习基地的建设可以帮助锻炼学生的实践能力，使学生可以将所学的知识真正地应用到实践中，也为学生提供了接触社会的机会，学生通过实习基地积极地参加到社会实践活动中，从而使自身的综合素质得到有效提升，加强了自身就业的竞争实力。

（二）实习基地有助于培养学生的自主创新精神

学生通过就业实习基地接触社会、了解社会。在具体的实践活动中，学生们会遇到很多以前从没有遇到过的实际问题，他们会互相研究讨论，在各种课内外书本资料中查找答案，或者向老师和企业员工请教。这样可以激发学生学习的兴趣和强烈的求知欲望，培养学生敢于创新的精神和理论联系实际的扎实的工作作风，使学生熟练地掌握必备的职业技能，增强学生的实践操作能力。通过这些实际的规范化的职业训练，学生可以养成严谨、踏实、爱岗敬业等良好的职业素养。

（三）实习基地建设是提高毕业生就业质量的有效途径

这种就业导向的毕业实习模式具有校企合作紧密、学生受益大的双赢特点，是提高当前高校毕业生就业质量的有效途径。第一，毕业生在就业实习过程中能够发现自己的职业兴趣所在，修正就业方向，端正求职态度。第二，毕业生在就业实习过程中，可以判断出自己的实际水平和用人单位对人才的基本要求之间的差距，找出不足，及时改进，为毕业后顺利进入职场做好准备。

二、校外实习基地存在的问题

（一）建设经费没有保障

随着高校逐年扩招，学校基本建设占用了大部分资金，实习基地建设的经费明显不足，严重影响了实习效果和实习质量。比如中国传媒大学理工学部，2011年以前一届有200多个学生，就业实习基地有10个。现扩招后一届的学生人数是500多个，就业实习基地12个，数量只增加了2个，经费也没有增加，学生的实习场所严重不足，实习效果比较差。另外，经费投入不足也影响到学校与实习基地合作的稳定性。根据相关的调查研究可以了解到，很多实习基地因为双方疏于联系，合作基础慢慢消失。

（二）实践教学环节流于形式

校外实习基地应实现"产学研"三结合的作用这一条虽然在签订合同时提出来了，但由于各种原因，在具体实施的过程中并不能真正实现。一个重要的原因就是高校调动不了实习单位的积极性。实习单位对学生的到来不太热情，不愿意在带领学生实习上花费太多的时间和精力，一般只安排工作人员进行一些简单的介绍，让学生观看纪录片，组织学生参观企业。

（三）实习基地规模不能满足实习要求

实践教学的顺利完成需要足够的实习基地规模和数量的保证。高校一直采用集中实习的生产实习模式，但是随着学校的扩招，学生人数迅速增加，原有基地的数量远远满足不了实习要求。如理工学部由三个学院的 10 个专业合并而成，班级数量由原来的 14 个班增加到 18 个班，原来有限的生产实习基地不能同时接纳这么多的实习学生，最后经过协商，只能挑选少部分同学前往企业实习，大部分同学得不到实习锻炼的机会。

三、建设以就业为导向的实习基地的具体措施

（一）重视对学生实践能力的培养

要想完善地、合理地建设就业导向的实习基地，高校需要将其作为发展的一项重要内容来看待，利用就业导向的实习基地来培养学生的实践能力，高校应转变思想观念，更加重视实践教学，将实践教学作为高校教学的重点项目，投入大量资金建设实验室以及实践教学基地，使学生能够参与到实验中，自主开展实践活动，将所学的知识应用到实践活动中，与社会实践相结合，从而使其动手能力得到有效提升。

要想使就业导向的实习基地能够得到良好的建设，就需要加大资金的投入力度，设立专项资金，保障建设资金的充足，这样就可以有效地促进实习基地的建设和发展，各学院也要对实践经费进行专项立案，设立专项实践活动资金，从而使实践教学可以顺利地开展。

（二）积极开展校企合作，共同构建实习基地

就业导向实习基地是高校教育与社会实践的结合，要想增强高校毕业生的实践动手能力，高校就要和用人单位建立合作关系，安排大学生到用人单位中进行实习，两者共同搭建一个实践教学平台。高校为学生讲解相关的理论知识，而用人单位则负责进行实践动手能力的培养，用人单位可以依据学生的表现情况，来选择适合本单位的人才，从而可以增加单位的实力，这样可以有效地提升高校毕业生的就业率。高校在与用人单位合作的时候，也要依据自身的发展特点以及专业项目来对用人单位进行深层的考察，针对具体的实

习基地建设细节进行有效的探讨，从而在一些具有代表性的用人单位中，选择一家或者几家进行合作，保障实习基地构建的合理性。

（三）正确认识学生、学校与实习基地三者之间的关系

要想使就业导向实习基地的建设具有合理性，就需要明确认识到学生、高校以及实习基地三者之间的关系。按照现在的法律制度，学生实习期间的权益不在劳动法和合同法的保护范围内。因此，协议上应规范双方的权利和义务，保障学生的正当权益。另外，要管理和监督学生实习的过程，防止出现意外事故。学校应经常与就业实习基地保持畅通的信息交流，定期组织就业实习基地的相关负责人召开座谈会。

（四）建立基于就业导向的校内实习模式

我国目前的教育模式是一种应试教育的模式，这种教育模式相对较为落后，而且会对高校的本科教育产生一定的影响，这种应试教育注重对学生知识能力的培养，而忽视了提升学生的实践能力。因此，高校所培养出来的学生往往缺乏实践能力，无法适应现今社会发展的需要。大学是学生步入社会的最后一个阶段，这一阶段对学生日后的工作和就业有着重要的影响，在这一阶段积极推行校内实习就显得尤为必要。

随着毕业生人数的不断增加，原有的实习基地无法真正合理地满足实习的需要。高校应更新观念，提高对实习工作重要性的认识，针对实习中出现的问题，积极地进行改进尝试，力争为学生提供一个良好的实习环境。高校要重视实习基地的建设，不能让实习工作流于形式，要让学生真正在实习过程中受益，提高学生的实践能力，培养具有就业竞争力的高校毕业生。

参考文献

[1] 侯士兵，毛伟，宣璇. 大学生实习实践基地建设路径探析 [J]. 思想理论教育，2015（12）：95-98.

[2] 韩颖. 就业导向的实习基地建设研究 [J]. 才智，2015（32）：37-38.

[3] 周开军，刘利枚. 面向大学生就业能力培养的实习基地建设与管理模式探析 [J]. 中国市场，2016（12）：76.

[作者单位：理工学部学生工作办公室]

明确思路提高大学物理实验的教学质量

阙 强

摘　要：大学物理实验课程是工科大学生的必修课，也是大学生综合素质培养的关键课程之一。然而，大学物理实验课程并没有得到学生的普遍重视，这严重影响了大学物理实验课程的教学质量。随着科学技术的发展，物理实验教学在不断进行着改革，因此，在实验实践教学中任课的教师应该抱有对课程的热爱，深入钻研课程教学内容，在教学中明确课程教学意义，根据新时期的教学需要、学生的学习特点，制定合理的教学方案，在实验课程当中应加强对学生综合素质的培养，提高物理实验的教学质量。

关键词：大学物理实验；本科教学；实验技能培养；教学质量

一、引言

大学物理实验课和大学物理课一样是理工科各个专业重要的基础实验课。一般开设于大一第二学期和大二第一学期。它们对培养学生的基本科学素质和基本实验技能，以及奠定专业基础具有重要的不可替代的作用，这也是影响大学生培养质量的关键因素之一。19世纪，爱德华·查尔斯·皮克林开创了开设物理实验课程的教学模式，使实验课成为本科生的必修课程，也是培养大学生科学实验能力的一门无可替代的课程。然而，因为计算机技术和英语成为就业的基本要求，工科各专业学生对大学物理实验和大学物理课的学习兴趣不大，这导致大学物理实验课程的教学质量不高，直接影响到学生对后续相关课程的学习以及整体本科教学质量的提升。

二、明确物理实验课程的教学意义

随着科学技术的发展，物理实验教学在不断进行改革，改革内容涉及教学内容、教学方法等多个方面。但万变不离其宗，明确实验教学意义是物理实验课程发展的动力之源。在实验的实践教学中，任课教师应该抱有对课程的热爱，深入钻研课程教学内容。在实验课程教学中，特别是在绪论课中，任课教师应根据需要着重强调物理实验课与其他专业课程的关系，与科学研究、科学技术的关系，与学习能力、分析问题能力的关系，这对提高学生的学习兴趣是很有帮助的，当然也对提高物理实验课的教学质量有很大的帮助。

我们总是在讲，物理学是自然科学的基础，任何自然科学都离不开物理学这个基础，大家应该真正重视对物理学的学习，现代大学中的理工学科专业都需要学习物理学。1870

年，在麻省理工大学创办了物理实验室之后，国外大学纷纷效仿，这促进了科学的蓬勃发展。在当今科学技术飞速发展的时代，全民综合素质不断提升，文科、艺术类学生实际上也应该学习一些物理学，高校应开设相应的物理实验课程。

物理学本质上是一门实验科学。物理学的理论都是通过物理实验、观测现象、分析总结，最后得出理论，理论又反过来进一步指导实验和实践。物理学理论的正确性是必须经过实验来验证的。没有经过实验验证的理论不能被称为真正的理论，只能称为假说。经典的物理理论都是经过实验验证的。

物理实验是各科科学实验的基础。很多专门的工程技术学科本身就是从物理学中的各个分支学科发展而来的。在物理实验中，测量长度、质量、时间、电、磁、光、热等物理量的方法、实验仪器，以及误差、不确定的计算分析方法等都是各门类科学实验领域常用的基本方法。实际上，纵观科学技术发展史，可以看到物理实验上的每一项新发现、新突破都催生了工程技术领域的重大变革。例如：法拉第发现了电磁感应才有了今天的电动力；赫兹发现了电磁波才有了今天的电磁波通信；哈恩发现了核裂变才有了今天的核动力；半导体的研究促使晶体管的出现，才有了今天的计算机、电视等；物理学中对磁介质、光介质的不断研究才有了今天的高密度记录介质，硬盘、U盘的存储密度才能不断提高。因此，我们要认真对待物理实验课程的教学，在教学活动中要让学生们认识到在学习各门自然科学前学习物理学及物理实验的重要性。

三、大学物理实验课程应着重培养的技能

大学物理实验课程在当前的教学中经常被理解为仅仅是大学物理课的一部分，然而大学物理实验课程对学生基本素质和基本技能的培养是至关重要的。大学物理实验是学生走入大学阶段后的第一门实践性课程，它和大学物理理论课具有同等重要的地位。物理实验研究有自己的一套理论、方法和技能。学生通过大学物理实验课的学习了解科学实验的主要过程与基本方法，加深对物理理论的了解，为今后各领域的学习奠定基础。物理实验课程的教学目的不仅仅是加深对物理理论的理解，它还起到培养高素质人才和训练学生技能的作用。高校可通过实验教学在以下几个方面提高学生的基本技能。

（一）培养学生基本的实验技能，教授学生基本的实验方法

物理实验可以说是实验课程里的启蒙课，我们要培养学生的实验技能，不仅仅是物理实验技能，也包括其他自然科学学科的基本实验技能。实际上，任何实验技能都是由物理实验技术发展而来的，任何测量技术都可以归结为对力、热、光、电、磁等物理量的测量。

为了使学生能更好地掌握基本实验技能和基本实验方法，在实验教学中应注重对基本仪器仪表的使用方法的教导，让学生了解基本仪器仪表的工作原理。这样，当他们面对新

型仪器仪表时才能更好地应对。同时，教师应重视培养学生对一些力、热、光、电、磁等现象中的基本物理量的测量方法和测量原理的理解，这些基本量的测量实际上也是以后其他专业领域内测量的基础内容。

（二）培养学生基本的数据分析及处理能力

在物理实验中，数据的采集和处理是一个非常重要的环节。有规律地记录数据，有助于在测量过程中及时发现测量的错误，以便分析实验现象，改进实验步骤。学会依据理论分析并设计记录数据的方法，正确处理数据，绘制清晰的图表，判断分析实验规律，掌握计算机处理数据的方法，这些也是通过实验教学学生应习得的重要能力。

（三）培养学生综合分析问题、解决问题的能力

分析问题是解决问题的前提。如何理解实验的原理，设计实验的方法步骤，在实验中对出现的现象不断地进行分析判断，一个完美的实验过程对实验者综合能力的训练是全方位的。实验分析本身不仅仅涉及实验操作过程的分析，也涉及理论甚至多个理论的综合分析。实验本身不单单是理论的验证，学生在实验中还有可能发展现有理论，提出新的理论规律。

（四）培养学生规范书写实验报告和规范写作科技论文的能力

物理实验报告虽然形式简单，但也是学生书写的一份科学研究报告，学生撰写实验报告不但可以提高规范表达实验结果的能力，而且可以提高规范表达科学研究结果的能力和撰写科技论文的能力。

（五）培养学生的团队协作能力

科学研究工作是极为复杂的，需要团队协作共同完成，个人工作能力显得尤为重要。在物理实验中，除了单人的独立实验内容以外，还有一部分需要多人完成的实验内容，大家分工协作，实验的过程本身就是培养同学间协作能力与积累工作经验的过程。

（六）培养学生的创新意识

当代大学生应做到基础知识扎实、勤于思考、勇于质疑。大学物理实验课在教学当中要求学生遵守基本操作规范的同时，应该鼓励学生相互讨论、互相质疑，特别是允许学生对教师提出质疑，这对培养学生的创新意识是很有帮助的。

四、在新的教育背景下，实验教学的新思考

随着科学技术的不断发展，高校本科教育教学的要求也在发生变化，但物理实验课程仍处在传统的教学模式下，许多实验与实际生活脱离，也是导致学生对物理实验不感兴

趣的原因之一。改革教学内容是很值得我们思考的问题，传统的验证性实验已不能完全满足当代大学生的要求。适度地保留基础性实验，开发综合性实验，开设设计性、探究性实验，是应对新时期教学需要的尝试。

综合性实验的开设可以更好地促进学生灵活应用课程综合知识、多元化实验方法和实验技术；设计性与探究性实验可以更好地培养学生独立思考、创新思维的能力。一个探究性物理实验的设计，需要学生根据自己的所学知识和待学知识，根据题目要求，自主查阅资料，根据已有实验条件，自主设计实验方案，自选试验装置，自拟实验步骤来完成实验，并对取得的结果进行分析归纳，完成实验报告，这样可以使学生经历一次完整的实验过程。对培养学生主动发现问题、分析问题、解决问题的能力，以及创新性思维是大有益处的。

总之，大学物理实验课对于理工学科来说具有重要意义，是这些学科重要的不可缺少的基础课程。作为实验教师要积极思考如何上好这门课，要让学生们意识到只有学好这门课程，才能够为自己的专业学科学习奠定良好的基础，将来才能够在自己的专业领域内达到较高的水平。这样才能有效地促进课程教学质量的提高，为培养优秀人才做出贡献。

参考文献

［1］史贵全.大学物理实验教学的变革历史及其启示［J］.大学物理，2001（2）：26-30.

［2］马世红.设计性、研究性物理实验的实践情况［J］.物理实验，2004（11）：28-33.

［3］陈宏伟.大学物理实验教学内容及方式探析［J］.科教文汇，2010（1）：90-91.

［4］张春玲.基于物理规律探索的大学物理实验教学方法初探［D］.武汉：华中师范大学，2014.

［作者单位：理工学部实验中心］

"能力、实践、创新"的实验教学模式研究

靳 聪

摘 要：本科教育是研究性大学的基础，核心是传授知识、能力培养和人格塑造。我校近年来积极推进人才培养改革，成绩突出，但在培养模式、专业选择、通识培养、教师投入等方面还存在很大的发展空间。本科教学审核评估意义重大，聚焦教学问题，促使学校深入思考，学校要借鉴世界一流高校、结合中国特色和中国传媒大学特色，推进"双一流"建设。笔者通过研究麻省理工学院和德国慕尼黑大学的本科教学模式和师资培养方式，结合自身的教学阐明了实验教学模式创新的发展方向。

关键词：实验教学；能力培养；创新；实践

一、国外顶尖一流高校教学改革情况综述

（一）麻省理工学院"研究—学习—行动"相整合的教学方式

麻省理工学院（Massachusetts Institute of Technology，简称 MIT）建于 1861 年，经过 150 余年的发展，积累了深厚的文化底蕴，并以其全球公认的综合实力赢得"世界理工大学之最"的美誉，与哈佛、剑桥等世界著名大学并驾齐驱，同时凭借其自身的科研优势，培养出众多对世界产生重要影响的人物，例如，联合国前秘书长科菲·安南（Kofi Annan）、惠普联合创始人比尔·休利特（Bill Hewlett）等。麻省理工学院十分重视本科生教育，尤其强调对大学生人文素质的培育。因此，帮助学生学习专业知识从来不是麻省理工学院的重点，而培养学生"手脑并用"的实践能力、勇于探索的创新能力、善于沟通的团队合作能力，以及不断求知的终身学习能力等综合素质才是其真正的教育追求。基于此，麻省理工学院始终坚持"服务于世界"的精英教育理念，实行"人文与专业课程相结合"的课程设计，"研究—学习—行动"相结合的教学方式以及"第三方"参与的评估体制的本科生能力培养模式。

"研究—学习—行动"：为了培养学生的综合能力，麻省理工学院采取"研究—学习—行动"相结合的教学方式，即通过设立科研项目帮助学生了解并掌握世界前沿问题，同时通过团队合作获取更广泛的知识，并将知识转化为行动的教学模式。除此之外，麻省理工学院十分注重培养学生的自主学习能力。课堂上，教师讲授的时间只占很小的比例，大部分时间让学生自由研讨或在实验中亲身体验。事实上，麻省理工学院本身就是一个实验室，学生们在这里发现问题并解决问题，"在实践中学习"以培养学生的创造性、批判性

思维，促进学生的全面发展。

"第三方"参与的评估体制：麻省理工学院的教学质量评估分为间接评价和直接评价两种。其中，间接评价主要是教师或研究者通过对学生、校友进行调查，或者根据学生成绩进行教学评价；直接评价是指学生直接对课程设计和教学方式进行定性评价。学生评价是通过学校专门的网上评估系统进行的，学校在教师已给出学生成绩后给予评价反馈，评价结果采用"第三方"参与分析的方式，即由各类社团或公司进行分析统计，最后提交一份公正、客观且详尽的教学评价分析报告。由此可见，麻省理工学院十分注重教学评价，采用"第三方"参与的评估体制，提高了评价结果的公正性和权威性，使评价结果能够反映现实问题，为教师和学校提高教学质量提供有效参考。

（二）德国慕尼黑大学教师队伍建设的启示

慕尼黑工业大学（Technical University Munich，简称 TUM）成立于 1868 年，坐落在德国南部巴伐利亚州首府慕尼黑，是该州唯一的工业大学，也是德国最古老的工业大学。慕尼黑工业大学是在国际上享有盛誉的精英大学和稳定的"诺贝尔奖制造工厂"，是"柴油机之父"迪塞尔、"制冷机之父"林德、"流体力学之父"普朗特、文豪托马斯·曼等世界著名科学家及社会名人的母校。近现代以来，慕尼黑工业大学被认为是德国大学在当今世界上的标志。在世界著名机构以及杂志的各类排名中，慕尼黑工业大学常年排名德国第一。迄今为止，慕尼黑工业大学已培养出 20 位诺贝尔奖得主。因其卓越的创新精神和优异的科教质量，慕尼黑工业大学于 2006 年被德国科研联合会（DFG）评为首批三所德国精英大学（Elite-Uni）之一，这不仅是德国高校的至高荣誉，还意味着更多的政府资金支持。慕尼黑工业大学同时也是德国 TU9 联盟大学之一，被德国政府列为"未来计划"中重点资助和扶植的对象。在德国教育部的大学科研排行榜（CHE）上，慕尼黑工业大学已经连续多年排名第一。特别是在和企业、实业界的产学研对接合作上成就斐然。该校目前拥有 3 个校区、6 个科研中心，下设 13 个院系、156 个专业。在校教职员工 9 300 余人，其中包括约 480 名教授、5 700 多名科研人员；在校注册学生超过 32 000 人。

慕尼黑工业大学因卓越的创新精神和优异的科教质量连续两次入"选越计划"，被德国政府列为重点资助对象，其战略目标定位是"创业型大学"。"创业型大学"不仅意味着具有科研创新性，还需具有国际竞争力、多样性顶级人才、联合科学与跨学科探索的技术优势，以及与社会和产业的合作等。在第一期"卓越计划"中，慕尼黑工业大学就通过建立新的研究领域、改革教师招聘与管理制度、网罗世界一流人才等一系列措施展现了其"创业型大学"的内涵。在 2012—2017 年第二期卓越计划中，慕尼黑工业大学提出要专注于 21 世纪社会面临的能源、资源、气候、环境、健康与营养、通讯与信息等领域的重大挑战，解决世界性难题。聚焦并研究这些主题需要更多顶尖科技人才跨越多种学科领域界限，建立科学网络和多元研究合作体系，因此，慕尼黑工业大学更加注重多样化人才的引进与培养。2012 年 7 月，在校长沃尔夫冈·A. 赫尔曼（Wolfgang A. Herrmann）的倡导下，该校出版并实施《慕尼黑工业大学教师招聘和职业体系质量管理条例》,引入终身教职制度,建立以终身教职制为核心的教师聘任与管理制度。预计至2020年,慕尼黑工业大学将通过该制度聘任100名终身教授,并将他们培养成为学科领域的领军人物,打造一支高水平、高质量的教师队伍,以提高慕尼黑工业大学的国际学术影响力。

二、建立教学与学习实验室,教学与实践相结合

中国传媒大学应建立教学与学习实验室,建立全面系统的支撑教师如何设计课程、如何教授课程、如何评价课程质量的信息化平台,充分体现以学生为中心的教学模式。在这里,有系列教学艺术专题,有一门课程的全过程设计,有基于信息系统的课程评价。

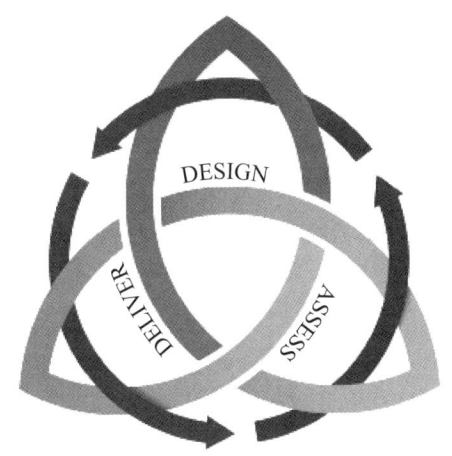

图1 教学实践指导方针:设计、交付、评估

我校可参考新南威尔士大学最初创建和实行的教学和学习指导方针。这些基于研究的教学实践指导方针分为三大类:设计、交付和评估。

(一)设计

设计一个教学单元的有效途径是考虑学生应该知道什么、能做什么。为学生制定预期学习成果,让学生形成一个更清晰的图景,再通过教学和学习活动帮助学生实现这些成果。同样,学习评估也应与预期的学习成果保持一致。具体流程包括:

预习知识

期望,课程目标和学习成果

活动—结果对齐

主动学习

现实世界语境

学生动机

（二）交付

在课程中提供材料的方式以及对学生如何参与课程内容的选择可能会对学生学习产生深远的影响，我们可以用预期学习成果来指导内容交付选择，并塑造教室环境。具体流程包括：

各种教学方法
多样性和包容性
专业能力
学习与知识观
学习社区
学生学习责任
学生反思

（三）评估

评估是系统收集数据，并以监测计划或课程来成功实现学生预期学习成果的过程。评估可以确定：（1）学生学习效果（成果）；（2）学生学习材料的方式（过程）；（3）学生在课程或课程之前、期间和之后的学习方法。具体流程包括：

自我或同学评估
评估—结果对齐
反馈
形成性评估
总结测评

三、有效运用信息技术手段促进教学效果的提升

麻省理工学院教学与实验室（TLL）的教授迪帕·沙（Dipa Shah）受中东和华能博士后委员会的邀请，进行了有关最新在线技术及其向学生提供内容并为学生提供实践和反馈的用途的概述。她开设讲习班，回顾了美国大学教育不断变化的情况，以及麻省理工学院正在使用的数字学习方式。她注意到该研究所的MITx在线学习平台，让教师能够撰写互动文字、发布视频、创建虚拟"实验室"，并评估学生的学习成绩，该平台已被90多名麻省理工学院教师和80%的本科生使用。麻省理工学院的一些教授正在将学习内容转移到MITx平台，要求学生在上课之前预习材料，然后使用课堂上的时间进行实践。研讨会参与者莎拉·萨菲迪丁（Sarah Safieddine）说："了解最先进的数字教学技术将帮助我写下更好的教案，并在未来的课程中使用这些技术。"通过博士后教学奖学金计划，博士后有机会在课堂和实验室教学中获得经验，并可以应用讲座上提供的一些技巧，

进一步提高他们的专业水平。

（一）培训未来教师

教师应研究如何利用技术来帮助学生学习，还可以使用笔记本电脑和智能手机与一些软件工具进行交互。凯·潘说："我认为数字教育当然是教育学生的未来方向，至少可以作为传统教育方法的重要补充。如果我有一天担任教授，我一定会为我的班级开发数字教案。在教室里使用智能手机、平板电脑和笔记本电脑的学生数正在增长，调查显示，许多学生拥有三种类型的设备。学生要求教师在课堂上使用更多的科技，但可能学生在用它时会分心，所以你需要评估并在适当的场合使用科技。"

（二）混合学习得分高

教师应将传统的课堂教学方法与数字应用相结合，最近的相关研究表明混合方法运作良好。在课堂内外使用数字工具可以帮助教师利用课堂时间进行最重要的师生交互，吸引学生的注意力，并评估其在学科成果方面的进展，从而大大增强学生的学习体验。通过实验来促进知识检索，在给定的时间进行间隔练习，要求学生深入解释问题，将图形与口头描述相结合，连接抽象和具体的概念，这种方法被证明是有效的。有数百种交互式应用可用于教学、增强协作和促进互动。

（三）虚拟现实技术

新教育技术对于参与实地工作、新型实践科目和设计培训的人员尤其重要。教师不能只是在黑板上讲课，也不能只是利用PPT讲课，还应利用相关视频或交互软件，以及制作3D重建模型。例如，在讲解一些抽象的概念或原理时，可以利用视频动画、虚拟现实技术向学生展示这一抽象原理，让学生身临其境地理解和掌握相关知识。

四、创新本科生科研模式，增强学生实践应用能力

根据兰德提出的在研究型大学内建立由教师和学生组成的小组共同开展学术研究工作的建议，麻省理工学院率先在全美实施了"本科生研究机会计划"（Undergraduate Research Opportunities Program，简称UROP），将教学的重点从过去传授知识转移到研究和探索性的教学中来。在该计划下，每个本科生都有机会以合作者的身份与教师协作开展前沿问题的科研创新活动，包括撰写项目申请书、制订研究计划、跨系科实验室进行实验、收集数据、分析数据、撰写研究报告、展示研究成果、开展项目自评等。本科生可以通过参与课题获得学分，也可以勤工俭学、做志愿工作。"本科生研究机会计划"被认为是美国最早，也是最为成功的促进本科生科研创新的学习计划，至今已被多国大学效仿。

本学期由笔者和赵薇老师共同开设的课程"虚拟现实 3D 音频技术"将课堂教学和科研实践有效结合，以实践为主，课堂上讲授 UNITY3D 在虚拟现实游戏、场景等方面的应用案例，依托教育部重点实验室的顶级虚拟现实设备资源，将教学、实验、科研等多方面有效结合，不单纯枯燥地教授软件的使用方法，而是更多地与学生互动，通过分组完成一个作品，提高学生的参与感和动手能力。

五、总结与启示

（一）高校人才培养从基于"知识"模式向基于"能力"模式转变

我校的人才培养目标要从知识的传授转向更加重视能力尤其是创造力的培养，并着重通过创新教育模式来实现培养目标。CDIO 模式、本科生科研模式就是最好的证明。哈佛大学前校长博克说过要培养学生的表达能力、批判性思维能力、道德推理能力、公民意识、适应多元文化的素养、全球化素养、广泛的兴趣、为就业做准备的"高级能力"。

我们的课程主要在于培养学生的动手能力和实践能力，软件教学不能干巴巴地讲这个软件怎么用，一定要通过多个案例让学生课下多动手多实践来完成一个作品，学生才能学会掌握。学生的思维很发散也很有想法，因此，我们最后的命题作业都不是限制性的，而是留给学生更多的想象空间，我们只定一个主题范围，怎么实现、用什么模型场景都是学生自己去策划设计的。为了防止分组组员中个别学生偷懒的情况，应要求每一个学生都提交自己完成的那部分，写明自己在整个作业过程中的贡献，我们会根据个人的贡献程度进行打分。

（二）落实国际化发展战略，利用全球线上线下教育资源培养卓越人才

清华大学联合新加坡南洋理工大学、加拿大英属哥伦比亚大学倡导发起了"众智科学与工程国际联盟"，联盟旨在搭建众智科学与工程领域的国际化交流与合作平台，汇聚众多国际一流的学者、大学、科研机构和企业，促进众智科学与工程领域的人才培养、科学研究、交流合作以及产业发展。与此同时，网上资源众多，学生可通过互联网学习 Coursera、慕课网等网络教 S 学平台上在线课程，还可以在线学习斯坦福大学的精品课程。总之，进一步落实国际化发展战略，与世界一流研究型大学建立紧密牢固的合作关系，是利用全球工程教育资源培养卓越工程人才的重要途径。

参考文献

[1] The State Secretariat for Education, Research and Innovation: University Rankings Result. The State Secretariat for Education.[EB/OL].[2015-06-12].http://www.universityrankings.ch/ institutions / id6272-massachusetts_ institute_of_ technology_ mit-usa.

［2］VEST C M. Report of the president for the academic year 1992-1993［EB/OL］. CHARLES M.Vests annual report to the MIT Community.（1993-10-03）［2016-03-21］.http：//web.Mit.edu/president/communications/rpt92-93.html.

［3］DERTOUZOS M L. Made in america：regaining the productive edge［M］.Massachusetts：MIT Press，1989：157.

［4］MIT DUE［EB/OL］.［2017-02-10］. http：//due.mit.edu/undergraduate-education-mit/undergraduate-education-mit.

［5］MIT NEWS［EB/OL］.［2016-08-05］. http：//news.mit.edu/2016/using-educational-technology-enhance-student-learning-0805.

［作者单位：理工学部媒介音视频教育部重点实验室］

理工学部学科竞赛建设模式探讨

赵　薇　章文辉　杨丽芳　迟绍翠

摘　要：近年来，中国传媒大学理工学部在学科竞赛中取得了辉煌的成绩，各类竞赛捷报频传，学生们的实践经验和创新能力极大增强，这也让中国传媒大学的理工科在高校中的知名度有所提升。尽管如此，我校理工科的学科竞赛水平在国内高校中仍处于较弱势的地位，探索一条适合我校的学科竞赛建设模式，促进学科竞赛的快速发展，是我们亟待解决的问题。本文详细介绍了学科竞赛建设模式的现状及存在问题，并提出了合理有效的解决方案。

关键词：学科竞赛；电子设计竞赛；程序设计竞赛；机器人竞赛

中国传媒大学办校伊始就有了无线电工程系，经过几十年的蓬勃发展，相继成立了信息工程学院、理学院和计算机学院等教学单位。2013年7月，学校为优化教学科研资源配置，满足教育事业发展、学科建设的需要和全媒体时代对复合型理工人才的需求，组建了理工学部。学部的成立不仅对教学和科研起着极大的推动作用，我们对学科竞赛的工作力度也加大了。近几年，我校理工科学生在学科各类竞赛中都取得了骄人的成绩，实践经验和创新能力极大增强，这也让中国传媒大学的理工科在高校中的知名度有所提升。尽管如此，我校理工科的学科竞赛水平在国内高校中仍处于较弱势的地位，探索适合我校的学科竞赛建设模式，促进学科竞赛的快速发展，是我们亟待解决的问题。

一、理工学部学科竞赛现状

理工学部目前组织参加的学科竞赛包括大学生电子设计竞赛、大学生数学建模竞赛、大学生物理竞赛、大学生机械创新竞赛、国际大学生程序设计竞赛、机器人竞赛等，其中大学生电子设计竞赛、大学生数学建模竞赛、大学生物理竞赛我们已经组织参与多年。

以大学生电子设计竞赛为例，我校师生从1994年开始参赛，20多年来先后有多位老师指导过该竞赛，积攒了丰富的参赛经验，也取得了辉煌的成就：12人获得国家级奖项，150余人获得北京市级奖项。大学生电子设计竞赛由教育部举办，几乎拥有理工科学生的高等院校都会参加，参赛题目涵盖所有强电弱电，包括电源、仪表、通信收发、高频电路、自动控制等。比赛时2到3个学生为一组，通过4天3夜的苦战，独立完成一个作品，封装交到制定评审地点，这是一项传统的、考验综合能力的竞赛。我校教师在多年参赛经验的基础上，结合本科教学内容，制定了一整套的针对竞赛的培训课程，包括基础知识与实验技能培训、基本单元模块设计训练、综合电路设计训练、往届大赛真题训练等。

为了让竞赛辅导老师专心从事教学指导工作，方便参赛师生有效利用学部的资源，2015年学部责成教学实验中心负责各类竞赛的组织报名工作，并于当年举办了第一届中国传媒大学科技创新大赛，为参与省部级、国家级各类竞赛选拔优秀人才。同年，在学部的推动下，教学实验中心开始培训国际大学生程序设计竞赛参赛选手。国际大学生程序设计竞赛是由美国计算机协会（ACM）主办的锻炼编写程序、分析和解决问题能力的年度竞赛，经过40多年的发展，已经成为全球计算机领域最具影响力的竞赛之一，被誉为计算机界的奥林匹克。ACM竞赛要求学生3人组队，共用1台电脑，在5个小时内用C、C++或Java编程解决10～13道问题，题目涉及的知识点包括：数据结构、图论、几何、广度优先搜索、深度优先搜索、动态规划、概率论、线性代数、群、博弈论、数论等，正确答题数目多且用时最少的队伍获胜。ACM竞赛不仅考察了学生在压力下编写程序分析解决问题的能力，而且要求成员之间具备良好的团队协作精神。经过一年艰苦卓绝的努力，我校学生在"985"高校林立的大学生程序设计大赛亚洲区总决赛上斩获铜牌，在计算机程序设计竞赛领域实现了我校零的突破。

2015年，实验教学中心与工学院自动化系合作，成立了校机器人队，吸纳了理工学部信息工程学院、理工学部计算机学院、经济管理学院、播音主持艺术学院、艺术学部动画学院、新闻传播学部等8个单位热爱机器人的学生。经过近两年的不懈努力，目前校机器人队已具备一定的规模和能力，可以自主设计机器人结构，自主设计机器人电路控制驱动板、整套机器人主控代码，进行机器人部分零件的自主生产，利用雕刻机和3D打印机生产包括机器人底盘、机器人非承重结构件、机器人二维支撑件、电机固定件等零件。由工厂代加工的零件也可以精致画图，保证高成功率。校机器人队在全国影响力最大的机器人竞赛RoboMasters比赛、高手林立的北部赛区机器人大赛、中国机器人大赛和2016年华北五省机器人大赛上都获得了很好的成绩，这让其他高校知晓我校有一支虽然年轻但充满活力与朝气的机器人队伍。

2016年实验教学中心与理学院合作，为参加大学生数学建模大赛的学生开辟了训练和比赛的场地，并开展参赛选手动员大会，请来往届获奖同学为大家介绍经验，建立交流平台，为学生参与竞赛保驾护航。

2016年年底，为促进科技创新大赛持续健康发展，更好地发挥学科竞赛对学生实践能力及创新能力培养的重要作用，理工学部举办了学科竞赛工作研讨会。研讨会总结了理工学部学科竞赛的现状，在吸收有关兄弟院校的宝贵经验的基础上，围绕学科竞赛教学体系建设和学科竞赛人才培养开展广泛研讨，有针对性地解决了学科竞赛组织和指导过程中出现的问题，探讨了学科竞赛的课程体系建设，学科竞赛开放实验室建设，加强了学科竞赛组织和指导教师队伍建设，建立起学科竞赛教师队伍考核和奖惩制度，也促进了教师们的合作。

二、当前模式下学科竞赛存在的问题

我校理工学部的学科竞赛势头虽然发展较快，但当前模式下仍有很多不足之处需要改进，我们的参赛队伍与国家一流高校之间仍存在不小的差距，具体表现在以下几点。

（一）竞赛经验不足

理工学部的机器人竞赛、大学生程序设计竞赛都是在这两年才蓬勃开展起来的，无论是指导老师还是参与竞赛的学生，都是在摸索中寻找前进的方向，经常会遇到各种各样难以解决的问题。

（二）师生参与比例不高

理工学部学科竞赛的招生宣传工作一般采取学部分团委微信推送，学部本科授课老师课堂介绍，以及贴海报等形式。这并不能保证全校学生对学科竞赛都有所了解，因而一些有能力有兴趣的学生，可能会因为不清楚竞赛是什么，而错过了锻炼学习的机会。竞赛一般都会涉及很多领域的知识，对学生动手能力的要求较强，目前兴趣小组的方式对学生的出勤没有任何约束，学习质量无法保证，因而能够坚持下来的同学非常少。指导教师大多从事与竞赛内容相关的教学和研究，义务参加竞赛的组织讲授和日常管理。由于任务繁重，导致有些老师全年都没有假期，因而老师们也难免会有怨言和压力。

（三）物资不足

由于理工学部学科竞赛发展时间较短，学部在这方面的资金投入不够，因此，很多活动场所的器材和工具并不齐全；而且我校工科实验场地严重不足，随着学科竞赛宣传力度的加大，以及参与竞赛培训学生人数的增加，实验场地会更加紧张；由于经费所限，部分实验设备更新不够及时，导致参与竞赛的学生数量受到限制。这些都会影响我校学科竞赛的深入发展。

三、关于学科竞赛建设的建议

（一）加强经验交流

为了解决经验不足的问题，学部应当采取"走出去，请进来"的方法，主动和兄弟院校取得联系，向他们学习宝贵的经验，并且邀请国内外知名专家为我校师生授课，"取人之长，补己之短"。

学部组织教师参加各类专业培训和学习交流，学习培训遵循"少花钱多办事"的原则，重点支持教师参与北京地区的"985"高校组织的实验教学培训和学术交流活动，兼顾外地交流活动。学部教师先后参加了全国大学电子设计竞赛培训交流研讨会、高校虚拟仿真教学师资专题研修班等培训活动。参与培训的教师取得了相关教学资格证书，学到了同行的先进经验，开阔了办学思路，提高了实验实践教学能力。

再比如机器人团队建立初期，由于我们是首次参与机器人研发和竞技，面临没有加工器材和基本的机器人研发器材的情况，也没有机器人竞赛和机器人研发的经验。机器人团队的师生并没有被困难吓倒，他们积极与北京科技大学、厦门大学、中国石油大学、新加坡南洋理工大学等多所国内国际高校进行交流和学习，以克服这些困难。

（二）建立合理的奖励机制

要想将学科竞赛发展壮大，师生的参与是必不可少的，如何才能激发广大师生的热情，是理工学部一直在思考的问题。为了保持学科竞赛人才培养体系的活力和可持续性，需要学校和学部出台配套的支持政策。

第一，设立专门的机构和人员，管理学科竞赛的相关内容，让关心学科竞赛的学生和老师都能够在第一时间得到学科竞赛的相关资讯。

第二，真正能够在学科竞赛中坚持下来的同学，除了得到很多在课内得不到锻炼的能力外，还为此付出了巨大的努力，比如参加大学生程序设计竞赛的学生们，一般都要坚持至少一年的训练才有可能获得铜牌，因此，要对这样的学生在奖学金评定、保研等评测中给予政策上的倾斜，让他们觉得这份付出是值得的。

第三，提供更多针对竞赛指导教师的激励政策。指导教师所指导的学生获奖达到一定级别时可以等同该教师的科研成果或者论文；在竞赛项目中取得一定成果的教师可以破格评职称；向竞赛指导教师发放奖金，激励更多的老师参与到学科竞赛指导的工作中来。

（三）建立竞赛相关的课程体系

虽然，学生在课内也会学到与竞赛相关的知识，但从知识的广度和难度上来说，都达不到竞赛的要求。对于学科竞赛的辅导课程，应当设立课程体系，并给予一定的学分，或者用竞赛辅导课程学分来充抵课内学分。例如，用ACM的竞赛辅导课程学分来充抵C语言和C++课程学分。设立课程对于老师来说是工作量的体现，对于学生来说可以让他们用宝贵的时间学更多自己想学的知识，在锻炼能力的同时，也能够把毕业要求的学分修满。

（四）投入充足的资金

我们要让更多学生得到充分的学习实践机会，享受到学科竞赛带来的益处，必须保证对竞赛有充足的资金投入。

第一，学部要制定合理的资金保障政策和规章制度，在学科竞赛的基础上，对经费的去向进行严格的监督和控制，认真进行经费的预算和审批，做到"好钢用在刀刃上"，让每一分钱都花在最值得的地方。

第二，在控制经费的前提下，逐步补充对经费的投入，申请国家和地方财政的经费支持，必要时可以与企业合作，对校级竞赛开放冠名权，设立专项基金、专项奖学金和奖教金。

第三，深入开放实验室可以解决学科竞赛活动场所不足的问题，在不影响正常课内教学的基础上，对实验室进行开放，利用实验室的电脑、电子测量等设备与仪表，不仅可以提高实验室、仪器设备的利用率，更解决了活动场所不足的大问题。但这也会带来关于实验室管理方面的一系列问题，比如，实验室的安全问题、实验设备使用管理问题、实验室的维护等，需要投入大量人力物力进行协助。

（五）加入新颖的活动内容

学科竞赛一定要有新颖的、有吸引力的活动内容，才会有更多学生加入其中。我们可以邀请知名企业参与到学科竞赛中，为学生带来最鲜活的科技前沿动态，也为学生提供实习和就业的便捷通道。2017年，理工学部将联手华为公司，开展以大学生智能设计为主的一系列活动，获奖同学不仅有丰厚的物质奖励，还可以在毕业时拥有华为招聘免技术考核等难得的就业机会。

四、结语

学科竞赛是培养学生实践动手能力和创新能力的重要途径，是提高学生对专业课学习的兴趣、培养良好的团队精神、调动学生自主学习和主动研究的积极性的有效手段。我们要努力探索一条适合我校理工科的学科竞赛发展之路，为我校"双一流"建设增砖添瓦！

参考文献

［1］程望斌，张国云，吴健辉．基于学科竞赛的电子信息类专业人才培养研究［J］.计算机教育，2015（3）：65-69.

［2］2010年哈尔滨工业大学大学生科技竞赛活动管理办法［EB/OL］.［2017-01-19］.http://m.book118.com/0873521.htm.

［3］杨志东，陈小桥．学科竞赛与创新人才培养模式的探索与研究：以电子类学科竞赛为例［J］.实验技术与管理，2016（2）：14-16.

［4］西北工业大学大学生学科竞赛管理办法［EB/OL］.［2017-01-20］.http://jiaowu.nwpu.edu.cn/info/1045/1393.htm.

［5］中南大学学生学科竞赛管理办法［EB/OL］.［2017-01-22］.http://wenku.baidu.com/view/fe535b9f51e79b8968022629.htm/.

［作者单位：理工学部教学实验中心］

不忘初心　　不辍耕耘
课程体系改革

广播电视网络技术方向课程体系的改革与探索

胡　峰　杜怀昌

摘　要：随着网络技术的发展，广播电视网络技术的教学需求发生了巨大变化。为适应社会发展，中国传媒大学广播电视网络技术专业方向基于应用型和传媒特色理念的专业课程体系建设采取了一系列措施。改革要兼顾基础、应用和特色三个方面，关键在于对拟开设的每一门课程进行认真研究和甄选，增加一些急需的课程，整合一些关联性很强的课程。

关键词：广播电视网络技术；教学改革；课程体系建设；教学质量

一、引言

广播电视网络技术是信息社会的重要支柱，是现代高新技术的重要组成部分，是国民经济的神经系统和命脉，是促进媒体传播乃至信息传输的持续、健康、稳定发展的重要保证。各行各业已经开始对网络技术提出新的实际需求，因此，我国的广播电视业应抓住机遇、大胆创新，根据自身的发展特点来构建和应用网络。广播电视网络技术专业方向着重培养具备通信技术、广播电视和通信网络等方面的知识，能在信息传输领域从事数字信号传播、通讯网络工程施工，以及广播电视传输设备的使用、维护和管理工作，并能够胜任相关的研究、设计、制造、运营工作，还可以在国民经济各部门和国防工业中从事开发、应用信息传输技术与设备的高级工程技术人才。

中国传媒大学广播电视网络技术方向的培养目标瞄准国家战略需求，以信息网络为基础，强化通信领域的广播电视特色；建立具有传媒和广电特色的通信与信息技术培养体系，在信息技术发展的相关领域中确立了一定的地位；面向信息产业的发展需求，研究社会信息产业部门对各类人才的技能要求，培养广播电视网络的专业能力。专业能力是通过对本专业课程体系中的主干课程的学习和训练后应该掌握的能力。为了适应社会发展需求，进一步提高人才培养质量和扩大毕业生的就业面，课程体系改革需要不断完善培养目标，加强应用型知识的教学和采用多学科复合型培养模式，对多学科交叉课程进行整合和调整；探索面向应用型人才培养的广播电视网络技术知识领域与课程体系。这样可以构建该方向教学规范，提高教育质量、满足社会需求具有重要的现实意义。

二、分析就业需求与岗位需求

通过详细分析就业市场岗位需求的和毕业生的反馈信息，广播电视网络技术方向毕业生择业的主要工作岗位包含：广播电视工程师、网络工程师、网络架构师、网络安全工程师和网络管理员等。进一步统计分析上述岗位的岗位职责和技术需求，如表1所示，可以明确广播电视网络技术方向毕业生所需的知识体系。

表1 专业岗位需求分析

相关职业	岗位职责
广播电视工程师	1. 负责通信与广电线路或设备设计项目的勘查、图纸、预算及相关文件的编制工作； 2. 从事通信与广电光电缆、管道等方面勘察设计咨询工作； 3. 负责各单项设计任务的现场勘察、绘制设计图、编制工程预算等工作； 4. 负责与建设方沟通工程设计情况，协调好建设单位及施工单位的关系，处理好各类技术问题，做好设计交底、施工联系、项目回访及信息反馈工作； 5. 负责各单项工程的全部设计管理任务，对设计质量、进度及各单项设计间的组织协调等全面负责； 6. 根据部门职责及科研生产经营计划要求，进行项目的系统、分机设计。
网络工程师	1. 参与网络项目的项目规划、工程协调、实施； 2. 编写相关设计方案、实施方案、优化方案、测试方案、运维资料； 3. 网络区域架构、优化、设计及安全隐患排查控制； 4. 负责网络架构及网络设备的部署及运维工作； 5. 协助客户进行现场问题处理； 6. 负责突发性事件的快速响应和处理，解决网络故障和服务器维护； 7. 网络及网络安全产品相关技术测试及解决方案的验证。
网络架构师	1. 负责网络产品演进路线的规划； 2. 负责行业应用解决方案的业务流程、信息数据结构的建模； 3. 搭建系统架构并进行设计和优化，以及性能调优工作； 4. 负责技术、设备选型与关键技术验证等； 5. 关键、核心的算法或功能编码实现； 6. 修正设计、编码错误直至系统能正确、正常运行； 7. 参与解决方案编写与交流等支撑工作，并承担系统架构和高级培训； 8. 参与产品数据模型设计； 9. 参与项目实施过程中的需求调研与分析、重大故障定位与处理。
网络安全工程师	1. 负责大型网络环境下的系统及网络安全运维值守工作，主要是日常的安全运维服务、协助安全管理工作、预防网络安全隐患等； 2. 负责提供实时的安全类维护服务； 3. 负责应急响应保障、技术支持、按流程进行安全事件的处理、编写安全事件报告等； 4. 负责安全系统的日常运维工作； 5. 负责对各类网络和系统在实施入网前的安全审核，并对发现的问题提出整改建议； 6. 负责定期对各类网络和系统进行漏洞扫描、安全基线检查，并对发现的问题提出整改建议； 7. 负责定期对系统及应用进行补丁更新； 8. 负责准入系统维护、策略制定； 9. 负责信息安全检查与审计系统账号管理与系统日志检查等工作。
网络管理员	1. 负责内部局域网络维护； 2. 进行小型机、服务器、路由器等设备管理，以及网络平台的运行监控和维护，同步各地数据，预防、处理突发事件，计算机软硬件及电脑周边程序的安装、配置、维护及管理； 3. 负责定期对服务器、防火墙、路由器等设备的升级管理及维护，保障各种设备正常运行； 4. 处理网络及计算机故障； 5. 负责内部信息系统建设、维护，进行域名、后台数据、邮箱管理。

三、制定培养目标，建设课程体系

目前，广播电视网络技术方向作为一个较新的专业方向，其培养目标、课程设置、实践环节至今没有比较统一的规范，教育部高等学校教学指导委员会也没有给出明确专门的指导性意见或规范，各个学校该专业方向开设的课程存在比较大的差异。因此，探索适合社会工程需要的应用型广播电视网络技术方向的知识体系与课程，对于规范教学活动，提高教学质量具有迫切而重要的现实意义。

参照就业市场对于岗位职责的明确要求，本文在综合各个高校专业设置的基础上，认定广播电视网络技术方向的知识体系取向为：（1）重点强调的知识领域：网络中心原理与设计、网络中心使用与配置、技术需求分析、系统集成、系统管理、程序设计基础、操作系统配置与使用、信息管理（数据库）实践与保密的实现与管理、人机交互、计算机体系结构与组织、平台技术、软件设计、集成程序设计等。（2）具有特色的知识领域：数字电视基础理论、数字电视传输技术、有线数字电视、地面数字电视、网络电视的网络技术。广播电视网络技术方向优先课程体系取向见表2。

表2 广播电视网络技术专业方向课程体系

必修专业课程				
类别		序号	课程中文名称	培养目标
专业教育课程	基础课程体系	1	电子技术（数字电子技术、模拟电子技术、数字电路）	使学生懂得数字电子技术的优点及应用；懂得逻辑电路的原理及应用；具有对实际逻辑电路的参数进行测试的能力；根据测试结果分析、判断、进而排除故障的能力；培养学生使用逻辑电路并能进行简单综合设计的能力。
		2	电路分析基础	能正确使用常用电工仪器仪表、电工工具等；能阅读简单的电气原理图、电器布置图和电气安装接线图；具有查阅手册等工具书与产品说明书、设备铭牌等资料的能力；具有简单电路的实验与仿真能力；具有检测、调试与维修一般电路的能力。
		3	信号与系统	能对通信系统特性进行分析，对信号进行变换、识别、检测和分析。
		4	C/C++/Java编程语言	C语言主要用于底层系统软件的开发，尤其是要谨慎利用空间的地方，如单片机的嵌入式程序；C++语言的优势在于大型软件工程的开发，如网游、操作系统、科学研究的精密计算；Jave语言是网络时代最适合的网络应用程序开发平台，主要应用于电子商务、电子政务等高度信息化的行业。
		5	网络编程技术	培养学生网页制作技术与网页编程技术相结合的能力，同时融合多媒体技术和程序开发技术，力求培养学生开发高级应用网页的能力。

续表

类别		序号	课程中文名称	培养目标
专业教育课程	基础课程体系	6	工程制图与CAD	本课程具有较强的操作性、实践性和技能性。致力于培养高素质、技能型的绘图人员，使其具有图解空间几何问题的初步能力，培养手工仪器绘图、计算机绘图、绘图机绘图、手工草图绘图等综合绘图能力，掌握较强的绘图方法、技能和技巧，具有查阅有关标准及手册的能力；培养绘制和阅读零部件等机械图样的能力。
	核心课程体系	1	数字通信原理	主要介绍数字通信系统的构成、基本工作原理、主要性能指标的计算与分析方法以及数字信号的基本特性。使学生对数字通信及数字通信系统有较完整的了解，掌握数字通信的基本理论和技能，为从事数字通信工作奠定一定的基础。
		2	电视原理与数字电视	培养数字电视技术、网络视音频技术、数字影视制作技术等方面的专业知识与技能，能在传媒领域中从事数字电视技术和网络视音频技术的研究、系统设计、开发与应用，并可从事技术与艺术结合的影视制作、动画制作等方面的工作。
		3	数字信号处理	使学生具备从事数字信号处理工作所需的基础知识和技能。
		4	计算机通信网络	掌握计算机网络的基本理论和基本技能，具有计算机网络硬件组网与调试、网络系统安装与维护，以及网络编程的能力。
		5	数字网络技术（宽带网络技术、有线电视技术、通信网络理论）	面向计算机、通信网络、广播电视网络，讲授网络基础知识。
		6	网络和信息安全	讲授安全管理体系和标准工作，培养防范黑客入侵的能力，通过运用各种安全产品和技术，设置防火墙、防病毒、IDS、PKI、攻防技术等能力。可以完成安全制度建设与安全技术规划、日常维护管理、信息安全检查、审计系统账号管理与系统日志检查等工作。
	方向课程体系	1	数字传输技术（数字电视传输技术、光纤传输技术、网络电视技术、有线电视测量、无线电测量技术）	在掌握数字传输系统基础理论和技术的同时，重点掌握宽带传输网络的理论和技术。为将来从事电信网络、计算机网络、电视网络等领域的工作打下坚实的基础。
		2	网络工程规划与设计	全面、系统地介绍网络工程设计的理论、技术和方法，主要涉及网络工程设计基本知识、高速局域网设计、广域接入网设计、广电网络设计、服务器系统设计、网络存储与备份设计、网络安全设计，以及当前各种新型的网络工程技术的应用（如3G网络设计、网格设计）等内容。可提供广播电视网络、大中型企业网、广域接入网、企业资源服务器与网络存储、网络安全接入等技术方案。
		3	数据库系统（Oracle/Sybase/MySQL）	主要培养学生管理和应用数据库的能力，以及结合高级程序设计语言进行数据库应用系统、管理信息系统开发的能力。
		4	网络操作系统	培养以下能力：安装和维护服务器系统软件和应用软件；搭建与配备网络；管理用户权限；网络服务配置、调试和维护；解决排除各种软硬件故障；具备网管的岗位素养；创新能力及网络技术的综合应用。

（广播电视网络技术方向）

四、结论

在学部制结构下,我们可以整合学部资源,分析社会对应用型人才的岗位需求和国内各高校的相关专业设置,探索广播电视网络技术方向的基本定位和培养目标,确立广播电视网络人才的基本能力要求。本文探索面向应用型人才培养的广播电视网络知识领域与课程体系,对构建该专业教学规范、提高教育质量和学生就业面具有重要的现实意义

参考文献

[1]李孟臻.浅谈网络技术在广播电视中的应用[J].电脑知识与技术,2014(8):1798-1799.

[2]曹介南,徐明,朱培栋,蔡志平.网络工程专业能力评估方法研究[J].中国大学教学,2015(8):48-54.

[作者单位:理工学部信息工程学院]

浅议宽带网络技术在相关课程体系中的定位与内容设置

苗 方　张乃谦　金立标

摘　要：本文主要探讨了宽带网络技术课程在网络工程系相关课程中的定位和内容设置，研究和分析了该课程的教学现状和其他高校开课情况，同时对该课程的目标定位和内容设置进行了分析，最后就教学中面临的问题和教改思路进行总结。

关键词：计算机网络；宽带网络技术；教学改革

一、相关课程开设概况

在当今这个信息化、网络化的时代，社会对掌握网络知识、具备网络技能的人才的需求量大增。顺应这一趋势，理工学部信息工程学院近年来新成立了网络工程系，主要面向广播电视网络和物联网方面的应用需求培养相关人才。网络工程专业注重对网络基础理论和网络应用技术的教学，强调对学生创新能力的培养。下设广播电视网络技术、物联网技术两个专业方向。该专业新开设了一系列的专业课程，并规划建设了宽带信息网络技术实验室。

网络技术的相关课程作为理工科本科教学中的重要组成部分，是各个专业必修的基础课程。有别于其他专业的计算机网络课程，网络工程系开设两门主干课程——"计算机通信网络"和"宽带网络技术"，分别侧重于讲授网络的基础协议算法和在网络系统中应用的骨干网、接入网等技术。此外，结合网络工程专业基础课"通信网络理论"，能够使本专业的学生对网络相关知识形成从理论到应用的完整体系。本系其他特色专业课还包括数字电视传输、网络电视、物联网、网络工程规划等。

其中，"计算机通信网络"课程的内容安排主要是按照计算机网络的分层协议栈进行介绍的，这与其他专业所开设的计算机网络类课程一致。而宽带网络技术只面对网络工程专业开设，主要讲述骨干网及用户接入网的网络架构、传输机理和协议算法等方面的内容，其他专业目前并未安排相关内容的教学。"通信网络理论"课程主要介绍网络基础理论模型与数学方法，也是网络工程方向专门开设的特色课程。

二、宽带网络技术在课程体系中的定位

（一）与计算机网络教学内容的关系

在与网络技术相关的课程体系中，"计算机通信网络"和"宽带网络技术"两门课程

分别开设于大三上学期和大三下学期，其教学内容有联系、有交叉，也有区分。从定义上来讲，"宽带网络技术"课程所覆盖的内容更为广泛，主要包括：数据通信基础、计算机网络体系结构、TCP/IP 网络技术、局域网技术、宽带骨干网技术，以及宽带接入网技术。"计算机通信网络"的基本概念可以看作宽带网络概念的一部分，其教学内容的组织是以面向"端到端"的计算机网络应用为出发点，重点介绍在以计算机为主要终端组成的网络环境中，如何以分层形式实现基于计算机的各种业务应用。协议栈的层次结构以及其中各层协议的工作原理是课程讲授的主线。通过该课程的学习，学生能够从计算机网络使用者的角度了解计算机网络的主要工作原理和使用方法，但是，学生对支撑计算机以及其他通信设施互联的网络基础架构的了解并未深入。"宽带网络技术"是"计算机通信网络"课程内容的延伸，更着重于数据通信网的概念，即计算机网络应用也被视为通信网络所承载业务的一部分。"宽带网络技术"的讲授内容不再按协议分层的方式编排，而是按网络中数据的传输交换方式、网络完成的功能，以及通信介质来划分章节。其教学内容组织包括：电路交换网络的 SDH、OTN 技术等；数据报分组网络的以太网、IP 技术等；虚电路分组网络的帧中继、ATM 技术等；基于电话线、光纤、HFC 和无线等传输介质的接入网技术。其中，在"计算机通信网络"课程中已经涉及的以太网和 IP 网络技术在讲授中从略。

对比来看，"计算机通信网络"课程的学习内容是宽带网络知识体系中的一个重要子集，以纵向分层和面向"端到端"应用的角度介绍计算机组网的工作原理；"宽带网络技术"课程的内容则主要对应"计算机通信网络"中下三层的内容，即主要关注通信子网中数据承载的相关技术，较少涉及传输层以上的端系统及业务应用。

（二）与其他高校的对比

本专业在对课程体系和教学内容进行设置的过程中，也对其他兄弟院校开设的相关课程进行了调研。据统计，全国共有 303 所高校开设网络工程专业。其中，北京邮电大学、电子科技大学、西安电子科技大学、华南理工大学等学校排名靠前。北京邮电大学的网络工程系属于计算机学院，自身定位为"软件与硬件结合、网络与通信兼顾的计算机学科宽口径专业，以培养计算机网络工程与通信网络工程专门人才为目标"。计算机网络课程的教学大纲与我院类似，不过课程体系中并没有专门开设宽带网络技术课程，而是由主干课程"现代交换技术"覆盖了虚电路交换的 ATM、帧中继等技术，以及宽带 IP 交换和 MPLS 等内容。"接入网技术"覆盖了宽带接入网的内容。而 SDH、OTN 等传输网技术仅在"计算机网络"和"现代通信网"等课程的部分章节中简略提到。有关无线网络技术的内容在"现代通信网"和"移动通信基础"等课程中有所涉及。西安电子科技大学的网络工程系也属于计算机学院，宽带网络技术的相关教学内容出现在"计算机网络"和"通信网基础"等课程中，没有单独开设接入网等内容课程，传输网内容在教学大纲中没有专门体现。南京邮电大学的网络工程系属于物联网学院，在本科教学中也是以计算机网络为主，宽带网络的内容较少。而属于通信与信息工程学院的通信工程系所开的课程与我院宽带网络技术类似，在 IP 网络技术之外还有通信网、全光通信网、光接入网、宽带交换技术等课程。

通过对比分析，国内大多数网络工程专业的开设偏向计算机专业领域，计算机网络所占比重较大，骨干网、接入网等内容多为选修或编排入计算机网络相关的其他课程，传输网技术的内容较少体现。此外，通过对麻省理工、斯坦福等国外著名大学的网上开放课程内容的分析同样可以看出，网络类相关课程中关于骨干网传输技术和接入网技术的教学内容基本没有专门涉及，除了计算机网络基础之外，交换技术、光网络、通信网理论等一般为面向研究生的课程。

（三）课程设置的定位

我校网络工程系属于信息工程学院，其前身是通信工程专业的信息网络方向，因而沿袭了通信专业相对面向通信领域的特色。教学内容的编排设置介于通信工程与计算机科学之间。我院具有显著的广电领域特色，网络工程系培养的毕业生也有面向有线网络公司或网络运营商的需求考虑，需要具备建立、维护、管理运营商宽带信息网络的基础知识。其他专业更注重计算机软件或硬件的开发使用，如计算机学院的专业，或是数字媒体技术、电子信息工程等，而网络工程专业还要进一步对网络系统的底层架构与基础设施进行全面了解。不过在计算机和互联网普及渗透进入各个领域的情况下，宽带信息网络也在从传统的电信基础设施演进到以计算机互联网为主要业务的分组数据承载网络，因此，有必要加重计算机网络的教学内容比例，适当精简电路交换类型的传统电信传输网的有关内容。

三、教学中面临的问题与对教学改革的思考

目前，网络技术相关课程的教学面临以下一些问题。（1）网络技术发展进步较快，教材更新周期落后于技术的发展。例如：传输网技术中 SDH 已很少用在骨干网，市场中也很少见到纯 SDH 设备；ATM 网络以及 IP over ATM 等技术已逐渐被淘汰；MPLS 也从原来核心网技术变为主要应用与网络边缘服务 VPN 之类的业务；局域网与无线网络技术也在从千兆过渡到万兆；等等。（2）概念理论比较抽象，学生理解起来有难度。网络技术中的概念多数基于抽象的逻辑，不易直观地观察和理解。计算机网络中局域网和互联网的部分还有机会在日常应用中接触到，宽带运营商网络中骨干网和接入网学生很难在日常生活中接触到，因而学生的学习兴趣不高，教学效果也不理想。（3）实验条件有限。网络技术的学习需要综合应用，实验是重要环节。目前，宽带网络实验室场地较小，机房只有 17 个机位，核心网和接入网的设备又属于专业的高值器材，数量有限。（4）缺少实践机会。学习书本知识与实践应用之间有差距，尤其是宽带网络技术所涉及的内容学生平时很难接触到，缺乏在实际网络实践中获取直观了解的机会。

针对以上问题，在下一步的教学改革中需要紧跟技术发展的趋势，拓宽和更新知识结构。改革可以考虑以开设类似前沿讲座的形式作为对教材的补充。宽带网络所涉及的知识点相对分散，并关联多个领域和相关的基础课程，需要进行深入的梳理归纳，建构完整的知识体系架构。在教学内容的编排上，可以进一步加大有关计算机网络相关内容的比例，适当减少电信网、接入网等章节的细节介绍，需要的话对有关内容可以增开选修课。针对实验和实践环节，需要合理设计实验，提高机房和设备的利用效率，引入仿真实验手段减少对高值设备的数量要求以及避免设备的损耗。拓展业界实践的机会，例如参观了解网络中心或歌华有线等运营商网络。进一步增加网络相关课程实验部分的课时量，重视实验课的教学质量。

参考文献

[1] 王霄峻，陈晓曙."通信网络"课程体系建设和教学实践[J].电气电子教学学报，2016，38（2）：39-42.

[2] 北京邮电大学计算机学院网络工程系教学大纲[EB/OL].[2016-12-20].http://scs.bupt.edu.cn/cs_web/education/education_disp.aspx?iCntt=b_jxdg.

[3] 周映虹."宽带网络技术"课程教学探讨[J].科教文汇，2009（26）：91.

[4] 邵峥嵘，董芳，莫有权，陈安平，竹栋.构建《现代通信网络》课程立体化教学体系[J].高等教育研究学报，2011，34（2）：94-97.

[作者单位：理工学部]

谈谈网络工程专业培养方案修订的指导思想

杜怀昌

摘　要：经过多年的教学实践，如今网络工程专业的培养方案需要修订。在修订过程中，我们结合学校发展规划及社会需求，重新定位网络工程专业的培养目标。为达成本科教学培养目标，我们应进一步明确对培养方案修订的指导思想，并依此进行合理的课程设置。

关键词：培养方案；指导思想；专业定位

一、背景

目前，随着互联网技术与工程的蓬勃发展，网络工程专业被正式列为教育部《普通高等学校本科专业目录》的目录外专业（080913W）。2010年3月，教育部办公厅通过教高厅函〔2010〕13号，发布了《关于战略性新兴产业相关专业申报和审批工作的通知》，其中战略性新兴产业涉及的领域包括传感网、物联网技术。随后，我国有数百所大学申报和准备试办物联网工程或传感网专业。2012年9月，教育部《普通高等学校本科专业目录（2012）》将网络工程专业（专业代码：080903）和物联网工程专业（专业代码：080905）纳入正规专业目录体系，并将其归属于计算机科学与技术（一级学科）下计算机体系结构（二级学科）中，作为三级学科专业。不同类型的高校开设的网络工程专业所立足的学科不尽相同，主要依托的学科有信息与通信工程、电子科学与技术、计算机科学与技术等，其课程体系中学科印记明显，差异性较大，但大多数高校是依托计算机科学与技术专业或相近专业发展建设网络工程及物联网工程专业的。

我校1995年成立信息工程学院，学院下设通信工程专业（专业代码：080604），该专业包括微波技术、有线电视技术、通信工程技术。通信工程专业的培养目标从面向广播电视技术领域扩展到通信技术领域，专业内容从以往的微波传输技术为主扩展到光纤传输技术、无线传输技术并重，同时包括交换技术在内的网络技术。在2012年的大平台招生分流中，我校在通信工程专业下设立了网络工程方向。在2013年，我校正式开设网络工程专业，并根据我校的教育特色在该专业下设了两个招生方向：广播电视网络技术、物联网技术。

目前的培养方案就是当初确立的，虽然经过修改，但没有大的变动。由于互联网技术的发展日新月异，我们认为，该方案应做进一步的修订。

二、指导思想

（一）卓越工程师教育培养计划

为贯彻落实《国家中长期教育改革和发展规划纲要（2010—2020年）》，教育部决定启动"卓越工程师教育培养计划"。专家组对清华大学等61所第一批卓越工程师教育培养计划（以下简称卓越计划）学校提交的专业培养方案进行了论证。根据专家组的论证意见，2011年7月教育部批准了清华大学电子信息科学与技术等462个本科专业或试点班；清华大学建筑学等293个研究生层次学科领域加入"卓越计划"。2011年9月，教育部批准中国石油大学（北京）等133所高校为第二批卓越计划高校。2013年10月，教育部批准北京交通大学交通工程等433个本科专业、清华大学集成电路工程等126个研究生层次学科领域加入卓越计划。卓越计划中各类工程型人才培养应达到的基本要求是制订行业标准和学校标准的宏观指导性标准。本科工程型人才培养的通用标准为：（1）具有良好的工程职业道德、追求卓越的态度、爱国敬业与艰苦奋斗精神、较强的社会责任感和较好的人文素养；（2）具有从事工程工作所需的相关数学、自然科学知识，以及一定的经济管理等人文社会科学知识；（3）具有良好的质量、安全、效益、环境、职业健康和服务意识；（4）掌握扎实的工程基础知识和本专业的基本理论知识，了解生产工艺、设备与制造系统，了解本专业的发展现状和趋势；（5）具有分析、提出方案并解决工程实际问题的能力，能够参与生产及运作系统的设计，并具有运行和维护能力；（6）具有较强的创新意识，以及进行产品开发与设计、技术改造与创新的初步能力；（7）具有信息获取和职业发展学习能力；（8）了解本专业领域的技术标准，相关行业的政策、法律和法规；（9）具有较好的组织管理能力，以及较强的交流沟通、环境适应和团队合作的能力；（10）应对危机与突发事件的初步能力；（11）具有一定的国际视野和跨文化环境下的交流、竞争与合作的初步能力。

（二）工程教育专业认证

早在1992年，由原建设部组织，在建筑学、土木工程、城市规划、工程管理、建筑环境与设备工程、给水排水工程六个专业的土建类学科领域开展评估，这是我国进行高等工程教育专业认证的实验探索阶段。教育部2006年开始启动工程教育认证工作，出台了《工程教育专业认证实施办法（试行）》，把我国的高等工程教育专业认证推进到其他专业。目前，国内许多高校的专业通过工程教育认证改造了教学体系，提升了教学质量，但是，目前通过认证的专业只占全国工程教育专业的4%。工程教育认证是对高等学校的工科专业实施的专门性认证，其目的是检验认证专业的工程教育质量，以及毕业生的能力是否达到国际本科工程学位互认实质等效的认证要求。我国的工程教育认证获得教育部授权，由中国工程教育认证协会具体组织实施。

教育部在2012年提出"协同创新"计划，指出"高校要与科研机构、企业开展深度合作，建立协同创新的战略联盟"。协同创新理念下校企合作的内涵是高校和企业利用各自不同的教育方法和教育理念，相互融合，以促进资源的流动和整合，培养符合国家和社会需要的创新型人才，提高高校人才培养质量，实现创新价值的最大化。

2015年，教育部发布了新版的《工程教育认证标准》，其中指出本专业的毕业要求应完全覆盖以下方面：（1）工程知识；（2）问题分析；（3）设计/开发解决方案；（4）研究；（5）使用现代工具；（6）工程与社会；（7）环境和可持续发展；（8）职业规范；（9）个人和团队；（10）沟通；（11）项目管理；（12）终身学习。

2016年6月2日，注定将是一个载入中国高等教育史册的日子。在吉隆坡召开的国际工程联盟大会上，中国成为国际本科工程学位互认协议《华盛顿协议》的正式会员。这标志着我国工程教育已与国际水平同步，对提升我国工程教育及相关产业的总体实力和国际竞争力具有重要而深远的意义。《华盛顿协议》的主要内容包括：（1）各正式成员所采用的工程专业认证标准、政策和程序基本等效；（2）各正式成员互相承认其他正式成员提供的认证结果，并以适当的方式发表声明承认该结果；（3）促进专业教育实现工程职业实践所需的教育准备；（4）各正式成员保持相互的监督和信息交流。

"卓越工程师教育培养计划"质量要求与工程教育认证之间既存在相通相似之处，也存在不同与相斥的地方，要充分认识到二者之间的异同点，使我们制定的培养方案得到最好的落实，培养出的学生才能达到应有的水平。

2016年11月26日，依托北京物联网研究会，100多所高校、企业，在北京发起成立了"物联网人才培养众创联盟"，联盟的工作目标是：围绕未来5～10年的物联网技术发展，组织相应的物联网教学活动。通过搭建共享平台，提供交流合作的机会，对全国的物联网教学起到引领、示范和推广的作用。这一目标契合了当前高等教育的发展形势，也为我们的人才培养提供了很好的引领作用。

三、专业定位

多数学校的网络工程专业是自计算机相关学科派生出来的，并按照覆盖网络工程生命周期中的网络产品设计与开发、组网工程建设、网络系统管理与维护3个阶段，将网络工程专业分为网络设计、组网工程、网络管理与网络安全3个专业方向。我校网络工程专业源于通信工程专业，网络工程专业分为广播电视网络方向和物联网方向。

根据工信部的物联网网络架构，从下到上分为感知层、网络层和应用层：（1）感知层涉及传感器技术、检测技术、自动控制技术和无线射频识别等多学科理论和技术。（2）网络层包括提供信息传输服务的通信网和物联服务的互联网，涉及通信传输和数据网络技术。（3）应用层汇聚各种物联网应用，包括所有学科的网络应用，共享相同的网络层进行信息传输和互联。

一般将物联网专业划分为以下四个专业方向。(1) 传感器与嵌入式系统方向。该方向对应物联网技术架构中的"传感层",掌握的技术及能力包括:有线/无线传感器节点硬件和协议栈软件设计与实现、无源/有源 RFID 标签与读卡器设计技术、低功耗技术、嵌入式系统、信息安全和轻量加密技术。(2) 物联网传输网络方向。该方向对应物联网技术架构中的"传输层",掌握的技术及能力包括:工业总线技术、以太网技术、无线传感网技术(WIFI、BT、Zigbee)、多种网络通信技术(计算机网络、移动通信网络等)、NB-IoT 技术。(3) 物联网数据管理与信息处理方向。该方向对应物联网技术架构中的"处理层",掌握的技术及能力包括:物联网网络监视和多源异构数据库设计、大规模异构数据处理、分布式计算、并行计算技术、数据挖掘技术。(4) 物联网应用与信息服务方向。该方向对应物联网技术架构中的"应用层",掌握的技术及能力包括:应用系统设计关键技术、物联网应用软件开发关键技术、应用数据结构与数据流设计、新型服务模式,能够独立设计不同需要的物联网应用系统。

通信工程专业的培养目标是培养能够在光纤通信、卫星广播与微波技术、移动电视技术及通信工程等领域中从事科学研究、系统设计、开发与应用等方面工作的高级技术人才。网络工程专业的培养目标是培养能够在广播电视网络、通信网络、计算机网络和物联网工程等领域中从事科学研究、系统设计、开发与应用等方面工作的高级技术人才。从网络工程专业的培养目标看,涉及的网络包括广电网、通信网、互联网,内容繁多,从而导致定位不明确,课程安排困难,学生找不到明确的就业方向。

广播电视网络方向也好,物联网方向也罢,都在网络工程专业目录下,应该有共同的学科基础,应该与其他院校的网络工程专业有共通的语言。通信工程专业通常着重于电信或广电等公共网络平台的建设与管理,而网络工程专业则相对偏重于互联网、企业网、专用网、IP 网和接入网络的开发、管理及应用平台的建设和维护。

通信类课程在网络工程专业中占据着重要地位,既要使学生了解和掌握当前常见的通信网络(包括光纤通信网、数字程控交换网、宽带 IP 网络、微波与卫星通信网、移动通信网以及各种接入网等)的基本特点、协议、工作原理、关键技术以及组网与应用方面的知识,又要保证学生今后无论是从事核心网络还是接入网络,有线网路还是无线网络,电信网络还是 IP 网络的规划、设计、运营和软硬件的开发,都能具备足够的通信知识,并快速适应工作环境和岗位要求。

在课程设置方面,现代通信网络(涵盖数字程控交换网、光纤通信网、宽带 IP 网络、智能网、NGN 网等)、无线通信与网络(涵盖无线通信和无线信道方面的基本概念和理论、移动通信网、微波通信和卫星通信等)、接入网技术(涵盖以太接入、xDSL 网、HFC 网、各种无线接入网)、无线传感器网、物联网等课程都要学习。在教学过程中,要简化一些理论性强、学生学习枯燥的内容(通信工程专业可能侧重的内容)。在专业必修课、选修课,以及教材、内容与知识点的选择上,我们还需要进行更深一步的研究。

四、结语

网络工程专业和物联网专业是两个专业，每个专业下都有多个方向。我校在网络工程专业下设有物联网方向和广播电视网络方向。其中涉及的教学内容繁多而学时有限，我们必须定位明确、优化选择、合理安排，才能优化我们的培养方案。

物联网方向应该侧重选择物联网专业中的一个方向，比如：物联网传输网络方向属于物联网方向；广播电视网络方向侧重于互联网、企业网、专用网、IP网，以及接入网络的开发、管理及应用平台的建设与维护。

参考文献

[1] 教育部."教育部办公厅关于战略性新兴产业相关专业申报和审批工作的通知教高厅函〔2010〕13号"[Z].2010.

[2] 教育部.普通高等学校本科专业目录（2012年）[Z].2012.

[3] 教育部.中国工程院关于印发《卓越工程师教育培养计划通用标准》的通知教高函〔2013〕15号[Z].2013.

[4] 蔡志平,胡罡,曹介南,徐明,朱培栋.网络工程专业工程教育认证的探索和研究[J].中国大学教学,2016(9):36-41.

[5] 何业兰,李春林.基于CDIO理念与协同创新的物联网专业卓越工程师培养模式研究与实践[J].软件导刊,2017,16(1):185-188.

[6] 林健."卓越工程师教育培养计划"质量要求与工程教育认证[J].高等工程教育研究,2013(6):49-61.

[7] 邱恭安,章国安,包志华.物联网专业课程教学中学科特色培养探讨[J].物联网技术,2016,6(9):118-120.

[8] 徐小龙,等.物联网专业人才培养策略研究[J].南京邮电大学学报,2012,14(1):119-124.

[9] 毛羽刚,曹介南,徐明.网络工程专业通信类课程设置[J].计算机教育,2010(23):119-121.

［作者单位：理工学部信息工程学院］

物联网学科建设思考

杨 刚

摘 要：顾名思义，物联网就是物物相连的互联网。物联网是新一代信息技术的重要组成部分，也是"信息化"时代的重要发展阶段。物联网通过智能感知、识别技术与普适计算等通信感知技术，广泛应用于网络的融合中，也因此被称为继计算机、互联网之后世界信息产业发展的第三次浪潮。本文回顾了物联网发展的历史，并查阅最新数据给出了物联网在高校的建设现状。作者通过分析物联网专业的特点，结合自身的科研经历，对我校物联网工程专业的建设提出了一些自己的思考和建议。

关键词：物联网；学科；网络

一、物联网发展简介

所谓物联网，指的是将各种信息传感设备与互联网结合起来而形成的一个巨大网络。1990年，施乐公司发明的网络可乐贩售机拉开了人类追梦物联网的序幕。1999年，麻省理工学院 Auto-ID 中心的阿什顿教授在研究 RFID 技术时，提出了在计算机互联网上，利用射频识别技术、无线数据通信技术等，构造一个实现全球物品信息实时共享的实物互联网"Internet of Things"（简称物联网，即 IoT）的设想，物联网的概念由此正式诞生。

物联网是新一代信息技术的重要组成部分，也是"信息化"时代的重要发展阶段。其英文名称是"Internet of Things（IoT）"。顾名思义，物联网就是物物相连的互联网。这有两层意思：其一，物联网的核心和基础仍然是互联网，是在互联网基础上的延伸和扩展的网络；其二，其用户端延伸和扩展到了任何物品与物品之间，进行信息交换和通信，也就是物物相息。物联网通过智能感知、识别技术与普适计算等通信感知技术，广泛应用于网络的融合中，也因此被称为继计算机、互联网之后世界信息产业发展的第三次浪潮。物联网是互联网的应用与拓展，与其说物联网是网络，不如说物联网是业务和应用。因此，应用创新是物联网发展的核心，以用户体验为核心的创新 2.0 是物联网发展的灵魂。

2005 年 11 月 17 日，在突尼斯举行的信息社会世界峰会（WSIS）上，国际电信联盟（ITU）发布《ITU 互联网报告 2005：物联网》，引用了"物联网"的概念。物联网的定义和范围已经发生了变化，覆盖范围有了较大的拓展，不再只是指基于 RFID 技术的物联网。

2009 年 2 月 24 日，2009IBM 论坛上，IBM 大中华区首席执行官钱大群公布了名为"智慧的地球"的最新策略。此概念一经提出，即得到美国各界的高度关注，甚至有分析认为 IBM 公司的这一构想极有可能上升至美国的国家战略，并在世界范围内引起轰动。

今天,"智慧地球"战略被美国人认为与当年的"信息高速公路"有许多相似之处,同样被他们认为是振兴经济、确立竞争优势的关键战略。该战略能否掀起如当年互联网革命一样的科技和经济浪潮,不仅为美国关注,更为世界所关注。

二、物联网在高校的发展

物联网把智能物体通过信息传感设备与互联网连接起来,实现智能化识别和管理,是继计算机、互联网与移动通信网之后的又一次信息产业浪潮,是一个全新的技术领域。我国已将物联网定位为一种重要的战略性新兴的产业。为配合战略新兴产业的发展,2010年2月,教育部发布《关于战略性新兴产业相关专业申报和审批工作的通知》(教高厅函〔2010〕13号),决定完成战略新兴产业相关专业的申报和审批工作。2011年,将电气信息类下设的"物联网工程"与"传感网技术"合并为"物联网工程",列入计算机类专业(教高厅函〔2011〕28号),这标志着该专业走上了体系化、正规化的建设阶段。自2010年以来,物联网工程专业在许多高校陆续开设并得以蓬勃发展。

根据教育部关于公布2010年至2015年度普通高等学校本科专业备案和审批结果的通知,历年新增物联网工程专业情况如下(数据来源于教育部网站,截至2016年10月26日):

2010年度,共有25所学校或单位新增"物联网工程"专业;
2011年度,共有80所学校或单位新增"物联网工程"专业;
2012年度,共有126所学校或单位新增"物联网工程"专业;
2013年度,共有85所学校或单位新增"物联网工程"专业;
2014年度,共有54所学校或单位新增"物联网工程"专业;
2015年度,共有61所学校或单位新增"物联网工程"专业。

自2010年开始建设物联网工程专业以来,目前共有431所学校或单位开办"物联网工程"专业,该专业已经成为一个规模较大的本科专业。

三、物联网工程专业建设的特点与思考

(一)多学科融合

物联网工程专业肩负着培养高层次人才的使命,但其高度综合交叉的专业特征决定了对专业人才的培养具有挑战性的特点,专业建设需要综合考虑IT技术发展、现实需求和已有基础等多个因素,以建立清晰的预期目标。物联网工程专业依托计算机科学与技术、电子科学与技术、信息与通信工程、控制科学与工程等学科,具有交叉性和前沿性。如果要建设和促进物联网工程专业的发展,须从教学体系、教师教学能力、实验室等不同层面改革现有教学体系,努力促进多学科融合。

（二）物联网技术持续高速发展

从 2005 年国际电信联盟发布物联网报告至今，得益于基础网络、处理器、数据处理等技术的高速发展，整个电子通信行业发生着深刻的变化，物联网还处于发展阶段，业内人士对于物联网发展趋势的看法并不一致。高校一定要有持续发展的态度和眼光，去建设物联网工程专业，这样才能紧跟物联网技术的发展趋势。

（三）科研带动学科建设

一支高水平的教师队伍是专业建设的关键。物联网专业大部分教师来源于通信工程、电子科学与技术、计算机科学与技术等学科，通过一系列物联网相关领域的科研项目，可以提升教师对物联网工程专业的认识水平。在此过程中，我们应集中学部优势资源，争取在物联网某些技术领域达到国内领先的科研水平。

（四）依靠联合实验室紧跟行业发展

IDC 预计 2020 年全球物联网有望影响的下游市场规模将突破 3 万亿美元，超过 250 亿台系统/装置联网，而同时使用因特网的用户总数达 44 亿人。世界上各大公司均已纷纷进入物联网市场，表 1 数据来源于 2016 年《互联网周刊》排行榜。

表1 2016年物联网行业全球公司排名TOP20

排名	企业	类别
1	IBM(国际商业机器公司)	认知解决方案云平台
2	Google(谷歌)	Brillo 系统
3	Intel（英特尔）	Edson 平台
4	Microsoft(微软)	Win10 IoT版
5	Cisco(思科)	IoT System
6	Apple（苹果）	HomeKit、HealthKit
7	SAP	解决方案商
8	Oracle（甲骨文）	Java ME 平台
9	Samsung（三星）	RTOS、Artik 芯片
10	HP（惠普）	Hefon 云平台
11	Ericsson（爱立信）	网络软件 17A
12	Amazon（亚马逊）	AWS IoT
13	General Electric(通用电气)	Predix 平台
14	Qualcomm（高通）	物联网 WiFi 芯片
15	AT&T（美国电话电报公司）	M2M
16	Orange	LoRaWAN 技术
17	Blackberry(黑莓)	Project Ion
18	Facebook(脸谱)	物联网 SDK
19	Dell(戴尔)	端到端解决方案
20	Verizon（威瑞森电信）	ThingSpace 平台

国内各大公司已加速物联网布局，表2是2016年中国物联网企业排行榜，数据来源于2016年《互联网周刊》排行榜。

表2 2016年中国物联网企业排行榜

排序	企业	业务
1	阿里巴巴	阿里云、阿里智能、YunOS等
2	腾讯	QQ物联、腾讯云等
3	百度	Baidu IoT、百度开放云等
4	中兴通讯	5G、M-ICT战略等
5	华为	eW-IoT、LiteOS、华为云等
6	中国移动	OneNET平台
7	高通	5G、物联网芯片
8	英伟达	芯片、深度学习
9	大唐电信	5G通信模块
10	中国联通	与Jasper合作、沃云
11	联发科技	芯片、SDK
12	京东	智能硬件、大数据
13	京东方	智能终端设备制造
14	思必驰	智硬件、语音技术
15	庆科	MICO操作系统
16	迈外迪	商业WiFi

各高校都在加紧物联网实验室的建设，但目前建设思路并不开阔，一直没有跳出传感网或RFID网的范畴，并未体现出物联网面向业务和应用的特点。与其自己摸索，不如尽可能与业内企业合作，吸收他们关于物联网技术发展的思路，开阔实验室建设视野。与行业领先的企业合作，这在目前物联网技术高速发展的大背景下尤为重要，只有及时广泛地与业界互动，才能真正建设好物联网专业。

（五）依托特定行业发展物联网专业

中国工程院院士邬贺铨指出，物联网与其说是网络，不如说是应用。这一说法清晰地表明物联网工程专业集成创新的特点。物联网应用领域众多，有智能电网、智能交通、智能物流、智能家居、环境与安全检测、工业智能制造、医疗健康、精细农牧业、金融与服务业、国防军事等领域。在进行专业建设时，不可能做到面面俱到，要充分考虑我校原有专业的特点和行业背景。我校在广电、传媒领域有着深厚的研究基础，物联网专业建设应紧密跟随广电、传媒发展对于物联网技术的需求，在此领域取得领先地位。在此基础上，我们应不断扩大应用行业，把专业做大做强。

四、总结

物联网专业涵盖的知识领域众多，充分体现了多学科融合的特点。物联网技术目前处于高速发展和不断完善的阶段，与各行业的交互发展也刚刚开始。在当前的情况下，专业建设不宜大而全，应该结合我校原有研究基础，在某些特定技术点和特定领域争取取得突破，以此带动整个专业的建设。

参考文献

［1］黄旭，蒋云良，顾永跟.物联网工程专业建设中多学科融合的探索与实践［J］.高等工程教育研究，2016（2）：86-90.

[作者单位：理工学部信息工程学院]

电子信息工程专业教学改革浅谈

刘昌银

摘　要：智能终端和互联网的火热，让电子信息工程专业面临又一个发展良机：教学目标上，目标和对象可以跨越专业限制；组织机构上，可以增加专业流动性，提高学生学习的积极主动性；课程体系上，可以整合核心课程，剔除过时的教学内容；实践教学上，可以提高工作量折算率，从成绩比例等方面增强教学效果。

关键词：电子信息工程专业；教学改革；课程体系

近年来互联网与电子硬件的结合，诞生了类似"小米"公司运营模式的新的产业模式；随着智能终端的普及，物联网、人工智能等进入媒体视野，电子工程专业人才再一次成为信息社会人才需求的热点。根据信息产业部的分析，"十五"期间是我国电子信息产业发展的关键时期，预计电子信息产业仍将以高于经济增速两倍左右的速度快速发展，对于通信产业来说，前景更加广阔。该产业未来发展的重点在于电子信息产品制造业、软件产业和集成电路等。目前，信息技术支持的人才需求中，排除技术故障、设备与顾客服务、硬件与软件安装、配置更新与系统操作、监视与维修等方面的人才最为短缺。同时，北京市对电子工程专业人才的需求最大，占29%。我校电子信息工程专业的发展遇到了一个大好良机。

一、教学目标

在一定程度上，电子信息工程专业是我校信息工程学院多个专业的基础平台。这是该专业的优势，但同时也是劣势。优势在于我校重基础、宽口径，能够与国内外其他院校无缝对接，就业或深造前景广阔；劣势在于相对不容易体现广播电视行业的特色。根据2014级各专业抽调情况调查，该专业在入学时"专业调剂"的比例明显高于其他有特色的专业，如广播电视工程专业和通信工程专业。同时，该专业属于"造广播电视设备"，相对于"用广播电视设备"的专业来说，缺乏更广泛的吸引力。

电子信息工程专业的教学目标除了教授本专业的内容外，还可以作为一种设备研制的基础专业，以及作为广播电视设备摄录编器材或网络通信设备的技术实现专业。教学对象除了本专业学生外，还可以吸引本院其他相关专业的学生。

二、组织结构

当前,我院的师资和学生都以专业进行划分。为了教学量的平衡,各专业的师生比例相近。如果在确保教师工作量的前提下,增加学生的专业流动性,比如逐步扩大院内学生转专业的比例,适当提高每个学生允许转专业的次数,配合课程质量要求制定更自由的选课制度,增加重修重选课程的经济代价,各专业可以提高对某些相关课程的要求,完善专业课程体系和教学计划,这样在一定程度上可以增加学生的学习积极性。同时,打破划分专业和系的禁锢。某些专业方向划分过细,与同一专业其他方向有较大的偏离,与其他专业方向又缺少区分度。改革时,可以从院内整体角度来考虑专业和方向,教师既可以属于多个教研室,同样可以属于多个专业,这个组织机构内部的跨界和兼职,不直接影响教学工作量,同时能避免目前课程指派时带来的问题;我们甚至可以将教师引入所属课程教学组清单,让课程教学组成员数目多于学期所需任课教师数目,任课教师的选择引入竞争机制,由于有封顶工作量的存在,可以配合一定的辅助政策,这一模式能确保教师讲授自己擅长的课程。

三、课程体系

十多年前,广播电视行业数字化刚刚起步,行业内充斥着进口设备,逐渐发展出"字幕机"、音视频切换设备等功能简单直接的国产设备,人工干预较多,专业需求不高,从业人员能熟悉电路板、基本的模拟与数字电路、单片机、基础的 FPGA 等技术,就基本能够胜任该工作。当前社会信息化、智能化的趋势日益明显,即便是一个小小的终端设备,也通常高度集成化、系统化,这对专业人员提出了比较全面的掌握软硬件知识的要求,如搭建数字系统、软硬件结合紧密的嵌入式系统等。同时,比较重要的设备,如发射机、机顶盒、摄录编设备,国产的份额越来越大,部分国产设备已达到国际先进水平。

行业的迅速发展使社会对专业人才的要求越来越高,但与此相对的是,相关课程体系的内容比较陈旧。对知识量的需求在不断增长,学生学习的内容却不断简化,相去甚远。"宽口径"不应该以增加课程数目来实现,而应以"重基础"来加强课程体系的理解深度。从整体上来说,电子信息科学的主要目的是打造一个从电路到代码来实现对信息认知的通路,以及从人到人的信息传递。我们在课程改革时,不妨参考清华大学电子信息科学技术知识体系,如图 1 所示。另外,图 2 所示为清华大学电子工程专业 10 门核心课程。

面对核心课程繁多、各课程内容各自为战的问题,我们在课程改革时可以集合专家力量,进行专业整体规划的课程整合。核心课程应与教学大纲同步,借鉴外校经验,结合我院自身特色广泛听取专业意见,进行有效整合。对于一些衍生性和辅助性课程,我们可以以网络课程、微课、兴趣小组的形式提供,形成以有需求的"学生自学为主,教师辅导和答疑为辅"的非核心课程学习模式。

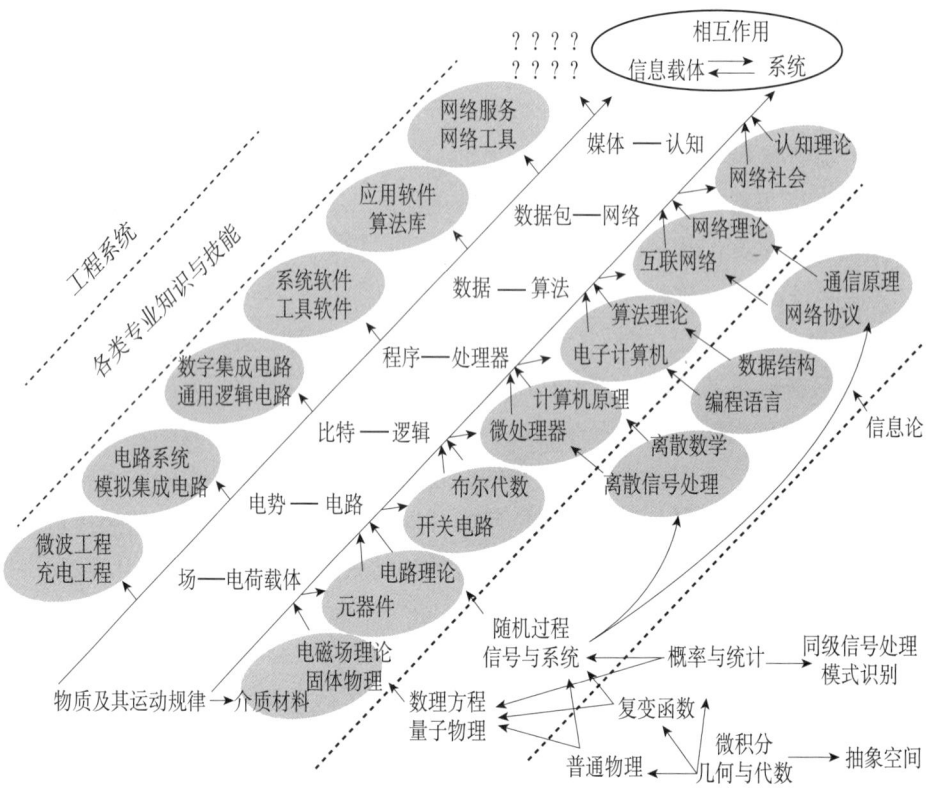

图1　清华大学电子信息科学技术知识体系（2009年9月18日）

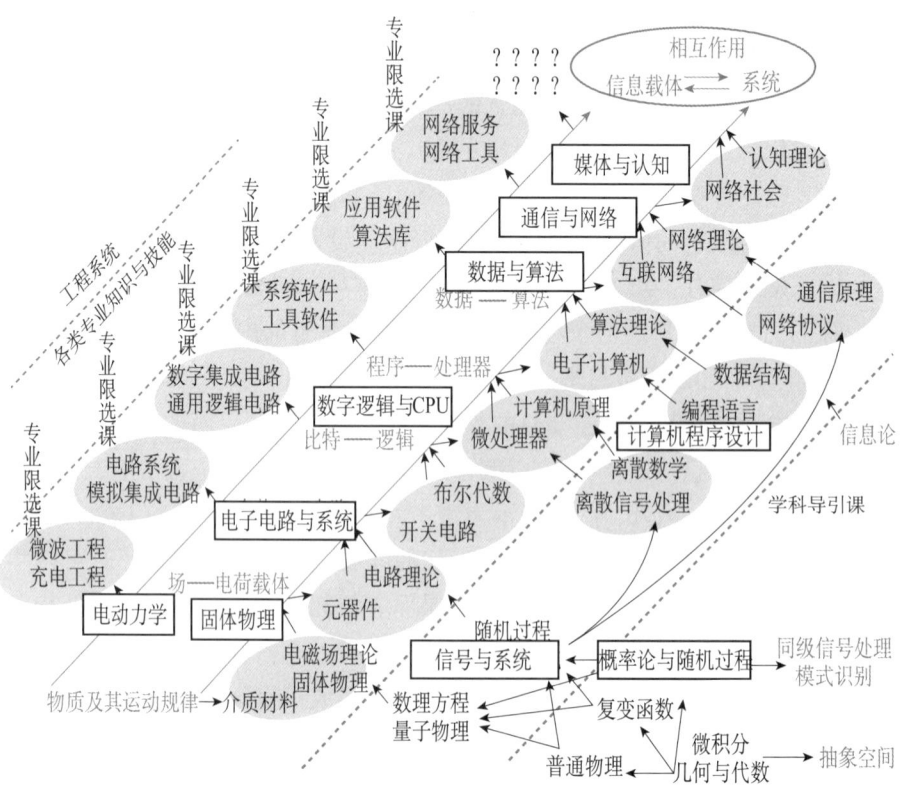

图2　清华大学电子工程专业10门核心课程

四、实践教学

目前,高校的教学模式普遍偏向"重理论教学、轻实践教学",电子信息工程专业的重实践的要求往往仅仅体现在文件和口号上,而在教师教学工作量和学生成绩比重上无法得以体现。实践教学也应当由专业任课教师承担,这一点得到了我校的认可和重视,但在教学工作量上打了折扣,实践教学在学生成绩中所占比重偏少,实践课程成为理论课程的辅助,这造成学生容易轻视实践教学的后果,导致学生认为实践教学就是"跟着做""要结果",缺乏独立思考,教师给得多,"教学效果"就好。实践教学具有网络课程、慕课等没有的优势,是学生个性化学习,积极主动学习的重要环节,教师的付出甚至比理论教学更多,同时,实践教学会反过来促进理论教学的开展。

在教学改革中,我们应增加实践教学的折算工作量,加强对实践教学效果的考核和监督,加强实验室与任课教师耦合度,实验室管理员和任课教师"双管齐下",真正发挥开放实验室的效果,有"开放",有"指导",可以引入"备课"(参与课程组但未能分担课程)教师课上课余"指导",甚至引入相关研究生实践学分要求和"兴趣小组"的辅导。以"实践"为主导来促进理论学习,为学生成为真正的创新人才营造更优越的环境。

五、结语

电子信息科学技术是我国追赶发达国家科技水平的重点,大学教育和科研是其重要的实现环节,根据我院实际情况,我认为可以从提高教师教学积极性和学生学习主动性方面改进教学方法。

参考文献

[1] 职友网. 2016大学生就业形势分析 [EB/OL]. [2017-01-09]. http://edu.jobui.com/major/dianzixinxigongcheng.

[作者单位:理工学部信息工程学院]

不忘初心　　不辍耕耘
教学管理及质量保障

北京市属高校和部属高校优势专业的发展现状及比较*

李树锋

摘 要: 专业设置是社会需求与高校教育工作结合的枢纽,是学校教学适应社会需求的关键环节,专业设置的好坏会直接影响学校培养的学生能否就业。学生的就业是高校生存的重要条件,如何根据专业需求,培养出高水平、高质量、高素质的应用型人才,是高校自身发展的基础。本文主要对北京市属高校与部属高校之间的专业设置进行分析与调研,为高校的发展提出一些指导性意见。

关键词: 专业设置;人才培养;就业

一、北京地区高校的基本情况

北京地区现有教育部直属或教育部管理高校25所,特色专业数量271个;其他部委高校11所,特色专业数量52个;北京市属本科高校23所,特色专业数量76个,具体高校分别见表1、表2和表3。从数据中可以看出,部属高校在特色专业数量上占有绝对优势。其中,北京市地区高校中属于"985工程"建设和"211工程"建设的分别为8所和26所,占全国高校比例分别为21%和25%,并有5所高校先后进入了国家"985工程"优势学科创新平台,在北京教育资源如此丰富的条件下,如何进行合理的专业设置非常重要。

表1 教育部直属高校和教育部管理高校特色专业

序号	学校名称	归属	特色专业数量
1	北京大学	教育部	35
2	中国人民大学	教育部	18
3	清华大学	教育部	30
4	北京交通大学	教育部	11
5	北京科技大学	教育部	10
6	中国石油大学(北京)	教育部	12
7	北京邮电大学	教育部	11
8	华北电力大学	教育部	11
9	北京化工大学	教育部	6

---

* 本文属于"数理逻辑应用教改项目"研究成果。

续表

序号	学校名称	归属	特色专业数量
10	中国农业大学	教育部	14
11	北京林业大学	教育部	12
12	北京中医药大学	教育部	4
13	北京师范大学	教育部	18
14	北京外国语大学	教育部	11
15	北京语言大学	教育部	7
16	对外经济贸易大学	教育部	11
17	中央财经大学	教育部	8
18	中国政法大学	教育部	3
19	中国传媒大学	教育部	11
20	中央戏剧学院	教育部	3
21	中央美术学院	教育部	4
22	中央音乐学院	教育部	3
23	中国地质大学（北京）	教育部	9
24	中国矿业大学（北京）	教育部	6
25	国际关系学院	教育部	3

表2 其他中央部委所属高校

序号	学校名称	归属	特色专业数量
1	北京体育大学	国家体育总局	3
2	中央民族大学	国家民委	9
3	中国青年政治学院	共青团中央	4
4	中国人民公安大学	公安部	5
5	北京理工大学	工业和信息化部	9
6	北京航空航天大学	工业和信息化部	11
7	北京电子科技学院	中共中央办公厅	2
8	中国劳动关系学院	中华全国总工会	2
9	中华女子学院	中华妇女联合会	3
10	北京协和医学院	卫生部	2
11	外交学院	外交部	2

表3　北京市市属高校特色专业

序号	学校名称	归属	特色专业数量
1	北京城市学院	北京市教委	0
2	北京信息科技大学	北京市	3
3	北京工商大学	北京市	5
4	北京联合大学	北京市	5
5	北京工业大学	北京市	9
6	北方工业大学	北京市	3
7	首都医科大学	北京市	7
8	首都师范大学	北京市	7
9	首都经济贸易大学	北京市	4
10	北京服装学院	北京市	4
11	北京建筑大学	北京市	3
12	北京印刷学院	北京市	2
13	首钢工学院	北京市	0
14	北京石油化工学院	北京市	3
15	北京农学院	北京市	3
16	首都体育学院	北京市	2
17	北京第二外国语学院	北京市	4
18	北京物资学院	北京市	2
19	北京警察学院	北京市	0
20	中国音乐学院	北京市	2
21	中国戏曲学院	北京市	2
22	北京电影学院	北京市	3
23	北京舞蹈学院	北京市	3

二、北京地区高校主要学科与优势专业对比

根据《就业蓝皮书：2015年中国本科生就业报告》，表4列出了2012届至2014届本科主要学科门类毕业生毕业半年后的就业率变化趋势。

根据表4，可以看出2014届本科生毕业半年后就业率最高的学科门类是管理学（93.4%），最低的是法学（88.4%）。从这三届就业率的变化趋势可以看出，本科学科门类中的医学、文学、农学毕业生毕业半年后就业率持续上升。

表4 2012届至2014届本科主要学科门类毕业生毕业半年后的就业率变化趋势

本科学科门类名称	2014届	2013届	2012届
管理学	93.4	93.5	92.9
工学	93.1	92.6	92.7
医学	92.8	90.7	90.4
经济学	91.7	91.9	92.0
文学	91.3	89.3	88.9
理学	90.5	88.1	89.1
教育学	90.5	90.0	91.1
农学	90.3	89.8	89.6
法学	88.4	88.4	87.2
全国本科	92.6	91.8	91.5

注：个别学科门类因为样本数少，没有包括在内
数据来源：麦可思—中国2012—2014届大学毕业生社会需求与培养质量调查

根据《就业蓝皮书：2015年中国本科生就业报告》，2014届本科毕业生毕业半年后就业率最高的专业类别是护理学类（97%），最低的是法学类（87%）。

其中，在北京地区高校中，医学类专业主要集中在北京大学、北京中医药大学、北京协和医学院和首都医科大学这4所大学。而这4所高校的特色专业又相互补充，北京大学特色专业有35个，其中和医学相关的4个：临床医学、口腔医学、药学和预防医学。北京中医药大学的特色专业4个：针灸推拿学、中药学、公共事业管理和中医学；北京协和医学院的特色专业2个：护理学和临床医学；首都医科大学的特色专业有7个：生物医学工程、预防医学、药学、中医学、临床医学、口腔医学和护理学。法学类的特色专业主要集中在中国政法大学、中国人民大学、中国劳动关系学院、中国青年政治学院等高校。

北京地区的高校拥有近200多个国家重点学科，其中绝大部分集中在北京市的部属院校中，而北京市属高校拥有国家重点学科的只有少数几个名额。北京市高校国家级重点学科主要分布在北京大学、清华大学、中国人民大学、中国农业大学、北京师范大学等一批名牌大学中，而北京市级重点学科主要集中在北京工业大学、首都医科大学和首都师范大学中。我们应该根据每个学校自身的历史发展与实力积淀、学校培养特色等，制定适合北京市教育发展的政策。

针对不同专业，北京地区高校优势专业如表5所示。

表5 北京地区优势专业

序号	优势专业	部属高校	市属高校
1	国际经济与贸易（经济学类）	北京大学　对外经济贸易大学　中央财经大学　中国人民大学	首都经济贸易大学
2	法学	中国政法大学　中国人民大学　中国人民公安大学	北京工商大学　中国劳动关系学院　中国青年政治学院

续表

序号	优势专业	部属高校	市属高校
3	国际政治（政治学类）	中国人民大学　北京大学　国际关系学院	
4	外交学	北京大学　北京外国语大学　外交学院	
5	运动人体科学（体育学类）	北京体育大学	首都体育大学
6	对外汉语	北京外国语大学　北京语言大学	
7	外国语言文学	北京大学　北京外国语大学　中国传媒大学	
8	广播电视新闻学	中国人民大学　中国传媒大学	
9	编辑出版学	北京大学	北京印刷学院
10	数学与应用数学	北京大学　北京师范大学	
11	应用物理学	清华大学　北京大学	
12	应用化学	清华大学　北京大学	
13	生物技术	清华大学　北京大学	
14	天文学	北京大学　北京师范大学	
15	电子信息科学与技术	北京大学	北京工业大学
16	微电子学	北京大学	北京工业大学
17	环境科学	北京林业大学	北京石油化工学院
18	应用心理学	北京大学　北京师范大学	首都师范大学
19	高分子材料与工程	北京化工大学	北京服装学院
20	机械设计制造及其自动化	清华大学　北京航空航天大学　中国石油大学（北京）	北京工业大学
21	热能与动力工程	清华大学　北京交通大学　北京航空航天大学	北京工业大学
22	自动化	清华大学	北方工业大学
23	电子信息工程	清华大学　北京邮电大学　北京科技大学	北京电子科技学院
24	通信工程	北京邮电大学　北京理工大学	北京信息科技大学
25	计算机科学与技术	清华大学	北京信息科技大学
26	生物医学工程	清华大学	首都医科大学
27	城市规划	清华大学	
28	土木工程	清华大学　北京交通大学	
29	水利水电工程	清华大学　华北电力大学	

续表

序号	优势专业	部属高校	市属高校
30	制药工程		北京中医药大学
31	食品科学与工程	中国农业大学	北京工商大学
32	临床医学	北京协和医学院　北京大学	
33	口腔医学	北京大学	
34	中医学		北京中医药大学
35	法医学	北京协和医学院	
36	摄影	中国传媒大学	北京电影学院
37	录音工程	中国传媒大学	北京电影学院
38	动画	中国传媒大学	北京电影学院
39	表演	中央戏剧学院	北京电影学院　北京舞蹈学院
40	戏曲		中国戏曲学院
41	舞蹈学	中央民族大学	北京舞蹈学院
42	小语种	北京外国语大学　中国传媒大学　北京大学	北京第二外国语大学
43	园艺		北京农学院
44	建筑学		北京建筑大学
45	音乐学	中央民族大学	
46	物流管理		北京工商大学　北京物资学院

从表5中可以看出，一些传统的在理工类方面占据优势的专业主要还是属于部属高校，同时，虽然北京市属高校在办学基础条件、学术队伍等方面与部属高校存在一定差距，但应该看到，北京市属高校也有部属高校不具备的优势，有些北京市属高校的专业设置更加符合北京地区的经济建设需要。从毕业生流向来看，北京市属高校毕业生分布在北京市各行各业，他们将是北京未来经济社会建设的主干，反过来，社会对毕业生的认可度越高，主管单位也越会对高校的学科建设、专业设置和人才培养模式进行进一步的优化。以市属高校为例，其中一些特色专业具有很高的社会荣誉，比如北京工业大学的信息安全专业、北京第二外国语学院的旅游管理专业、北京服装学院的服装设计与工程专业、北京工商大学的食品科学与工程专业、北京中医药大学的制药工程专业、北京印刷学院的编辑出版学专业、中国戏曲学院的戏曲专业、北京舞蹈学院的舞蹈学专业、北京农学院的园艺专业、北京建筑大学的建筑学专业、北京工商大学和北京物资学院的物流管理专业等。

虽然，市属高校的整体排名与部属高校相比相差很多，但在一些优势专业上市属高校也拥有自己的一席之地。

表6为2014届本科毕业生毕业半年后就业量最大的前50位专业统计，根据这些数据，我们可以适时调整北京高校某些专业的招生数量，以使人才达到供需平衡。

表6 2014届本科毕业生毕业半年后就业量最大的前50位专业　　单位：百分比（％）

序号	专业名称	2014届	2013届	2012届
1	护理学	97.0	96.1	94.2
2	工程管理	95.3	95.3	93.4
3	车辆工程	94.4	94.2	94.6
4	电气工程及自动化	94.3	93.5	95.2
5	信息管理与信息系统	94.3	94.9	91.7
6	市场营销	94.2	94.3	93.0
7	电子商务	94.2	94.9	94.8
8	物流管理	94.1	93.7	94.1
9	旅游管理	94.0	93.1	91.0
10	交通运输	94.0	94.1	92.7
11	软件工程	93.9	93.4	95.1
12	土木工程	93.8	93.9	93.8
13	材料成型及控制工程	93.8	94.0	94.3
14	热能与动力工程	93.7	94.7	95.1
15	人力资源管理	93.6	92.1	92.2
16	新闻学	93.4	92.5	93.8
17	计算机科学与技术	93.4	93.0	92.4
18	广告学	93.3	92.5	93.1
19	会计学	93.2	94.0	92.9
20	机械设计制造及其自动化	93.2	93.7	93.7
21	财务管理	93.0	94.6	94.5
22	电子信息科学与技术	93.0	89.6	92.1
23	网络工程	93.0	91.8	92.1
24	通信工程	92.7	81.5	90.9
25	自动化	92.7	92.6	92.3
26	行政管理	92.5	91.7	91.9
27	电子信息工程	92.5	90.1	91.8
28	国际经济与贸易	92.3	92.0	92.5
29	工业设计	92.3	91.1	88.6
30	公共事业管理	92.3	90.6	89.8
31	艺术设计	92.2	89.1	88.8

续表

序号	专业名称	2014届	2013届	2012届
32	日语	92.1	92.6	92.4
33	临床医学	92.1	90.8	93.7
34	数学与应用数学	92.1	88.9	86.0
35	英语	91.9	91.6	91.5
36	环境工程	91.9	90.7	89.9
37	音乐学	91.8	91.0	91.4
38	应用化学	91.7	90.0	91.6
39	信息与计算科学	91.7	90.4	89.6
40	汉语言文学	91.2	90.9	90.6
41	工商管理	91.2	92.0	92.0
42	化学工程与工艺	90.9	90.6	93.2
43	经济学	90.8	90.8	87.1
44	测控技术与仪器	90.8	90.5	91.5
45	金融学	90.4	91.8	91.3
46	美术学	90.2	88.4	88.1
47	电子科学与技术	90.2	91.8	92.6
48	动画	89.7	87.6	87.4
49	体育教育	88.4	89.8	88.8
50	法学	87.1	86.3	86.0
	全国本科	92.6	91.8	91.5

数据来源：麦可思—中国2012—2014届大学毕业生社会需求与培养质量调查

表7　2014届本科生毕业半年后月收入最高的前50位职业

序号	职业名称	毕业半年后平均月收入（元）
1	游戏策划	5 237
2	互联网开发师	5 174
3	计算机软件应用工程师	5 096
4	总经理和日常主管	4 886
5	银行信贷员	4 884
6	信贷经纪人	4 879
7	建筑师（非园林和水上景观）	4 778
8	计算机系统软件工程师	4 769
9	销售经理	4 724

续表

序号	职业名称	毕业半年后平均月收入（元）
10	市场经理	4 716
11	计算机程序员	4 703
12	银行柜员	4 669
13	网络设计师	4 599
14	销售工程师	4 597
15	项目经理	4 585
16	金融服务销售商	4 530
17	销售代表（医疗用品）	4 510
18	融资专员	4 498
19	电子工程师	4 463
20	证券经纪人	4 412
21	贷款顾问	4 391
22	土木工程师	4 387
23	个人理财顾问	4 342
24	一线销售经理（非零售）	4 314
25	航空维护、操作工程师与技术员	4 286
26	工业工程师	4 273
27	税务专员	4 267
28	软件质量鉴定及检验工程师	4 252
29	房地产经纪人	4 234
30	警察	4 216
31	发电站、变电站和中继站的电子和电气修理技术员	4 180
32	翻译员	4 172
33	生产及操作人员的初级主管	4 142
34	电气工程师	4 115
35	半导体加工人员	4 109
36	电厂操作员	4 094
37	机电工程师	4 090
38	其他计算机专家	4 076
39	计算机技术支持员	4 075
40	民用航空器维护员	4 069
41	一线销售经理（零售）	4 062
42	采矿工程技术员	4 051
43	市场专员	4 045

续表

序号	职业名称	毕业半年后平均月收入（元）
44	施工工程师	4 034
45	广告策划师	4 023
46	数据库管理员	4 017
47	电力辅助设备操作员	4 011
48	通讯设备安装维护技术员	3 989
49	车身设计工程师	3 980
50	其他从事媒体和交流工作的人	3 960
	全国本科	3 773

注：个别职业因为样本数少，没有包括在内
数据来源：麦可思—中国2014届大学毕业生社会需求与培养质量调查

从表7中我们可以看出，排名前三位的是游戏策划、互联网开发师和计算机软件应用工程师，这三者可列为计算机相关专业。可以看出计算机学科毕业生在毕业后月收入排名是比较靠前的，而目前北京市属高校里面，在计算机方面比较好的高校主要集中在北京工业大学、北京信息科技大学、北京电子科技学院和北方工业大学这几所学校。部属高校里计算机学科较强的高校很多，这些专业都可以作为市属高校重点扶持的专业，以期培养出更多适合北京地区发展甚至其他区域发展的复合型人才。

三、结论

通过本文的研究，对北京地区的市属高校和部属高校的专业设置进行了梳理，在之后的学生培养过程中，可以根据专业优势以及北京地区的发展需求，制定合适的专业培养计划，以使北京地区市属高校专业与部属高校专业形成相互补充、相辅相成的关系。

参考文献

［1］刘韬．北京地区高校学科群建设及其管理机制研究［D］．北京：北京工业大学，2013.

［2］李慧敏，郑晓齐，李汉邦．北京市高校重点学科建设研究［J］．中国高教研究，2006（6）：27-28.

［3］赵清，潘波，姜世军．北京市级重点学科建设与发展分析［J］．学科建设，2011（5）：26-31.

［4］姚林修．北京市属高校投入产出效率与竞争力评价［D］．北京：中国矿业大学，2011.

［5］刘成竹，党永杰．基于SNA的我国高校学科分布网络分析［J］．研究生教育研究，2015（2）：60-64.

［6］麦可思研究院．就业蓝皮书：2015年中国本科生就业报告［M］．北京社会科学文献出版社，2015.

［作者单位：理工学部信息工程学院］

理工学部 MOOC 网络平台的建设与教学实践

林卫国

摘　要：在教育部教育教学改革专项资金的支持下，中国传媒大学理工学部建设了云课网络教育平台，该平台采用 MOOC 的思想理念，为理工学部全体师生提供开放、优质、丰富的教学内容以及灵活便捷的教学平台。该平台的建设与教学实践表明，信息技术催生的 MOOC 教学方式对于满足学生的个性化学习需求、激发学生的学习主动性具有重要作用。

关键词：MOOC；教学改革；网络平台

随着互联网技术的发展和普及，人们的学习方式不再局限于书本和学校课堂，越来越多的在线教学平台涌现，极大地丰富了人们的学习内容，改变了人们的学习习惯。越来越多的人选择线上学习的方式，从传统的书本学习转到线上的视频、音频和图文学习。近年来，互联网涌现出一种称之为 MOOC（慕课）的在线课程开发模式，英文直译为"大规模开放的在线课程（Massive Open Online Course）"。MOOC 的概念最早于 2008 年在加拿大被提出，近几年逐渐传入中国，至今已经有非常多优秀的 MOOC 平台出现在互联网上，国外的平台有 Coursera、edX、Udacity 等，国内的有 MOOC 学院、慕课网、学堂在线等。2016 年，在教育部教育教学改革专项资金的支持下，中国传媒大学理工学部建设了云课网络教育平台，该平台采用 MOOC 的思想理念，旨在为中国传媒大学理工学部全体师生提供开放、优质、丰富的教学内容，以及灵活便捷的教学平台，网址为 http://tlc.cuc.edu.cn（网址中 tlc 的含义为 Teaching Learning Center）。

一、云课平台功能与设计

与大多数 MOOC 平台相同，云课平台（见图 1）以课程为中心，提供了三大用户角色：学生、教师、管理员。用户采用 HTTP 接口的形式与中国传媒大学理工学部的用户系统进行集成，使用统一用户认证接口进行用户登录、个人信息的获取及更新。云课平台的课程采用全开放的形式，任何未登录用户都可以进行课程学习、随堂练习和资料下载等操作。

学生用户在登录云课平台以后，除了可以进行上述操作外，还可以进行课程收藏、学习进度查看、笔记记录、问题提问、在线提交作业等。云课平台提供线上线下课程教学相结合的方式，学生浏览的课程一般是和线下的课堂学习课程同步的，如果学生属于某课程的班级成员，可以在线进行该课程作业的提交，该作业的完成情况，会被教师作为实际的课程成绩考核指标。

图 1　中国传媒大学理工学部云课系统网络平台

教师用户登录云课平台之后，可以进行关于课堂的相关管理操作，包括创建课程、添加课程内容、上传课程资料、管理作业、添加习题、管理课程授课班、创建班级、管理班级成员、管理云盘和设置个人主页等。教师可以自由创建一门课程，并为该课程添加相应的视频、文档和图文内容。每个教师分配有一个 100GB 大小的个人云盘，该云盘可以实现不同格式文件的存储，并可以和教师的课程内容或资料进行同步互通。举例来说，教师可以在添加课程内容的时候选择从自己的网盘进行导入，也可以选择将课程的资料导入到个人云盘。此外，教师还可以进行个人主页的设置，云课平台提供三种不同风格主题的个人主页模板供教师选择。

管理员用户主要对云课平台进行全局管理，包括所有课程的相关管理、用户管理、数据统计和系统参数的全局设置，其中涉及站点信息设置、IP 黑名单设置、日志查看等。

二、云课平台技术架构

考虑到开发效率和系统运行的稳定性，该平台采用 PHP 进行开发，并使用 ThinkPHP 框架进行业务代码的构建。ThinkPHP 是比较成熟的 Web 开发框架，文档齐全，社区活跃，且容易进行二次重构。

缓存方面，云课平台主要采用 Memcached 进行数据缓存和 Session 持久化。

该平台多次使用异步任务和批处理操作，如文档转格式、视频转格式、批量导入用户等,这些操作比较耗时,需要使用消息队列进行异步处理。考虑到 Redis 支持较为丰富的数据类型以及便捷的 List 操作,云课平台采用 Redis 进行消息队列的构建,并结合 Resque 库进行消息的异步处理。

在云课平台的教师个人云盘模块,我们使用成熟的 Owncloud 开源云盘系统进行二次开发。

理工学部云课平台在 2016 年秋季学期上线运行,随着云课平台中课程量的增多,会产生越来越多的课程文件,包括视频、文档文件、各种类型的视频资料文件和网盘文件。课程数量达到一定的量级时,会给单机服务器的存储带来很大的挑战,需要采用分布式的文件存储来解决系统的存储瓶颈,我们在规划设计时使用 GlusterFS 进行文件系统的搭建。目前,我们采用四台文件服务器进行文件的同步保存,存储空间的存储节点扩展到 40TB。

现如今的云课平台架构如图 2 所示:

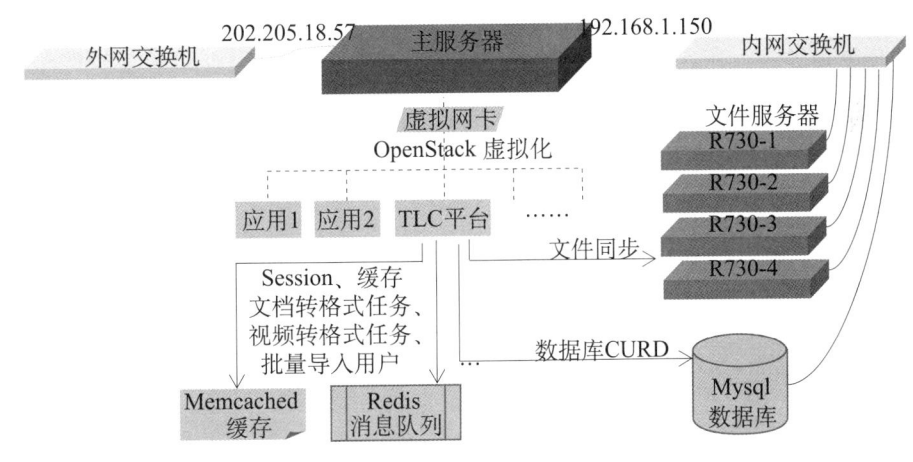

图 2 云课系统网络平台的技术架构

主服务器通过连接外网交换机与外部实现通信,连接内网交换机实现与其他服务器的通信。

主服务器利用 OpenStack 技术虚拟出若干虚拟机,实际的应用部署在虚拟机中,OpenStack 通过虚拟网卡为不同的虚拟机提供与宿主机同一网段的不同虚拟内网 IP,云课平台构建在虚拟机中,主服务器通过 nginx 反向代理将用户的请求路由到云课平台所在的虚拟机中。

4 台 R-730 服务器组成文件服务器集群,负责云课平台的文件存储。其中主要利用 GlusterFS 进行分布式文件系统的搭建,2 台服务器作为备份节点,另外 2 台服务器作为条带化存储节点。4 台服务器组成的文件系统,其存储功能类似 raid10。

Mysql 数据库服务器和主服务器同处相同内网网段,这样使云课平台可以连接数据库服务器并进行增删改查。

对于比较耗时的文档转格式任务、视频转格式任务、批量导入用户等操作,云课平台将这些任务放入 Redis 消息队列进程中，进行任务的异步处理。

该系统可以通过和 Memcached 进程的通信，从而进行 Session 的存储和缓存的相关操作。

三、总结

目前，在理工学部云课平台上已经上线 18 门课程，既有高等数学、线性代数等基础课程，也有计算机网络、电磁场与电磁波等专业课程。相对传统课堂上教师讲授、学生听讲、课后学生完成作业为主的教学模式，以云课平台为依托，教师现在可以安排学生课前观看教学视频、学习课件，完成对新知识的初步理解。在课堂上，我们有更多的时间用于深化讨论与动手操作，实现"翻转课堂"的教学模式。

理工学部云课平台的建设与教学实践表明，信息技术催生的 MOOC 方式对于满足学生的个性化学习需求、激发学生的学习主动性有着重要作用。

[作者单位：理工学部本科教学管理办公室]

高校教学质量的文化塑造研究

何 震 任 丹

摘 要：中国高等教育是中国教学改革的先锋，也是在实践中解答"钱学森之问"的主要阵地。事实上，教育质量是高等院校生存与发展的生命线，是人才培养的核心要求。高校如果缺乏高水准的教育，就会失去办学声誉。全面提升教学质量成为当前高等院校所面临的重要课题，而和高校文化与教学质量关联的研究则成为教育教学研究中的前沿问题，其议题涵盖如何形成优良的教风、师风、学风、校风等方面。其中，要注重对高校文化与教学质量的培育和积淀，并将文化塑造融入教学的具体环节之中。

关键词：高校；教学质量；文化塑造；教风；学风

"为什么我们的学校总是培养不出杰出人才？"这一著名的"钱学森之问"一直困扰着中国教育界，人才培养是中国教育界不断深化改革的努力方向。在信息化时代，深化中国教育教学改革有了更为便利的条件，尤其在中国高等教育领域，深化改革的外在条件更为优越。中国的高等教育中应试压力相对较小，同时校园氛围较为开放，信息化程度较高。因此，中国高等教育是中国教学改革的先锋，也是在实践中解答"钱学森之问"的主要阵地。事实上，教育质量是高等院校生存与发展的生命线，是人才培养的核心要求。高校如果缺乏高水准的教育，就会失去办学声誉。

高校文化通常包括精神文化、行为文化和环境文化三个方面。论及高校文化塑造，一般都会联想到体现高校个性特征的校名、校训、口号、校徽、校歌、校园环境等，或是校园文化建设、德育工作、新闻宣传等方面，鲜有将高校文化塑造与教学质量直接关联的研究。全面提升教学质量成为当前高等院校所面临的重要课题，而和高校文化与教学质量关联的研究则成为教育教学研究中的前沿问题，其议题涵盖如何形成优良的教风、师风、学风、校风等方面。本文尝试从以下几个方面加以探讨。

一、完善教学管理制度，形成良好教风

没有制度就谈不上管理，没有管理就谈不上质量。教学管理制度与其他相关制度是学校、学部在日常的教学管理中逐步形成的，成为全体学校师生员工遵守的基本行为准则。制度同时体现着学校、学部特有的价值观念和行为方式，不仅规范着教师们的工作方法、工作作风、工作效率，还规范着教师们的精神和行为。教学管理制度为高校文化的塑造提供了机制保障。科学、合理、有效的教育教学管理制度，是提高教学质量的根本保证。长期以来，学校、学部十分重视管理制度建设，从而确保教学质量处于较高水平，带动高校

文化建设的有序进行。

在具体的教学管理上，要做到教学文件齐备，对所有上级有关教学工作的文件和学校各级指定的教学文件进行归类存档。严格按照教学计划和教学大纲开设课程，制订每一门课的相关教学文件（教学进程表、教师授课计划、教学大纲等）。目前，教学规章制度、人才培养方案、课程教学大纲、实验教学大纲、学期教学计划、课程表、学期教学工作计划和工作总结均完备无缺。通过严格管理，使教学文件完备率达100%，文件内容规范合理，突出人才培养要求，符合专业培养特色。

教学档案是在教学管理工作中反映教学管理、运行、改革和建设的具有保存价值的文字、图表、声像、电子载体等重要材料。教学档案工作由学院领导主管，进行档案工作的监督、检查和指导。教秘老师作为档案工作人员，具体负责对档案材料进行整理和移交，保证归档文件材料的完整性、准确性和系统性；设置专用档案资料柜，使教学档案材料保管做到集中、妥善、安全；积极鼓励教师不断完善授课素材，将实践和管理中形成的文字、数字、声像等信息资料保存下来。通过多年积累，每一门课程都存有教学档案，每一位教师都拥有业务档案，每一位学生都拥有学习档案，资料丰富完整。

二、提升教师职业素养，形成良好师风

建立一支素质过硬、凝聚力强的教师队伍是构建高校文化以及提高教育教学质量的核心力量。"身正为师，学高为范。"教师的师德修养和敬业精神是教师德与才统一性的表现。教师应具有高尚的师德、优秀的教风和敬业的精神，以及具有严谨的科学态度和责任心。通过细致入微的思想工作、行之有效的激励机制和强有力的约束机制，全院教师形成了关爱学生、热爱教学、敬业爱岗、讲求奉献的良好师德风范，为教书育人奠定了坚实的基础。坚持对教师进行教学考评，可以实行师德一票否决制。从而保证教师能关爱学生、治学严谨、执教严明，防止教学事故的发生。

师资建设的原则是"德才兼备、科研与教学并重、内外结合"。教师要把主要精力投入到人才培养和教学工作中，必须做到课前认真备课和准备教案，重视教学内容的充实和教学方法的改革，不断提高学术水平和业务水平。学校每学年都举办教师培训交流活动，支持青年教师在职攻读博士学位，参加相关学术会议；整合资源举办高水平的学术交流活动，营造教学科研氛围，提升自有队伍的教学水平；积极组织教师申报高层次课题，为教师提高科研能力搭建良好的科研平台；不断完善激励制度，对教学水平好、科研能力强的教师给予物质、精神上的双重奖励。另外，通过各种形式的教师培训，为新教师搭建砥砺思想的平台。新教师对学校办学思想、教育教学管理制度认同度很高，执行意识强，能较快地融入学校和谐的氛围中。如果不重视教学质量，不以学生为中心，就不会有良好的班风、校风和学风，也不可能从根本上提高教育质量。

三、培养优良学风

学习风气是学生在校学习期间精神面貌的体现，也是学生在校学习中经过长期的教育和影响所形成的，浓郁的学术文化氛围对学生有着潜移默化的巨大影响力。学风建设重在激发学生的学习自觉性，因而要持续培养优良学风，做到措施得当。每学期学院集中开展学风提升活动，由院长带队，教研室主任参与，班主任、辅导员督查，对学生的出勤率、迟到率、课堂听课率等进行统一检查。例如，建立学籍预警制度，旷课累计达10课时的学生会收到学校的"预警通知书"，班主任、辅导员会与学生和学生家长联系，进行谈话，并记录在班级档案中。

学校建立全员齐抓共管的"校风、教风、学风"三风建设长效机制，统筹推进师德教风建设、学生管理工作和校园文化建设。学校一直将三风建设作为一项常抓不懈的基础性工程，标本兼治，从严治校。学校、学部可以建立校领导班子成员挂点督导、中层以上干部听课制度，制定学风建设方案。坚持以人为本，引导和管理并重，以学生发展为根本，以提升学生综合素质为目标，积极开展学风建设，使学风主题宣传教育活动成效显著，学习氛围浓厚。

学校高度重视考试管理制度建设：严格考试管理，严肃考场纪律，严格评分标准，坚决遏制考试作弊行为。文化管理学院根据学校文件的要求，严格组织教师做好考试命题、考试组织、阅卷等环节的工作，及时对考试违纪、作弊行为进行处理。此外，还由院分团委、学生会发出诚信考试的倡议，通过正面引导树立正气，逐步提高学生严于律己、诚信做人的道德理念。如此，可以做到考风宣传教育活动成效显著、考风优良。

四、注重教学质量文化的培育

教风、师风与学风的深度培育离不开文化的视角，我们要尊重师生的自主发展和创造精神，注重校园文化的形成。例如，某些英国高校在新生入学时会发一本考试手册，规定详细至考试所穿服饰。这是一种校园文化的传统和制度的标志，体现出学校背后的校园文化积淀。这种规范并不妨碍教学的多样化发展，学校会在统一的学术规范下，通过独立的教学大纲让各学科师生追求合理的多样化发展。学校高度关注其公众心目中的办学声誉，通过各种途径宣传和推广学校的教学理念。学校通过印制和发放各类教育质量保障手册、课程手册，使全体师生了解学校的教学质量标准，积极推动全体师生形成自觉维护教学质量的舆论氛围和文化传统。

毫无疑问，高校办学声誉与其教学质量紧密关联，而由教师专业发展和学生学习经历长期积淀形成的质量文化，则成为学校办学声誉的重要支撑。在办学过程中，学校需要通过培养高质量的学生来得到社会的认可，同时形成良性的互动，如良好的声誉使学校更有可能获得更多更优质的资源，在全国甚至全球范围内选聘一流的教师，进而提高教学质量，为社会培养出更多优质的人才。

五、将文化塑造融入教学环节之中

优秀的校园文化，是全校师生精神风貌、思维方式、价值取向和行为规范的综合体现。高校的精神文化释放出的是精神的力量，以及形成精神的校园氛围。精神层面的校园文化在一定程度上展现了一个学校的独特理念与发展特色，是一所学校可持续发展的品牌，对于提高全体师生的凝聚力、营造优良的学风校风、陶冶学生的情操，以及促进学校全面、协调、可持续的发展具有重要意义。高校的行为文化包括师生文明素质、价值观念、文明行为等。教师在教学中的言行成为陶冶、塑造学生人格的榜样，是行为文化的要求。在教师的教学实践中，将优秀文化融入并丰富学生的精神世界，让学生结合校园文化树立正确的世界观、人生观、价值观。

树立全面的教育质量观，提升学校教育教学质量，需要学校和教师坚持科学的发展观念，以人为本，科学管理，规范管理，坚持德育为首的理念，积极构建师生共同成长的校园文化。将校园文化塑造落实在教师具体的教学环节，有助于形成良好的校风。人创造了文化，文化也塑造着人。在高校的教学工作中，须把高校文化的塑造作为一项重要工作来抓，把学校独有的文化特色融进学生的气质、行为和思维方式之中。

一个人要养成良好的道德行为习惯并不是一件很容易的事，它需要长期的教育、引导和训练。学生只有参与到生动、具体的教学实践中，亲身体验和感悟高尚道德情操的伟大力量，才能加深对高尚道德情操和道德观念的理解，从而提高道德自觉性，把道德认识、道德观念逐步升华为相对稳定的道德行为，实现知与行的高度统一。因此，教师在具体的教学实践中，可以有意识地将教学内容和学生身边的"校园文化"有机结合起来，贴近学生的认知水平和生活实际，以小见大，由近及远，调动学生的参与性，潜移默化地对学生进行学校精神和校园文化的培养，这对学生的未来影响深远。同时，使教师的主导作用真正有效地发挥出来。例如，立足课堂开展探究式教学，帮助学生理清知识思路、拓展思维，注重对教学内容与教学手段的把握，运用多媒体但又不拘泥于多媒体，要科学地创造性地运用教材。

综上所述，高校文化是由全校师生共同创造、长期累积而来的价值信念、生活规范、品牌意识等。高校文化所形成的一切有形及无形的特质，是在具体实践中形成并得以推广和规范的行为观念与价值规范。在高校工作中，应该重视将文化塑造与教学质量提高相结合。同时，还需要认识到，高校的文化塑造有别于形象设计，因此，要潜移默化地将学校独特的精神气质和育人力量体现在教学的具体活动中，把高校精神渗透到师生的思维方式和行为习惯中，从而形成良好的教风、师风、学风和校风；再通过教学质量的提高和学生素质的提升，进一步完善高校文化，形成教学质量提升和高校文化塑造的良性互动。当下，不同高校处于不同层次，塑造优秀的高校文化必须与高校的现状相匹配，学校应从自身实际出发,吸收我国优秀的传统文化,借鉴国外先进的教育管理理念和优秀校园文化成果,打造具有个性的校园文化品牌,让高校文化塑造进一步提高学校的办学声誉。

参考文献

[1] 方鸿琴.英国高校内部教学质量保障体系的特点与启示[J],中国大学教学,2013(10):87-90.

[2] 张忠华,陈林.营造教学质量文化 唤醒教师育人激情[J],中国高等教育,2010(1):42-44.

[3] 杨彩霞,邹晓东.以学生为中心的高校教学质量保障:理念建构与改进策略[J],教育发展研究,2015(3):30-36.

[4] 杨彩霞.学生全面参与高校内部教学质量保障的探讨[J],教育与职业,2014(32):30-32.

[5] 叶志明,辛明军.构建高校常态化教育教学质量保障体系[J],中国高等教育,2013(23):45-47.

[6] 邬智,王德林.加强质量文化建设 完善高等教育质量保障体系[J],华南理工大学学报,2010(2):80-82.

[7] 王建华.高等教育质量管理:文化的视角[J],教育研究,2010(2):57-62.

[8] 徐娟,董云川.高等教育质量文化建设刍议[J],上海教育评估研究,2014(3):22-26.

[作者单位:何震,中国传媒大学理工学部助理研究员;
任丹,中国传媒大学南广学院文化管理学院副教授]

高校教学质量管理的实践模式探索

——基于《信息简报》与教学管理的互动

何 震 任 丹

摘 要： 教学质量管理是高校教学工作的核心，严格把好教学过程中各个环节的质量关，是全面完成高校教学任务和提高教学质量的根本保证。高等院校应该严格进行质量管理，建立科学高效的教学质量保障机制，不断探索形成精准有序的教学质量管理实践模式。笔者长期从事中国传媒大学理工学部《信息简报》的信息搜集与简报编辑工作，关注与整理每月理工学部教学质量管理信息。笔者在现工作岗位上通过《信息简报》与教学管理工作的互动，结合以往多年的教学管理经验，以及与合作者实践经验的探讨，对高校教学质量管理的实践模式进行进一步的思考。

关键词： 高校；教学质量管理；实践模式；《信息简报》

自20世纪90年代以来，高等院校的教学质量日渐受到各国政府和高等教育界的重视。1990年美国卡内基教学促进基金会主席博耶在《学术重思：教授工作的重点领域》的报告中首次提出，教学是与研究并行的新型学术，即教学学术。这一报告为高校教学质量的学术化奠定了理论基础。在实践中，教学质量管理是高校教学工作的核心，严格把好教学过程中各个环节的质量关，是全面完成高校教学任务和提高教学质量的根本保证。高等院校应该严格进行质量管理，建立科学高效的教学质量保障机制，不断探索形成精准有序的教学质量管理实践模式。

笔者长期从事中国传媒大学理工学部《信息简报》的信息搜集与简报编辑工作，关注与整理每月理工学部教学质量管理信息。笔者在现工作岗位上通过《信息简报》与教学管理工作的互动，结合以往多年的教学管理经验，以及与合作者实践经验的探讨，对高校教学质量管理的实践模式进行了进一步的思考。研究思路如图1所示：

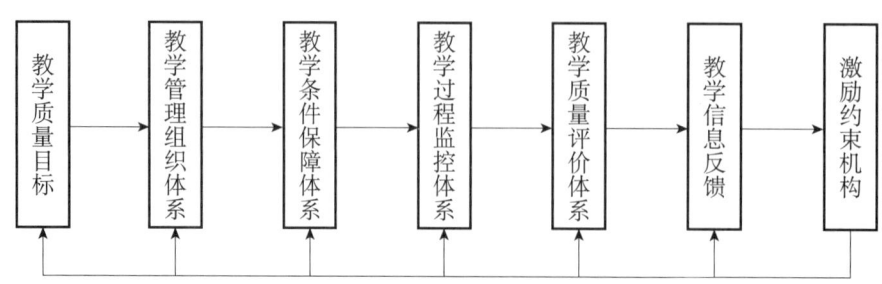

图1 高校教学质量管理的实践模式

一、建立高效的教学条件保障体系

教学质量的实践模式构建作为一项全方位、全程性的系统工程，需要高校全方位关注人才培养的各个阶段、各个环节，对人才培养过程与实施活动开展持续性、结构化、系统性的监督与控制，全面诊断、评价、完善教学过程，构建一个互相协调、稳定高效的质量管理系统。需要高校结合学校办学定位和人才培养目标，针对人才培养全过程，分析教学质量生成过程，寻找保障、提升教学质量的关键控制点，并为之不断改进，从而不断提高教学效果，提升教学质量，培养优秀人才。在这个过程中，高校应当遵循高等教育的教学规律，明确保障系统是大学持续发展的重要路径，严格依据学校和学院要求进行教学质量管理工作，借鉴国内外高校教学质量保障体系的经验，建立科学高效的教学条件保障体系。

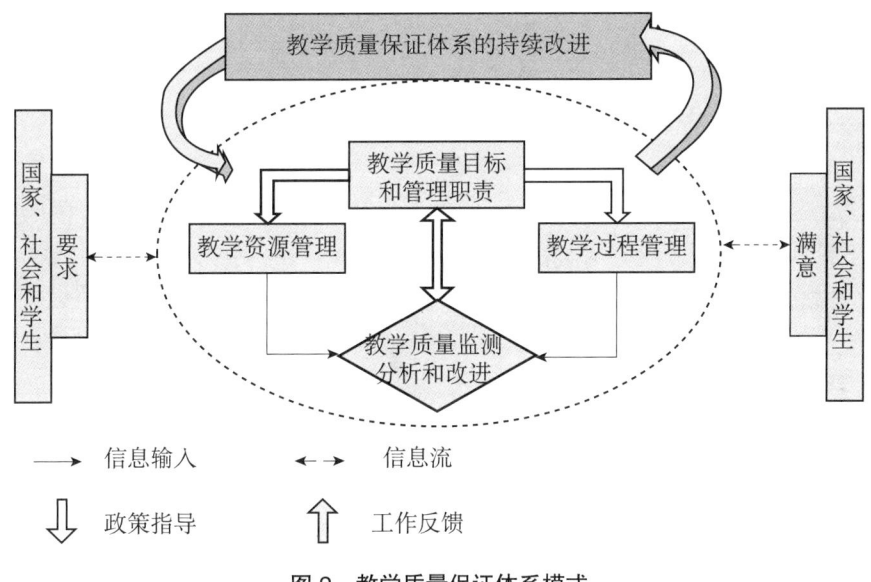

图 2　教学质量保证体系模式

（一）建立教学质量保障组织

高校教务部是负责全校教学质量管理的职能部门，一直协同各教学单位和职能部门实施教学质量管理与保障工作。近年来，教务部不断加强教学质量管理力度，制定和完善了教学质量管理与保障的相关制度。

学部教学质量保障组织包括教学质量管理小组和教学质量督导小组。教学质量保障组织主要行使以下职能：对本学院教学质量进行全方位的动态监控；对各教学环节及教师教学质量进行检查、评价，并及时反馈评价意见；组织召开教学工作座谈会，提交关于座谈会的情况分析与总结，为教学质量标准的建立提供依据。

（二）建立教学条件保障体系

学校和院方应严格遵循学校的教学质量管理制度，管理科学、引导激励，有效落实教学质量管理与保障工作。"三级监控"体系即学校、学院、专业三级监控，学校层面由教务部统一协调，学院层面由学院统一协调，专业层面由教研室统一协调。学校、学院和专业教研室每学期实行期初、期中、期末三次教学大检查，检查的内容有：教案、教学进度、授课质量、作业、实验、实习和考核等主要教学环节。检查要求所有课程教案、教学进度表等教学文件齐备，实验和实习考核环节完整，确保"教学零事故"。

二、形成完善的教学质量评价机制

课程评价旨在规范课程管理，促进课程内容不断更新，教学体系不断优化，使其更符合专业人才培养目标。每学期有针对性地对课程执行的情况、课程实施中的问题进行分析评估，调整课程内容、改进教学管理，不断革新课程评价机制，提高教学质量，具体评价机制如图3所示。

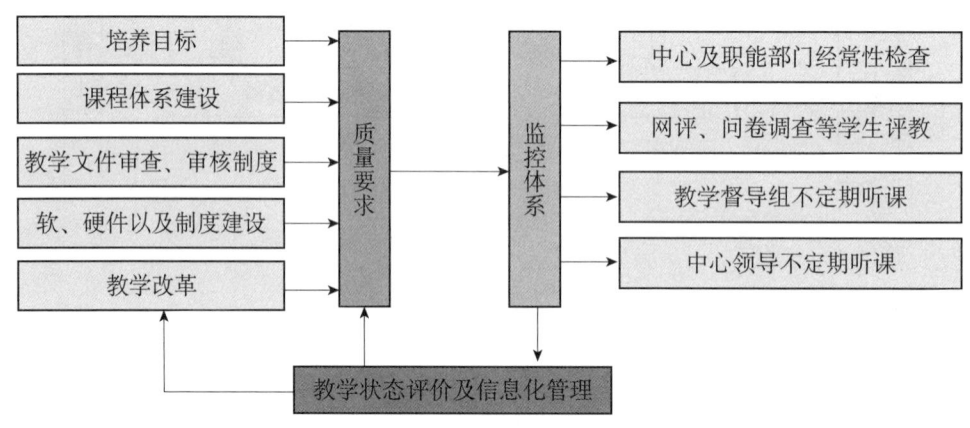

图3 教学质量评价机制

（一）动态性评价课程体系

在传统课程实践的基础上，我们可以根据学科发展趋势、社会需求、学生个体需要、新的课程研究成果与改革的要求，动态地进行连续的综合性课程评价，不断更新和完善课程体系。例如，对新教师所授课程实行全程跟踪指导，新开课程需要试讲，每学期安排期初、期中、期末三次教学检查，组织全体学生对任课教师进行评议等。通过这些环节，评价课程设置和安排是否合理，是否符合社会需求、学生需要和教改要求。重视用人单位对毕业生质量的反馈意见，建立毕业生跟踪调查制度以及用人单位满意度调查机制，不断总结经验，改进教学内容和教学方法，改善教学管理，更新和完善课程体系。

（二）连续性评价课程体系

通过对后续课程中学生参与状态的评价，可以了解学生能否很好地掌握本门课程的基本理论与基本技能。我们应结合培养目标，在课程安排上实行"先理论、后实践"的方法，这有利于后续课程的顺利展开。第一学年开设基础理论课程，为学生奠定专业相关理论基础；第二学年开设学科基础课程，引导学生了解学科常识；第三学年和第四学年开设专业课程，注重提升学生的实践能力。整体而言，学生在后续课程中参与度较高，能够积极进行理论学习和实习实践。

（三）综合性评价课程体系

通过已修学生对课程教学、教师、教材、教学方法等方面的评价，我们可以掌握课程的实际质量状况，反映需要改进的问题。每两周举行一次教学研讨会，教师们对课程设置、教材建设和教学方法等进行研讨。每学期组织一次期中座谈会，各年级各专业学生代表进行现场座谈，学生们对专业教学计划、课程设置、教学内容、教学方法、各个教学环节的安排等提出建议和意见。依据教学研讨会和期中座谈会的信息反馈，及时将课程问题和教学问题反馈给相关负责人，督促其不断更新和完善课程体系。

三、构建专业的教学质量保障体系

不断强化教学过程管理，借鉴优秀办学经验，吸收行业专家的意见和建议，制订教学质量管理标准，形成专业教学质量保障的回路，各主要教学环节质量标准完善，从而不断加强质量文化建设。

（一）形成专业教学的质量保障回路

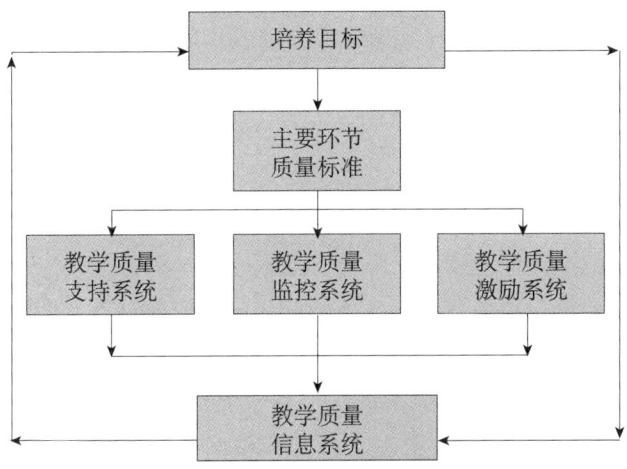

图4 专业教学质量保障回路

依据人才培养的目标，遵循教育教学的规律，我们经过多年经验总结和修正，形成了由教学质量支持系统、教学质量监控系统、教学质量激励系统和教学质量信息系统组成的专业教学质量保障回路。例如，笔者负责的理工学部《信息简报》，事实上对教学质量管理信息做了大量的信息传播、反馈、整合工作，将新闻宣传与教学质量信息传递与反馈有机结合，使学部新闻宣传紧跟教学质量管理工作，同时也在信息反馈与存储方面助力教学质量管理工作。

教学质量支持系统是教学质量保障的前提，我们可以设立教学质量管理小组来提供质量支持。教学质量管理小组主要成员为校级、院级和教研室三个层面的领导、教学督导和工作人员，小组还积极吸收优秀教师和业界专家。小组的主要任务是确定学校质量管理的目标和质量标准，制定教学活动的政策性措施，指挥和协调学校关于教育质量管理的各项活动，进行质量文化建设，使教学环节有序运转、规范协调。

教学质量监控系统是教学质量保障的重点，高校应设立教学质量督导小组进行质量监控。教学质量督导小组由学校领导、教学管理部门、教学督导专家和优秀教师组成。小组成员深入课堂听课，搜集师生对教育质量的建议，组织毕业生质量跟踪调查，了解社会对教育教学的需要，及时反馈并完善教学质量监控系统。

教学质量激励系统是教学质量保障的动力，教学质量管理小组和教学质量督导小组在检查与评价的过程中，定期对教学质量突出的教师进行通报表扬和物质奖励。教学质量激励系统可以强化教学质量文化建设，激励教师积极改进教学质量。

教学质量信息系统是教学质量保障的基础，完善的教学质量信息为教学质量的改进提供了依据。该系统由教学质量督导小组负责运作，各级各类教学质量信息每周都会及时反馈至学校的教学质量档案中。教学质量信息系统需要学校各部门的配合，信息的滞后和失真将会直接影响到教学质量评价的公正性和客观性。

在学校和学部的高度重视下，各教学单位和职能部门通力合作，引导全体师生员工广泛参与。在培养目标和主要环节教学质量标准的引领下，教学质量支持系统、教学质量监控系统和教学质量激励系统为教学质量保障提供支持、监控和激励；教学质量信息系统搜集整合信息并进行反馈，达成对培养目标和主要环节质量标准的检验和调整。教学质量保障回路高效运转，产生对学校教学质量持续改善的推动作用。

（二）促进各教学环节质量标准的完善

立标准是保质量的重要前提和第一环节。根据人才培养目标，制定各主要教学环节的质量标准，同时制定教学工作的各种管理条例和规定，形成涵盖专业教学活动全过程的质量标准体系，为合理评价教学质量提供客观尺度。

主要教学环节质量标准是对主要教学环节提出的标准和要求，是检验评价教师教学质量和学生学习效果的科学依据。"主要教学环节"包括理论教学、实践教学，具体涵盖授课、实验、实习、实训指导、社会实践、军训、课程设计、备课、教案编写、作业布置与阅改、课后辅导答疑、考试命题、阅卷评分与试卷分析、学年论文、毕业设计（论文）选题、指导、答辩等环节。各主要教学环节都设立了一级指标和二级指标，经过多年的完善总结，各主要教学环节质量标准逐步科学完善，教学质量稳步提高。

（三）定期开展活动加强质量文化建设

教育质量具有丰富的文化内涵和特质，本身就是一种文化的承载和体现。教育质量是学校教育力和师生综合素质的集中体现，建设质量文化是教学质量保障机制长效运行的重要保证。欲使师生员工都能认同学校质量要求，需要大力建设质量文化。高校应树立师生认同的质量理念，如"质量是学校的生命线""高等教育的质量首要的是人才培养质量""学校办学以教师为本，教学工作以学生为本"等。高校还要引导形成教学对学生负责的优良传统，如"备课先备学生""注重因材施教"等。

高校应高度重视加强质量文化建设，将教学工作交流活动提升为常态化活动。为促进教学经验的共享，每两周进行一次教学交流活动，安排教学能力较强的老师进行经验介绍，详细介绍教学经验、教学体会、教学建议、深化教学改革的措施等。除常规教学工作交流活动外，每学期集中开展"听课月"和"交流周"以确保优质的教学质量，积极与国内外高校进行教师访问交流活动，通过分批进修强化我院教师素质。

高校的质量文化建设离不开正能量的价值观引导。学校鼓励学生利用寒暑期及业余时间积极参加各类社会实践活动，每学期评出寒暑假优秀实习生对其进行奖励，并对参加各级各类比赛获奖的学生予以物质和精神奖励。学校鼓励学生考研，每年召开考研就业经验交流会，鼓励学生继续深造，考研成功的学生会获得物质奖励。坚持以质量文化的提升推动教育水平的提升，尊重教育的科学发展规律和学生的身心发展规律，才能培育出高质量人才，教育质量管理才能取得成功。

综上所述，内涵式发展是我国高等教育改革发展的战略方向，而提高人才培养水平是我国高等教育事业的重点，切实保障和提高教学质量则是高等教育工作的核心任务。作为高等教育的主体力量，高校通过教学质量体系模式的完善来回应社会对高等教育规模扩大和质量下滑的批评。高校教学保障机构、教学条件保障体系、教学质量评价机制，以及教学质量保障系统，正是基于教育质量保障从外部监控到内部促进价值观转型后的整合型产物。教学质量的保障是颇具实践性的系统工程，离不开科学有效的质量保障模型的支撑，但在教学质量管理的实践中也需要路径选择的借鉴和进一步反思。高校应该更加充分地关注教学质量管理"理念层面"的模式而不是"器物层面"的模式。机构建设和实践策略只是教学质量管理的"器物层面"或说是"物质层面"；观念更新和价值重构才是教学质量管理的"理念层面"，这需要高校教育工作者在实践中对此作出更深层次的思考和探索。

参考文献

[1] 崔军，汪霞.本科教学质量保障：麻省理工学院的教学促进系统[J]，中国高教研究，2013（11）：53-56.

[2] 刘明初，彭香萍.地方高校教学质量保障的三维模型与路径选择[J]，教育与职业，2015（22）：41-43.

[3] 张德江.从教学工作评估看教学质量保障体系建设[J]，中国高等教育，2014（2）：34-36.

[4] 王关义，赵贤淑.关于构建高校教学质量保障体系与实施系统的思考[J]，国家教育行政学院学报，2015（2）：13-18.

[5] 叶志明，辛明军.构建高校常态化教育教学质量保障体系[J]，中国高等教育，2013（23）：45-47.

[作者单位：何震，中国传媒大学理工学部助理研究员；
任丹，中国传媒大学南广学院文化管理学院副教授]

新时代下，如何做一个与时俱进的好老师

曹建香　林卫国

摘　要：新时代下，方方面面都飞速发展、日新月异，因此，教育也要迎来相应的变革。近年来，教育部对高校提出"双一流"的建设要求。当前状态下，社会对教师知识更新、创新能力、科研能力、教师的素质和教学方法等各方面都有着更高的要求。因此，作为新时代的教师，笔者在分析了当前教育中的不足之处和新时代对教师各方面要求的基础上，对高校教师的知识更新能力、科研能力、教师的素质和教学方法等方面的改进给出一些建议。

关键词：双一流；新媒体；素质

一、新时代下，教育改革对高校和高校教师的要求

2017年1月教育部、财政部、国家发改委联合发布的《统筹推进世界一流大学和一流学科建设实施办法（暂行）》，标志着"双一流"建设开始全面启动。"双一流"大学的短期目标是：到2020年，若干所大学和一批学科进入世界一流行列，若干学科进入世界一流学科前列；到2030年，更多的大学和学科进入世界一流行列。对于高校来说，人才队伍是高校发展的基石，也是创建世界一流大学和一流学科的核心力量。在高等学校进行教育改革的过程中，高校教师既是改革者又是被改革者，随着知识经济的到来，社会和经济发展对高校教师在知识和技术创新方面的要求越来越高。因此，要实现"双一流"这一目标，就要对高校教师提出更高的要求。比如，在高科技新技术快速发展的情况下，高校教师如何迅速在知识经济快速发展的过程中抓住新信息，快速更新自己的专业知识？如何提高自己的科研创新能力？如何更新自己的观念意识？这些问题都成了当前高校改革中急需改进的重要内容。

二、新时代下，应提高教师的科研创新能力

（一）应培养教师的科研能力

《面向21世纪的教育振兴行动计划》中明确指出："21世纪，国家的综合国力和国际竞争力将越来越取决于教育发展、科学技术和知识创新的水平，教育将始终处于优先发展的战略地位。"知识创新被提到了优先发展的战略地位，从中可见知识创新的重要性，而现在由于职称评定对于论文数量的要求，很多教师为了追求数量而轻视质量，导致教师

"为发论文而发论文"的问题,其论文没有太多的创新性。在这种情况下,作为高校教师,应该严格要求自己,将自己的兴趣爱好和前沿的专业研究知识点相结合,静下心,沉住气,挖掘专业研究中需要解决的问题。可以通过两方面的努力来实现这一目标:一方面,教师本身应该时刻关注其领域内的研究热点,时刻追踪研究进度;另一方面,教师应有创新意识,学会发现并解决新问题,这有赖于教师雄厚的知识储备。

(二)应拓宽教师与国内外同行的交流

要加强教师与国内外同行的交流沟通,以了解其专业领域内的国内外研究前沿和热点,并拓宽其国际视野。2012年,作为访问学者,我有幸到剑桥大学数学系访学一年,切身体会到一流高校的一流之处。数学是理工科的基础学科,也就是奠基学科,数学研究对于推动其他学科的深入研究有着无比重要的意义。在剑桥大学的一年,我感受到以下几点特别之处:

(1)频繁的国内外交流

以组合数学为例,剑桥大学每周都邀请一位国内或国外高校的同行教授进行学术前沿报告,本专业教授和学生可以参加;学生也会到国外参加会议或者到其他高校交流学习。

(2)利用网络进行交流研究

教师将热点问题、难点问题发布到网上,同行之间可以就同一问题进行交流讨论。有一个令人印象深刻的例子,某教授把一个多年不得其解的问题发到网上,同行学者在几年时间内都在进行不定期的讨论,该教授从讨论中对此问题进行再研究,从而解决了此问题。

(3)利用一切可以利用的时间相互交流

剑桥大学数学系的餐厅基本上也可以看作自习室,教授利用就餐时间与学生交流问题是常见的现象。学校里无处不在做研究,而不仅仅是在教室或者教授办公室,这种浓厚的研究氛围无疑使教师与学生能够无时无刻都处于研究状态,并使研究成为一种生活常态。

三、新时代下,应提高教师的知识更新能力

现代社会处于知识经济时代,知识更新的速度十分迅猛。进入新世纪,许多学科的知识更新周期已缩短为两年至三年,并且知识更新永远没有尽头。因此,在一个知识更新越来越快,陌生领域越来越多,对创新要求越来越高的时代,只有知识储备丰富、不断学习、不断更新才能无惧知识折旧,才不会被社会和时代所淘汰。尤其在计算机行业,一年半到两年的时间就会产生新技术,身处这个行业的人需要不断补充新知识和新技术,如果一年不学习,所拥有的全部知识就会折旧80%。因此,高校教师只有不断学习新知识、更新知识,才能适应未来社会的需要。

（一）教师必须具有极强的自学能力

教师的专业知识是教师发展的基础，教师必须具有雄厚的专业知识。随着知识经济的快速发展，新知识、新概念层出不穷。以大数据为例，大数据的定义是，社会需要新处理模式才能具有更强的决策力、洞察力和流程优化能力，进而适应海量、高增长率和多样化的信息资产。大数据作为新兴产业，由于其广泛且巨大的社会用途，各行各业都在对其进行创新。大数据为人类创造出越来越多的价值，已成为企业和社会关注的重要战略资源，因而很多高校设有大数据专业。但是，由于大数据是新兴专业，这意味着一开始并没有专门从事这方面研究的教师，因此，相关专业的教师就需要在自己专业知识的基础之上自学相关知识。随着新媒体的发展，学生也有了多种学习途径，从而对教师的知识储备要求更高，怎样高效地提高自己的专业能力并将其转化成专业知识传授给学生，成为摆在教师面前的一大问题。这就要求教师必须跟上时代步伐，及时更新自己的知识，这样才能教给学生最前沿的知识。

（二）教师必须拓宽知识面，掌握交叉学科知识

教师是科学知识的传播者和创造者，其科学文化素养的优劣，直接关系到学校的教学质量以及教育目标是否能够达成。现代科学的发展出现了既分化又整合的趋势。各学科相互渗透、相互结合，形成一系列的交叉学科、边缘学科、跨学科的学科。这就向各行各业的人们，尤其是从事教育工作的教师，提出新的要求。教师既要学有专长，又要广泛涉猎。多学科交叉融合是高校学科发展的必然趋势。在我国实施高等学校创新能力提升计划的过程中，高校要通过多学科交叉融合来提高学科建设水平，为提升高校创新能力和竞争力提供有力支撑。当今世界，学科前沿的重大突破和重大创新成果，很多是多学科交叉、融合、汇聚的结果，学科交叉已成为当代科学发展的时代特征，这是科学创新的沃土，也是科学发展的必然趋势。高校作为知识创新的重要阵地，多学科交叉融合是其新兴学科的增长点、优势学科群的发展点、重大创新的突破点。当前，很多教师多学科交叉融合的意识不强，科学研究分散、封闭，资源共享不足，研究成果低水平且重复率高；因此，作为教师，应不断拓宽自己的知识面，学习相关学科知识，转变思想观念，进一步培养自己多学科交叉融合的意识，积极探索多学科交叉融合的有效途径，激发创新活力，提高创新质量，全面提升科研创新能力。总之，随着科学文化的发展和知识的更新，高校教师必须了解自己专业的最新成就和发展趋势，并涉猎一些边缘学科的知识，优化自己的知识结构，拓宽自己的知识深度与广度，提高自己的科研创新能力。

四、新时代下，教师应转变思想

教师的主要职责是教书育人，但信息爆炸的时代已把"终身教育"推到教育的最前

沿，而作为终身教育基础的学校一线教师也面临着更大的挑战。高校教师的职责不仅仅局限于传递知识，而应该更多地激励学生自主学习和思考。因此，高校教师除了原有的职能外，还应将"教学生学会学习"的观念牢牢植根于教学理念中。照本宣科的时代已经过去，新媒体新技术的产生，使学生已经拥有更多学习新知识的方式，在这样的情况下，教师应该从统治课堂的"神坛"上走下来，与学生融为一体。一方面，教师要有选择地主讲部分内容；另一方面，教师应转变身份，成为学生学习的组织者和辅导者，使其通过多媒体等手段去获取知识、求解问题。

教师应当使学生的学习方式由被动接受性学习向主动探究性学习转变，从而使学生走出学校后具备终身学习的能力，这也是教育的目的之一。

总而言之，新时代下，世界进入一个以高科技为导向的知识经济时代，科技和人才越来越成为国家繁荣、民族振兴的决定因素和重要资源。教师要与时俱进，不但要具有精深的学科知识和较高的科研创新能力，还要紧随时代变迁的步伐，根据教授对象的不同及时改变自己的教育思想和教学手段，更好地服务于教学与科研。教育任重而道远，教师是智力资源的开发者，只有教师的各方面能力、素质提高了，才能培养出富有创新意识和创新能力的新一代。尤其是"双一流"建设提出以来，社会对高校和教师有了更高的要求。作为教育活动中基本力量，教师更要锐意进取、勇于创新，为建设"双一流"大学和"双一流"学科贡献自己的一份力量。

参考文献

［1］统筹推进世界一流大学和一流学科建设实施办法（暂行）［EB/OL］.（2017-01-24）.http：//www.moe.edu.cn/srcsite/A22/moe_843/201701/t20170125_295701.html.

［2］秦树文，鲁杰.以多学科交叉融合提升高校创新能力［N］.科技日报，2013-08-06.

［3］叶敬国.浅谈新课标下教师角色的十大转变［J］.学园：教育科研，2011（24）：82.

［作者单位：理工学部］

论高校教学和科研的平衡关系

殷复莲

摘　要：一所大学要得到更大的发展，需要以长远眼光来培养人才，进而培养德才兼备、精于科研、乐于奉献的优秀教师群体。现代意义上的大学，已不再仅仅是保存和传授知识的场所，同时也是现代科研的重要基地。大学不仅是知识的创新源、人才的培养库、文化的传播者，也是知识的增长源。本文分析了高校教学与科研的相依相长关系，二者的互动作用将推动高校的发展，推动科技、经济乃至整个社会的进步。

关键词：教学；科研；互动；平衡

一、引言

自19世纪初德国教育学家洪堡提出"高校应该是研究和教学的统一体"以来，高校开始承担科学研究的职能。随着社会的发展，到20世纪90年代，美国著名高等教育学者伯顿·克拉克发现，高等教育领域的研究者们对长期流行于学术界的教学与科研相融相长的观点提出了质疑。20世纪末，随着各国政府对高等教育投入的减少，以及大学之间竞争的加剧，研究职能在大学中开始受到前所未有的重视，其地位和重要性远远超过教学，尤其是对于研究型大学而言。

中国高等教育的发展同样受到这种思潮的影响，有实力的大学都将"打造成为一所综合性的研究型大学"奉为自身发展的目标。相配套的科研能力成为考量一所大学、一名教师的重要指标，成为学校评比、个人晋级、职称评定等评选中的重要因素。一时间，所有高校教师都走向了科研岗位，做项目、发文章蔚然成风，在繁荣了科研工作的同时，基本的教学任务被人为地忽视，高等院校作为人才培养的重要力量的定位被模糊化，教师的主要精力脱离了本职工作，从而造成本末倒置的畸形发展局面。同时，还存在另外一种现象，部分人将大学教育视为中等学校教学的延续，仅将人才培养定义在基础知识的传授层面，教师安于现状、固步自封，一门课程的讲义十年不变，脱离时代技术的发展，这种现象非常不利于人才的培养。可以说，教学与科研如同高等教育的两只翅膀，缺一不可，只有协调好二者的关系，才能实现高校的发展，提升教师的水平。在学校财力、物力、人力有限的情况下，如何定义教学与科研？如何协调两者的关系？成为高等教育界的研究热点。本文试图以一位工作在教学与科研一线的教师的视角，重新审视这个问题。

二、教学与科研的定位

大学作为我国现代教育体制的重要组成部分，位于整个人才培养体系的最高峰，特别是我国正处于经济高速发展的时代，社会对于人才的需求处于一种极度饥渴的状态，传业解惑、培养、塑造人才成为其天然属性。培养出符合时代要求、具备过硬专业技术知识的合格人才，应当成为高等教育的重要工作。对于一名教师而言，站在讲台上，面对求知若渴的学生，这是其职业成就感的最大来源。出于对职业的尊重、对学生的负责，认真、全面的教学准备，对所授课程、教学技能和教学管理等谙熟于心，这些是对教师最基本的要求。

科研作为现代大学制度的重要属性，在高校的学科建设中扮演着重要角色。一方面，高校可借助自身的人才优势，通过科研工作创造一批有科学价值、社会价值的科学成果，为国家的科学技术建设做贡献。另一方面，科研工作也是保证高校学科建设紧跟技术发展潮流的必然选择。同时，完善的科研制度，也为人才培养提供了宝贵的实践机会，有助于培养创新型科技人才。

三、教学与科研的互动关系

中国科学院院士、原上海大学校长钱伟长先生曾经对教学与科研的关系有过经典的论述："你不教课，就不是教师；你不搞科研，就不是好教师。"钱老先生的论调否定了单纯教学和单纯科研的两种极端状况，客观、真实地阐释了教学与科研之间的联系，深刻地指出了教学与科研二者并举、不可或缺、不可偏废的密切关系。二者的本质是统一的，都应该统一到高级人才培养这一根本目的上。

一个人只做科研工作，长期脱离教学一线，他可能是一位合格的科研人才，但不能称其为教师，因为他没有完成一名教师的基本任务。对学生培养工作的忽视，不履行自己传业解惑的社会责任，对一名教师来讲就是没有完成他的本职工作，这是一种渎职行为。作为一名教师，应当以将自己的知识全面无保留地传授给学生作为最大诉求，这不仅需要无私的品质，更需要教师本人对教师这一事业的正确认识。同时，基本的教学技巧和教学准备也是很重要的，教师能力的提升有赖于长期的教学活动的进行，在实际工作当中，教师应寻找与学生交流的正确形式，通过把知识讲活取得最优的课堂教学效果。

反过来，一个人只埋头于教学工作，不通过科研提升自身实力，不抬起头看看现代技术的发展，他注定不能成为一名优秀的教师。科研是提高大学教师自身素质的重要途径，对人才培养、教师综合素质的提升来说至关重要。了解行业最新进展、熟悉尖端技术，非常有助于教师个人魅力的树立，也有助于他丰富教学内容、活跃课堂气氛、开阔学生思路、培养学生的创新意识及实践精神等，对教学质量的提升是非常有益处的。

正所谓"教而不研则浅、研而不教则空"，教师不仅要进行教学，而且还要进行科研工作。教学是教师的本职工作，但如果只进行教学而不进行科研学术工作，就会被日新月异的新知识、新思想、新观念所淘汰，甚至会被思想活跃的学生超越。只有那些既教学又进行科学研究的教师，才能通过自己的切身经验培养出有创意、有创新能力的学生。教学过程也是对科研工作的审视和总结，科研为教学增添新的内容和活力，教学中遇到的难点又可深化科研工作，教学与科研两者的结合使高校教师在科学领域里不断有所创新、有所发现。教学与科研两者兼顾，可以不断增强高校教师的个人能力。

四、如何在实际工作中寻找平衡

具体到日常工作中，作为高校教师应当高效地利用时间，形成完整的教学教案，使教师对课程的准备全面而高效，并通过教学环节的反馈完善教学教案，高效地利用备课时间。教师应善于积累，善于发现，在科研工作的同时，关注教学任务，将有可能扩充知识面、开阔视野、有助于教学活动的知识引入教学活动当中。借助科研工作平台，为学生提供更多创新、实践活动的条件，将学有余力的学生引入科研活动当中，将课本之外的知识通过实际的科研工作传授给学生，更有针对性地进行人才培养工作。

同时，也希望学校在教师考评中，正视教学与科研的关系，明确量化考核指标，全面地评价教师的能力，培养出全面的教师人才，也为骨干教师的成长成才提供切实可靠的保障。

参考文献

[1] 刘美驹. 提高教学科研质量　迎接教学合格评估——在第二届教学科研工作会上的主题报告（摘要）[J]. 内江师范学院学报，2003（5）：12-19.

[2] 张宪立. 教学科研互动　科研反哺教学——浅谈教学与科研的关系[J]. 辽宁高职学报，2007（9）：6.

[3] 文士博，张庆桥. 高校教学科研基地在创新人才培养中的地位和作用[J]. 教育论丛，2010（2）：123-124.

[4] 花良凤. 教学科研评价一体化——关于高校教学与科研关系的研究[J]. 成都大学学报，2008（8）：53-55.

[5] 陈养锋. 教学科研互动　科研反哺教学[N]. 中国教育报，2007-04-03（3）.

[作者单位：理工学部信息工程学院]

图书在版编目（CIP）数据

不忘初心，不辍耕耘：中国传媒大学理工学部教学改革文集 / 黄祥林，林卫国主编 . —北京：中国传媒大学出版社，2018.2
ISBN 978-7-5657-2187-8

Ⅰ.① 不… Ⅱ.① 黄… ② 林… Ⅲ.③ 中国传媒大学 – 理科（教育）– 教学改革 – 文集 Ⅳ.④ G642.0-53

中国版本图书馆 CIP 数据核字 (2017) 第 324026 号

不忘初心，不辍耕耘：中国传媒大学理工学部教学改革文集
BUWANG CHUXIN，BUCHUO GENGYUN：ZHONGGUO CHUANMEI DAXUE LIGONG XUEBU JIAOXUE GAIGE WENJI

主　　　编	黄祥林　林卫国
副　主　编	路　英
策 划 编 辑	阳金洲
责 任 编 辑	司马兰
特 约 编 辑	魏　征
装 帧 设 计	拓美设计
责 任 印 制	日新
出版发行	中国传媒大学出版社
著　　者	北京市朝阳区定福庄东街 1 号　邮编：100024
电　　话	86-10-65450532 或 65450528　传真：010-65779405
网　　址	http://www.cucp.com.cn
经　　销	全国新华书店
印　　刷	艺堂印刷（天津）有限公司
开　　本	787mm×1092mm　1/16
印　　张	16.75
字　　数	337 千字
版　　次	2018 年 2 月第 1 版　2018 年 2 月第 1 次印刷
书　　号	ISBN 978-7-5657-2187-8/G・2187　　　定　价　68.00 元

版权所有　　翻印必究　　印装错误　　负责调换